本书出版由外交学院中央高校基本科研业务费专项

U0461461

基于非洲城镇化发展的中非合作机遇研究

杨 莉 著

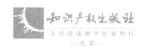

知识产权出版社
全国百佳图书出版单位
——北京——

图书在版编目（CIP）数据

基于非洲城镇化发展的中非合作机遇研究 / 杨莉著 . —北京：知识产权出版社，2025.5.
ISBN 978-7-5130-9860-1

Ⅰ . F125.4；F140.54

中国国家版本馆 CIP 数据核字第 2025MC2693 号

内容提要

本书探讨了非洲城镇化进程中的中非合作机遇。城镇化是国家经济发展的必经过程，非
洲是当今世界城镇化增长最快的地区，通过对中非经济合作的可持续性、非洲城镇化发展现
状等进行分析，探讨了在非洲城镇化进程中中非农业合作、在非中资企业、非洲大陆自贸区
发展、中国在非海外产业园区等方面的中非合作机遇。

本书可以为研究中非经济合作的学者、相关企业及政府决策部门提供参考。

责任编辑：阴海燕   责任印制：孙婷婷

基于非洲城镇化发展的中非合作机遇研究
JIYU FEIZHOU CHENGZHENHUA FAZHAN DE ZHONG-FEI HEZUO JIYU YANJIU
杨　莉　著

出版发行： 知识产权出版社 有限责任公司		网　　址：http://www.ipph.cn	
		http://www.laichushu.com	
电　　话：010-82004826			
社　　址：北京市海淀区气象路 50 号院		邮　　编：100081	
责编电话：010-82000860 转 8693		责编邮箱：laichushu@cnipr.com	
发行电话：010-82000860 转 8101		发行传真：010-82000893	
印　　刷：北京中献拓方科技发展有限公司		经　　销：新华书店、各大网上书店及相关专业书店	
开　　本：720mm×1000mm　1/16		印　　张：19.25	
版　　次：2025 年 5 月第 1 版		印　　次：2025 年 5 月第 1 次印刷	
字　　数：284 千字		定　　价：98.00 元	

ISBN 978-7-5130-9860-1

出版权专有　侵权必究
如有印装质量问题，本社负责调换。

前　言

　　城镇化是国家经济发展的必经过程，世界城市人口多年来保持持续增长，2023 年世界上发达国家的城镇化率多超过 80%，世界城镇化率也超过 57%，中国达到 66.2%，而非洲的城镇化率只有 44.9%。当今非洲大部分国家的城镇化发展水平仍然较低。但非洲人口增长快速且增长潜力巨大，是当今世界城镇化增长最快的地区，因此对非洲城镇化发展进行研究具有重要意义。

　　本书从中非合作亟待解决的问题及破解非洲城镇化现存困境的角度，探讨中国如何为提升非洲城镇化发展质量提供动力，同时对非洲城镇化发展进程中的中非可持续合作机遇进行研究。从提升非洲城镇化质量的视角出发，旨在助力中非经济合作高质量发展，通过投资合作推动中非逐梦现代化。

　　发达国家城镇化发展一般按三个阶段进行：第一是农业现代化阶段；第二是交通设施大发展和工业化阶段同时进行；第三是信息化阶段。非洲城镇化进程相对复杂，这些阶段几乎是同时在发生，因此本书对相关内容从交叉角度进行研究。在分析中国与非洲经济合作的可持续性、非洲城镇化发展现状、城镇化研究所需要的量化理论的基础上，农业现代化阶段从中非农业合作进行研究；交通设施大发展从中非基础设施合作、中非国际物流领域合作等角度展开；工业化阶段以增强中非产业链合作的视角，从在非中资企业在非洲城镇化进程中的机遇，非洲大陆自贸区发展、在非境外园区建设的发展现状和趋势，进行了多措并举的策略研究；信息化阶段穿插在工业化阶段和交通设施大发展的研究中进行分析。

目　录

第一章　中国与非洲经济合作可持续性分析

中国与非洲经济合作以互利共赢为基础，致力于推进政策沟通、贸易畅通、民心相通，形成中非国家利益共同体和命运共同体。中非合作发展互有需要、互有优势，迎来了难得的历史性机遇。非洲普遍渴望谋求工业化和现代化，亟须大量的外来投资、产业转移与技术转让。中非加强投融资合作，既能帮助非洲加快工业化、现代化进程，提升自主可持续发展能力，又能进一步带动中国企业、装备和技术"走出去"，拉动中国经济增长，还可避免非洲出现新的债务风险和财政负担，可谓一举多赢的好事。中非经济合作应在充分考虑非洲自然环境保护与社会可持续发展，及非洲不同地区地理条件对经济合作的要求和影响的前提下，深入探讨利于中非经济合作可持续发展的策略。

第一节　非洲经济发展态势

一、非洲发展现状简介

非洲是一个充满活力的大陆，拥有 54 个国家，是世界第二大大陆，位于东半球，北临欧洲，东接亚洲，地跨赤道南北，地形丰富，包括沙漠、裂谷、山脉、湖泊、平原和河流，气候总体以沙漠气候和赤道雨林气候为主。非洲大陆资源丰富，其资源占世界资源总量的 40%，被称为"世界自然资源宝库"，拥有世界上最重要的 53 种矿产和一些稀有战略资源；非洲森林面积约 7 亿公顷，木材蓄积量仅次于南美，盛产红木、黑檀木、花梨木等多种优质经济林木。❶世界最重要的 50 多种矿产中，非洲至少有 17 种探明储量居世界第一，其中铂、锰、铬、钌、铱等储量占世界总储量的 80% 以上，钻石储量占世界总储量的 60% 以上，磷酸盐、黄金、铝钒土、钯、钴等占世界总储量的 50% 以上，铀、钽、铯、铪、锆、氟石、石墨等占世界总储量的 30% 以上，铜储量占世界总储量的 20%。❷

从 20 世纪 80 年代开始，非洲就是世界上人口增速最快的区域。预计撒哈拉以南非洲地区到 2054 年将达到 22 亿人，到 21 世纪末将再增长 51%，达到 33 亿人。❸等于其间世界约 50% 新生人口由非洲贡献，其劳动力人口将在 2034 年前超过中国和印度。另外非洲现有 2 亿多 15~24 岁的青少年，非洲是所有主要地区中人口增长率最高的，人口结构年轻，目前，非洲 14 亿人口的年龄中位数只有 19.7 岁❹，这种年轻的人口结构在某种程度上保证了非洲有相对低廉的劳动力成本，全球没有一个洲际大陆能够像非洲那样在未来可提供充沛而廉价的劳动力。另外，非洲境内盘踞着 400 多家年营业额超过 10 亿美元的本土公司，可以为外资提供配套服务，同时社会零售商品消费总额超过 4 万亿美元。

2000—2023 年，中非贸易规模由不足 1 000 亿元人民币增长至 1.98 万亿元人民币，年均增长 17.2%，高于同期中国整体货物贸易年均增速 4.6 个百分点。2023 年，"中国—非洲贸易指数"首次突破 1 000 点，达到 1 010.83，比 2022 年的 990.55 上升 20.28 点，而这个指数 2000 年仅为 100 点❺，呈现良好发

---

❶ 钟伟云. 如何看非洲和中非关系 [J]. 中国投资，2016（5）：48-55.

❷ 同❶。

❸ 数据来源：联合国经济和社会事务部人口司. 2024 年世界人口展望 [R/OL]. （2024-06-30）[2025-01-16]. https://population.un.org/wpp/.

❹ 同❸。

❺ 数据来源：前 7 个月中国和非洲贸易稳步增长 [EB/OL]. （2024-09-02）[2024-10-08]. http://www.customs.gov.cn/customs/xwfb34/302425/6073055/ index.html.

展态势。根据世界银行数据，除了 2020 年外，过去 10 年非洲经济增速都超过了 3.5%，且在世界经济增速最快的 10 个国家中非洲占据了 6 席，与此相对应，非洲市场的年投资回报率高达 6.5%。

2022 年非洲经济增长率达 3.8%，同样高于全球平均水平，非洲成了全球各地区中经济复苏幅度最大、增长最强劲的地区之一。2023 年非洲的经济增长率从 2022 年的 4.1% 降至 3.2%，但其发展势头不减，仍是世界各地区中复苏幅度最大、最强劲的地区之一，超过欧洲、北美、南美和世界平均水平，仅次于亚洲。

非洲各地区差别较大（图 1-1），东部非洲经济增长率在非洲地区最高，西部非洲和南部非洲增长较慢，尤其是南部非洲。

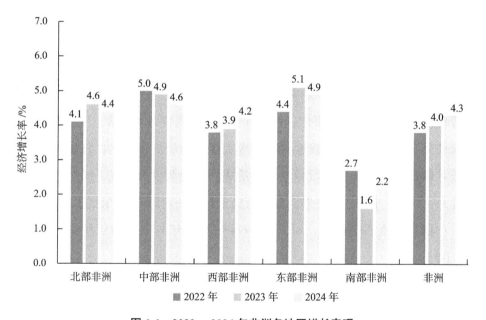

图 1-1　2022—2024 年非洲各地区增长表现

数据来源：非洲宏观经济表现与展望 [R/OL].（2025-01）[2025-04-15]. https://www.afdb.org/en.

就国家而论，博茨瓦纳和南非的经济基础较好，加纳、肯尼亚、加蓬、喀麦隆和埃及等国家拥有丰富的石油和旅游资源，主要产业以能源出口和旅游业为主。在整个非洲范围内，阿尔及利亚、埃及、摩洛哥、尼日利亚和南非是最大的五个经济体。据世界银行统计，2023 年有 15 个非洲国家的经济增长率超过 5%，其中包括正在重组外债的埃塞俄比亚、科特迪瓦、刚果（金）、毛里求斯和卢旺达。

二、非洲与世界经济往来密切

世界人口的增长，主要靠非洲及一些发展中国家拉动。发展中国家经济发展过程中遇到的困难，同样非洲也正在面临或即将面临。现阶段人口、粮食、环境是非洲面临的巨大问题，人口的快速增长造成了粮食的短缺，伴随出现非洲的饥饿与贫穷问题；经济模式单一，产业结构不合理，生产力水平低，农牧业生产方式落后，因此整体经济发展落后；随着人口的猛增，食品供应短缺，人们用单一原始的方法向自然掠夺，人类对土地和环境的压力日益增大，出现环境污染问题；人口局部过度集中引起的大城市病等。❶同时，丰富的劳动力资源、加速的城市化进程及日益增长的消费力等因素，使得非洲经济增长前景喜人。非洲国家普遍渴望实现工业化和经济多元化，急需外来投资和技术转让，热切期待学习借鉴中国的成功经验和发展模式，同时和世界经济往来密切。❷本书选择在非洲发展历史上具有一定影响力的法国、英国、美国、中国及印度五个国家，对其在 1994—2018 年与非洲的贸易额进行比较（图 1-2）。

由图 1-2 可以看出：

（1）在 2009 年之前，美国与非洲贸易数据一直高于中国，但 2008 年的金融危机是拐点，此后中国与非洲贸易数据超过美国，而且差距越来越大。

❶ 姜菲菲. 推动中非经贸合作高质量发展 [J]. 中国外资，2024（11）：58-62.
❷ 赵春明，马龙，熊珍琴. 中国对非洲国家直接投资的影响效应研究 [J]. 亚太经济，2021（2）：81-91.

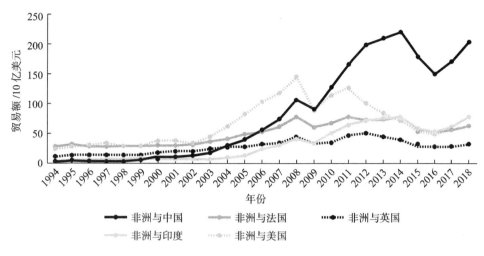

图 1-2 法国、英国、美国、中国及印度与非洲的贸易额

数据来源：根据联合国统计司汇编的贸易数据整理（2025-03），https://comtrade.un.org/data/。

（2）法国和英国是在非洲较早进行殖民的国家，18—19世纪中叶，对非洲的殖民也主要在英、法间展开。法国和英国在殖民地占领问题上方针不同：法国注重领土面积的大小，而英国则主要占领人口稠密、经济发达的沿海地区，英国占领的非洲面积略小于法国。因此，法国、英国对非洲贸易投资有一定的基础。法国在1994年与非洲合作的起点比中国、印度甚至英国都相对较高，但一直增幅有限且波动不大。英国对非洲经贸数据长期低于法国和美国，也是增幅有限，变化不大。英国对非洲的经济往来增长速度一直低于世界经济增长速度。

（3）印度是新兴市场国家，又是人口大国，近年来越来越重视对非洲的合作。1999年之前，相比美国、英国、法国，印度对非洲贸易往来较少，2003年开始增加，2009年超过英国，2014年超过法国，从2022年的数据可以看出印度超过法国和英国的幅度在增大，合作潜力可期。

（4）中国与非洲贸易从1999年开始加速，对非洲贸易额从2008年金融危机后快速增长。不同于中国的各类经济发展数据都是单调上升，中国与非洲经贸数据波动较大，2014 年达到高点，后又下降，经贸数据线一直都是偏直线形状，非平缓变化，忽上忽下，这不仅有非洲时局不稳的原因，也在一定程度上表明发展模式有待改善。

从图 1-3 可以看出，虽然非洲人口和中国人口数量变化的趋势都是不断增长，但中国人口增长速度相对于非洲人口变化趋势较缓慢。1950 年，非洲总人口 22 779.4 万人，中国总人口 55 441.9 万人，非洲人口数约为中国的 41%，到 2019 年，非洲总人口和中国总人口已经接近，非洲人口数约为中国的 91%，相差约 1.25 亿人。

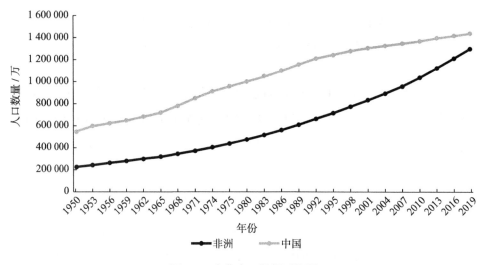

图 1-3 中非人口数据对比图

数据来源：联合国经济和社会事务部人口司. 2019 年世界人口展望 [R/OL].（2019-06-17）[2025-01-16]. https://population.un.org/wpp/Download/Standard/Population/.

但随着中国与非洲人口数量的接近，从图 1-4 可以看出，非洲与中国 GDP 的差距却越来越大，尤其是 1994 年以来，中国的经济在快速发展，而非洲经济除一些国家外，整体发展缓慢。

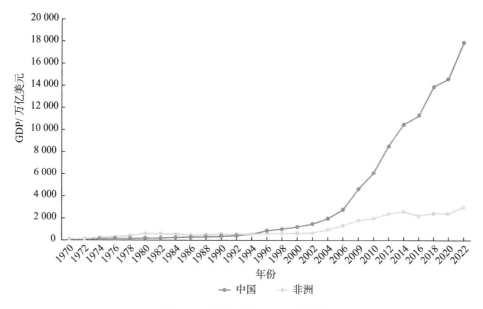

图 1-4　中国与非洲 GDP 对比图

数据来源：Data source（1970—2020）（2025-01-17），https://ivanstat.com/en/gdp/002.html。

第二节　中国与非洲经济合作发展态势

一、中非合作的历史关键点

20 世纪，中国支持非洲国家的民族解放运动，并给予从精神到物质的帮助，对于帮助非洲国家实现经济独立，中国几乎是倾囊相助，直到今日非洲人民还在感念中国的义举。

中国之所以有今天在国际舞台上的影响力，与非洲朋友的支持分不开，中国至今还在不断加强中非这份珍贵的、持续半个多世纪的友谊。如今，中国成功登上世界第二大经济体的舞台，已经成为联合国安全合作机制的积极参与者、维护者和建设者，而大多数非洲国家仍旧挣扎于"贫困陷阱"中，中国从没有忘记非洲兄弟的支持。

2013 年 5 月，非洲联盟第 21 届首脑会议提出了非盟《2063 年愿景》发展战略；同年习近平总书记提出了"一带一路"倡议，倡议提出的合作领域，对于实现非盟《2063年愿景》的总体发展目标具有十分积极、重大的意义，也进一步推动中非合作达到更高水平。

2015年12月4日，习近平主席在中非合作论坛约翰内斯堡峰会开幕式上宣布未来3年中非"十大合作计划"，包括工业化合作计划、基础设施合作计划等，累计投资600亿美元，中国以实际行动践行习近平主席提出的"真实亲诚"对非洲政策理念。

2018年，中非合作论坛北京峰会上，习近平主席同非洲领导人一致决定，构建更加紧密的中非命运共同体，深入推进中非共建"一带一路"合作，在中非关系史上树立了新的里程碑。

2021年11月习近平主席在中非合作论坛达喀尔会议上宣布，中国与非洲合作从"八大行动"提升为"九大工程"，进一步推动"一带一路"倡议下中非合作走向深入。此次会议上，中非双方共同制定了《中非合作2035年愿景》，并将"九项工程"确立为首个三年规划的内容。

截至2023年1月6日，已有151个国家和30多个国际组织同中国政府签署了超过200份"一带一路"合作文件，"一带一路"建设在众多非洲国家取得了优异的成绩。"一带一路"倡议是以互利共赢为基础，从陆、海两个方向连通欧亚非，非洲大陆是"一带一路"倡议的自然延伸、历史延续和现实延展。非洲是当前世界政治经济格局中的重要一极，特别是东部和南部非洲国家是海上丝绸之路的历史和自然延伸。中国明代著名航海家郑和率船队七次下西洋，其中四次曾抵达现在的东非沿岸，非洲是"一带一路"的重要节点，也是中国向西推进"一带一路"建设的重要方向和落脚点，中非共同致力于推进政策沟通、设施联通、贸易畅通、资金融通、民心相通，形成利益共同体和命运共同体是大势所趋。

2024年中非合作论坛北京峰会于9月4日至6日举行，取得了令人瞩目的丰硕成果，进一步深化和丰富了中非传统友好关系的内涵。双方关系整体定位提升至新时代全天候中非命运共同体，这不仅为非中合作注入了新动能，也为全球和平与发展带来了新的希望。习近平主席宣布了包括"十大伙伴行动"在内的具体措施，涵盖了文明互鉴、贸易繁荣、产业链合作、互联互通、卫生健康、绿色发展等方面。这些行动将进一步深化非中合作，推动非洲国家的现代化进程，也为全球发展作出新贡献。

此次峰会协商一致通过《关于共筑新时代全天候中非命运共同体的北京宣言》，标志着非中合作达到了新的高度和新的水平。从新型伙伴关系，到全面战略合作伙伴关系，再到确定为新时代全天候命运共同体，非中关系水平不断提升，定位更加清晰，内涵更加丰富。这一提升不仅体现了非中28亿多人民在应对全球挑战中的团结与合作，也为构建人类命运共同体注入了新的活力和动能。

二、中国与非洲贸易现状

中国是非洲重要的投资来源地和非洲最大的出口市场，中国自2009年起连续15年稳居非洲第一大贸易伙伴国地位。近年来，中非贸易规模不断扩大，贸易质量持续提升。

2023年，中非贸易额达到历史峰值2 821亿美元，同比增长1.5%，连续两年刷新历史峰值，2024年中非贸易投资继续保持稳步发展态势。2023年中国对非洲出口1 727.8亿美元，自非洲进口1 093.1亿美元。根据2023年首次发布的中国—非洲贸易指数，中国对非洲进出口值由2000年的不足1 000亿元人民币攀升至2022年的1.88万亿元人民币，累计增长超20倍。中国与近半数非洲国家的贸易额同比增幅超过两位数，体现出中非贸易的充足活力。❶

投资方面，截至2023年年底，中国对非洲直接投资存量超过400亿美元，是非洲最主要的外资来源国之一。中国近些年来开展了许多切实的行动，直接推动了非洲国家对华出口的增长，2024年上半年中国自非洲进口601亿美元，同比大幅增长14%。

---

❶ 中国—非洲贸易指数首次对外发布 [EB/OL].（2023-06-30）[2024-10-15]. https://world.huanqiu.com/article/4DW74MaHwdB.

非洲是中国第二大海外承包工程市场，十年来，中国企业累计在非洲签订承包工程合同额超过 7 000 亿美元，完成营业额超过 4 000 亿美元 ❶，在交通、能源、电力、住房、民生等领域实施了一批标志性工程和"小而美"项目，有力带动当地经济社会发展。

（一）贸易结构持续优化

中国对非洲出口主要集中在机电产品、纺织品原料及制品、贱金属及其制品等。

2022 年，机电、音响设备及其零件和附件是中国对非洲出口额最高的商品，出口额为 417.5 亿美元，占当年总出口额的 25.4%。贱金属及其制品出口额为 241.3 亿美元，排名第二。2023 年，中国新能源汽车、锂电池、光伏产品"新三样"产品对非洲出口同比分别增长 291%、109% 和 57%，这些产品对非洲绿色能源转型起到积极作用。❷

中国自非洲进口的产品主要为各类矿产品和金属及其制品。2022 年中国进口非洲矿产品 670.9 亿美元，占总进口额的 57%。贱金属及其制品的进口额也保持高速增长，2022 年接近 250 亿美元。2024 年上半年，中国自非洲进口额达 601 亿美元，同比增长 14%。

近年来，农产品等非资源类产品的进口额在不断提升，非洲农产品对华出口取得积极进展。2023 年中国自非洲进口的坚果、蔬菜、花卉、水果，同比分别增长 130%、32%、14% 和 7%，有力支持了非洲绿色转型。

（二）中非服务贸易稳步前进

近年来，中非服务贸易稳步前进，呈现集中化趋势。

从服务领域分布看，主要集中在建筑、运输、旅行、政府服务、电信、计算机和信息服务、保险和金融等领域，建筑与运输领域贸易额分别占比 37% 与

❶ 陈琳. 去年中非贸易额达 2821 亿美元，再次刷新历史峰值 [N]. 新京报，2024-08-20.
❷ 数据来源：中非拓展合作 提高绿色能源供给与气候韧性发展能力 [EB/OL].（2024-09-06）[2024-10-15]. https://baijiahao.baidu.com/s?id=1809426977970308745&wfr=spider&for=pc.

22%，占整个服务领域的 60%。

从国别分布来看，中国在非洲的前十大服务贸易伙伴依次为埃塞俄比亚、南非、埃及、尼日利亚、毛里求斯、加纳、安哥拉、坦桑尼亚、肯尼亚、塞舌尔。非洲十大服务贸易国家与中国的贸易进出口总额达 51.5 亿美元，占比近服务贸易总额的 60%，其中，埃塞俄比亚、南非和埃及进出口总额共计 26.6 亿美元，同样超过前十大贸易额的 50% 以上。

（三）主要贸易伙伴常年稳定

中非货物贸易覆盖非洲所有国家，范围广泛，但主要贸易伙伴常年稳定。2023 年中国与非洲前十大贸易伙伴国贸易总额为 1 849.09 亿美元，占中非贸易总额的 65.5%，见表 1-1。

表 1-1　2023 年中国与非洲前十位贸易伙伴进出口情况

国家 / 地区	贸易额 / 亿美元			增长率 /%		
	进出口	出口	进口	进出口同比	出口同比	进口同比
南非	556.19	236.51	319.68	−1.98	−2.27	−1.76
安哥拉	230.50	41.43	189.07	−15.72	1.05	−18.68
尼日利亚	225.64	201.78	23.86	−5.59	−9.52	49.13
刚果（金）	187.54	44.86	142.68	−14.37	−12.38	−14.97
埃及	158.18	149.36	8.82	−13.04	−13.01	−13.53
加纳	110.41	92.25	18.16	7.51	16.33	−22.39
阿尔及利亚	103.09	94.58	8.51	38.94	50.61	−25.35
利比里亚	99.22	98.36	0.86	31.59	30.80	330.00
几内亚	90.52	26.46	64.06	32.92	16.05	41.41
坦桑尼亚	87.80	80.92	6.88	5.66	1.14	27.41

数据来源：据中华人民共和国海关总署网站统计数据整理（2024-12），http://www.customs.gov.cn。

2023 年，中国在非洲前五大贸易伙伴国，南非、安哥拉、尼日利亚、刚果（金）和埃及，与中国的贸易额均出现不同程度下降。中国与阿尔及利亚、利比里亚和几内亚的贸易额有较大幅度增长，自尼日利亚、利比里亚和几内亚的进口同比增长较快，尤其是 2023 年自利比里亚进口增长了 330%，说明石油和矿产品贸易依然在中非贸易中占据重要地位，非洲国家仍然是中国进口石油和矿产品的主要来源地。

第三节　中国与非洲经济合作的成效

在共建"一带一路"倡议引领下，非洲交通、能源及新型基础设施等一批重大项目得以实施，中非双边贸易额占非洲整体外贸总额的比重已超过 20%。近年来，中国稳步推进对非促贸援助，根据国内市场需求，不断扩大进口非洲产品，直接推动非洲对华出口增长，而且支持非洲提高产品附加值和出口竞争力。截至 2024 年 6 月底，为扩大对最不发达国家单边开放，实现共同发展，中国给予最不发达国家 100% 税目产品零关税待遇，其中对原产于 27 个非洲最不发达国家的 98% 税目产品实施零关税，与 34 个非洲国家签署了双边促进和保护投资协定，与 21 个非洲国家签署了避免双重征税协定。❶

一、为非洲国家办实事

（一）让世界瞩目的合作成果

自中非合作论坛成立以来，中国帮助非洲国家新增和升级铁路超过 1 万公里、公路近 10 万公里、桥梁近千座、港口近百个、输变电线路 6.6 万公里、骨干通信网络 15 万公里。❷目前，52 个非洲国家和非盟委员会同中方签署了"一带一路"合作文件，非盟会议中心、非洲疾控中心总部、蒙内铁路、亚吉铁路

---

❶ 数据来源：新时代全天候命运共同体！中非合作新蓝图已绘就 [EB/OL].（2024-09-09）[2024-10-15]. https://www.ndrc.gov.cn/wsdwhfz/202409/t20240909_1392908.html.

❷ 数据来源：推进"一带一路"建设工作领导小组办公室，国家发展和改革委员会编制.中国—非洲国家共建"一带一路"发展报告 [R/OL].（2024-09-29）[2024-12-09]. https://www.yidaiyilu.gov.cn/a/icmp/2024/09/29/20240929179983118/b06ef6d7cbd74179ad662723a8616605.pdf.

等标志性工程不断涌现。其中，中国移动国际参与投资建设的 2Africa 海底光缆项目环绕非洲大陆，总长逾 4.5 万公里，建成后将成为全球最长海缆。该海缆项目将更好满足非洲大陆对互联网高容量和可靠性等需求，有效推进医疗、教育和金融等领域数字化转型，为非洲经济一体化提供数字支撑。

截至 2024 年 6 月，已有 62 家非洲媒体加入"一带一路"新闻合作联盟，50 家非洲媒体加入"非洲伙伴"媒体朋友圈合作机制；与 31 个非洲国家签署双边旅游合作文件，与非洲建立 166 对友好城市；中国红十字会、中国民间组织国际交流促进会等社会组织也在非洲积极开展人道主义救援、环境保护等 20 多个领域的合作，中非合作的纽带日益牢固。❶

在减贫惠民方面，截至 2024 年 6 月底，中国已向非洲 53 个国家提供援助资金，实施粮食、供水、妇幼、教育等一批民生项目，受益人数超过 1 000 万人。

向非洲提供紧急粮食援助、人力资源培训、中非新闻交流中心项目、中非联合研究交流计划、中非民间友好行动、中非青年互访计划、开通更多中非直航航班、与非洲国家新签本币互换协议、新派医疗队赴非开展工作等一批务实合作举措顺利实施。

为减轻非洲国家的发展负担，中国在对非洲进行人道主义援助的同时，积极参与二十国集团（G20）发起的"暂缓最贫困国家债务偿付倡议"（DSSI），美国约翰斯·霍普金斯大学中非研究所最新研究成果显示，中国积极参与DSSI，贡献的缓债额度高达 63%。

（二）合作领域多样化❷

在标准互认方面，中国已与埃塞俄比亚、苏丹、摩洛哥、尼日尔、贝宁

---

❶ 余蕊.国家发展改革委：中非共建"一带一路"取得三大成就 [EB/OL].（2024-08-09）[2025-02-20]. https://www.yidaiyilu.gov.cn/p/020KCL9T.html.

❷ 数据来源：推进"一带一路"建设工作领导小组办公室，国家发展和改革委员会编制.中国—非洲国家共建"一带一路"发展报告 [R/OL].（2024-09-29）[2024-12-09]. https://www.yidaiyilu.gov.cn/a/icmp/2024/09/29/20240929179983118/b06ef6d7cbd74179ad662723a8616605.pdf.

5 个非洲国家及非洲电工标准化委员会签署了 8 份标准化合作文件，实现了农业、能源、矿产、交通、气候变化等重点领域的标准互认和融合发展。

在知识产权合作方面，中国已与 9 个非洲国家知识产权主管机构和 2 个非洲知识产权地区组织建立了合作机制，累计签署 25 份双边合作文件，中非知识产权领域合作不断深化。

在注重人才培养方面，中非共同实施"非洲留学生就业直通车"计划，设立了多个奖学金专项，成立了南南合作与发展学院，实施"头雁计划"。

在卫生健康方面，中国在非洲援建了 130 多家医院和诊所，向 45 个非洲国家派遣中国医疗队，与 46 家非洲医院建立对口合作机制，帮助非洲国家提升医疗卫生水平。

在科技和人文方面，中非深入推进"中非科技伙伴计划"，与 16 个非洲国家签署了政府间科技合作协定。

电力方面，建设了几内亚苏阿皮蒂水利枢纽工程、马里古伊那水电站、赤道几内亚吉布劳水电站等一批项目，有效改善了非洲电力供给。这些基础设施项目为非洲经济社会健康发展、稳步推进现代化建设提供了重要支撑。

截至 2024 年 6 月，中国已与 21 个非洲国家正式签署了民用航空运输协定，与 12 个非洲国家建立了双边适航关系，并与 8 个非洲国家签订了双边政府间海运协定。

航空航天领域，中国为阿尔及利亚、埃塞俄比亚等国家发射气象或通信卫星。

电子商务领域，中非携手拓展"丝路电商"合作，举办非洲好物网购节，中国电商企业深耕肯尼亚市场，为当地青年创造了近万个就业机会。

卫生健康领域，中国企业在马里、乌干达、喀麦隆等国家开展医药投资，提升非洲本地药品的可及性。

（三）值得推广的具有影响力的合作成果

1978 年中国援建的毛里塔尼亚友谊港项目，是 20 世纪继援助修建坦赞铁路之后，中国援助非洲的第二大工程，已经充分说明了中非之间的密切关系。中非间"结交在相知"，至今，毛里塔尼亚人民对中国怀有一种特殊的情感。

2016 年，非洲首条全套采用中国标准和中国装备建造的现代电气化铁路亚吉铁路通车，尼日利亚阿卡铁路投入使用，东非最大斜拉式跨海大桥基甘博尼大桥在坦桑尼亚正式通车；连接肯尼亚首都内罗毕和东非第一大港蒙巴萨港的蒙内铁路于 2017 年开始运营。刚果（布）黑角经济特区运营，坦桑尼亚港口综合开发取得积极进展，遍布非洲的一大批工业园建设稳步推进；海信南非工业园、亚的斯亚贝巴—吉布提标轨铁路及沿线产业带、蒙巴萨—内罗毕标轨铁路及沿线产业带、蒙巴萨经济特区等中非产能合作和产业对接项目正稳步推进。

截至 2020 年年底，中国企业累计对非洲直接投资超过 430 亿美元。中国在非洲设立各类企业超过 3500 家，民营企业逐渐成为对非洲投资的主力，聘用非洲本地员工比例超 80%，直接和间接创造了数百万个就业机会。

二、促进非洲国家贸易便利化

（一）扩大对非进口

为推动非洲的经济发展，直接扩大对非洲进口，扩大中非贸易规模，中国给非洲 33 个最不发达国家 97% 的输华产品提供了零关税待遇。2021 年在中非合作论坛第八届部长级会议上，中国宣布力争未来 3 年从非洲进口总额达到 3 000 亿美元，并为非洲农产品输华建立绿色通道、加快推动检疫准入程序等，进一步推动中非贸易发展。中国积极落实行动：中国海关总署发布数据显示，2022 年，中国从非洲进口 1 175 亿美元，2023 年中国自非洲的进口额为 1 093.1 亿美元；关于非洲农产品输华建立"绿色通道"，中国海关总署积极落实，制定了切实可行的准入便利化举措：一是对非洲国家提出的农产品准入申请予以优先考虑，在收到相关技术资料后，立即启动风险分析，加快推动检疫准入工作；二是对某些来自同一国家、加工工艺相近的农产品，或来自不同国家的同一种农产品，在风险可控的前提下，合并实施风险评估，加快准入流程；三是对非洲国家已获准输华的农产品生产企业便利注册，采用视频检查或文件审查等灵活方式，加快评估和注册等。❶

（二）帮助非洲国家寻找市场

通过搭建并支持非洲参加一系列促贸平台，帮助非洲国家寻找市场。中国积极邀请非洲国家参加中国国际进口博览会、中国国际消费品博览会，并通过免除非洲最不发达国家的参展费用等方式，帮助非洲国家的产品更好地进入中国市场。

如湖南省在自贸试验区设立中非经贸深度合作先行区，推动非洲可可、咖啡、坚果等非资源性产品集散交易加工中心建设；2019 年中国在长沙启动了中国—非洲经贸博览会，在 2023 年召开的第三届中非经贸博览会上，来自 29 个非洲国家的近 1 600 种商品参展，签约金额达 103 亿美元。

（三）帮助非洲国家改善贸易基础设施

中国近些年来开展了许多切实的行动，帮助改善了制约非洲贸易发展的许多基础性问题。为推动非洲国家交通互联互通，中国通过多种方式同非洲国家开展合作，通过投资铁路、公路、机场、桥梁、港口和发电厂等交通基础设施，帮助非洲国家提升基础设施水平。在铁路方面，建设了肯尼亚蒙内铁路、埃塞俄比亚至吉布提亚吉铁路、尼日利亚阿卡铁路等一批项目，助力非洲初步形成了铁路骨干网。在公路方面，建设了肯尼亚内罗毕快速路（即"国门

---

❶ 外交部发言人：支持更多非洲优质特色农食产品进入中国市场 [EB/OL].（2022-08-16）[2024-11-22]. https://www.gov.cn/xinwen/2022-08/16/content_5705588.htm.

道"）、刚果（布）国家1号公路、阿尔及利亚南北高速公路等一批项目，有效提升了非洲公路通达水平。为非洲实现自主可持续发展作出贡献，支持非洲经济增长和区域一体化发展，有力支持了非洲国家参与全球贸易。

（四）推进非洲贸易流通现代化

为了促进非洲的数字贸易发展，中国积极帮助非洲建设宽带和光纤网络，提高了非洲国家的网络可及性；与此同时，中国还通过为非洲国家援建数据中心、智慧城市等方式，切实帮助非洲国家缩小数字鸿沟。

非盟委员会前副主席伊拉斯塔斯·姆文查（Erastus Mwencha）表示，包括数字基础设施建设等在内的"一带一路"项目持续开展，促进了互联互通和无缝贸易，已经改变了非洲面貌，也改变了非洲百姓的生活。❶

三、帮助提升非洲国家贸易发展能力

为推动非洲国家提升贸易发展能力，中国积极与相关国家进行贸易政策协调对接，并帮助多个国家开展贸易能力建设，积极帮助非洲国家特别是最不发达国家更好地融入多边贸易体制。中国对非洲的投资项目包括公路、港口和发电厂等大型基础设施，通过解决基础设施问题，支持非洲经济增长和区域一体化发展，有力支持了非洲国家参与全球贸易。

（一）通过中国项目，提升非洲国家的贸易谈判能力

中国政府通过援助最不发达国家加入WTO的中国项目（简称"中国项目"），提升非洲国家的贸易谈判能力。2011年7月，中国与WTO秘书处签署了中国项目的谅解备忘录。依据该谅解备忘录，中国每年向WTO出资50万美元，设立中国项目。该项目主要涵盖五方面的内容：支持实习项目，举办中国项目圆桌会，支持最不发达国家参加WTO重要会议，支持最不发达

❶ 夏温新. 非洲国家从中国式现代化中得到不少启示 [N]. 环球时报，2024-02-26.

国家与发展中国家开展"南南对话",以及支持最不发达国家贸易政策审议后续研讨会。

（二）通过举办贸易相关研修培训项目，提升非洲国家的贸易发展能力

中国积极举办系列贸易研修班，通过专业化和多层次的培训体系培养专业化人才，帮助有需要的非洲国家学习中国贸易发展方面的重要经验以及前沿的经贸知识，这将推动非洲国家相关行业的发展，提升其综合竞争力，为非洲更好融入全球贸易体系发挥作用。

（三）中国重视对非洲的职业教育

目前已在非洲建成 17 个鲁班工坊，为非洲国家培养了一大批高技能人才。结合非洲当地经济发展、资源产业等多方面情况，开设了多门课程。从技术标准到实训设备，非洲鲁班工坊已建立起从中职学校到高等院校、从技能培训到学历教育全覆盖的职业教育国际合作体系，同时也配合了中国企业"走出去"以及开展国际产能合作的需要。

第四节 中国与非洲经济合作中存在的问题

一、从战略风险角度分析

中非合作现有的国际政治、经济、金融、贸易、能源、文化等体系来之不易，受国际格局发展演变的复杂性的影响，仍错综复杂，完善性欠缺，影响中非合作。从战略风险角度思考面临的风险，应考虑下面七个因素。

（一）政治方面因素

一些非洲国家政党轮替、政府更迭频繁，政局变动，政策缺乏稳定性、延续性，且中国与非洲国家政府间关系受国际关系中多边关系影响。

（二）安全方面因素

非洲一些国家的安全形势不容乐观。如国家的主权领土纠纷、边界问题、种族和宗教冲突、反政府武装的存在，恐怖主义造成的威胁，小规模武装冲突等地区安全问题，有的地区流行性传染病盛行。

（三）经济方面因素

非洲经济贸易、投资发展及基础设施的缺陷对当地经济影响很大；非洲国家第一二三产业结构比例不合理引发了非洲经济结构的问题，这也给外资在非洲国家的投资带来困惑。

（四）法律及政策执行方面因素

非洲国家法律法规涉及外贸、投资、税收、劳工、海关、外汇、保险等多个方面的健全性有待提高，且存在法律和政策执行上的障碍。

（五）金融层面因素

非洲不少国家经济薄弱，金融体系不够成熟完善，外汇储备少，且非洲一些国家属外汇管制国家，外汇管制严格，金融机构抗风险能力较弱，货币币值不稳定，一些国家通货膨胀率较高，容易产生货币信用与金融风险。尤其是对那些严重依赖资源出口创汇的国家来说，每当国际经济形势稍微有些变化，就可能导致汇率波动起伏大。

（六）社会文化因素

中国和非洲存在较大的文化差异，社会互融性困难多，作为非国家行为体的企业与东道国企业、组织、民众间存在种种"边界"，除语言、地域、种族外，还表现在秩序、制度、利益等层面，影响着彼此协同关系的有效建立。

（七）自然环境因素

非洲是全球第二大洲，不同国家在地理、地域环境上有较大差别，非洲大陆整体炎热干燥，北部非洲气候干燥少雨。中资企业要在充分考虑非洲自然环境保护与社会可持续发展的前提下，分析非洲不同地区地理条件对经济合作的要求和影响等，提前了解所在国地理环境及气候状况，充分考虑项目实施、中外人员使用管理的环境因素。

二、从在非洲的中资企业角度分析

（一）制约发展的瓶颈突出

非洲当地资源有限，基础设施欠缺，配套服务不足，尤其是交通、物流条件和电力条件不完善，资金缺口大。原材料供应不足，熟练技术人员和产业工人短缺，难以保证为企业生产提供相应的配套设备或服务。

企业需直面非洲的交通、通信等基础设施落后，互联网、移动互联网与智能手机的普及率仍相对较低，零售商业业态配套不足等现实问题，非洲各区域发展不均衡的现状及长期以来中国对非洲的认知缺乏都对各行业规模化走向非洲提出了挑战。

（二）贸易逆差严重

中国和非洲国家之间巨大的贸易逆差，一定程度上会影响非洲国家对华政策的持续性。除了南非、安哥拉、刚果（金）和几内亚，非洲前十大贸易伙伴与中国的贸易均呈逆差状态，这个趋势也存在于更多非洲国家对华贸易结构中，这说明非洲国家出口原材料、进口制成品的贸易模式依旧没有改变。此外，部分非洲国家货币贬值也相对提高了中国进口商的购买力。

（三）本土化人才受教育程度不够

由于非洲国家经济社会发展及接受教育程度落后等因素，中资企业在非洲本土化人才使用上，遇到了"数量不足、质量不高、管理有难度"等人力资源本土化方面的问题。

滞后的基础教育难以培养与提供满足高等教育需求的人才，非洲高等教育资源有限，政府重视力度不够，教育资金不足，难以满足教育所需。非洲职业技术培训学校及组织教学质量较差，职业教育推广有限，覆盖范围有限，收费较高，难以为经济建设提供高素质专业人才。

（四）中资企业难融入非洲当地环境

中国和非洲存在较大的文化差异，社会互融性困难较多。中资企业与非洲本土社区及居民之间存在文化鸿沟。各个国家的宗教信仰不同、语言不同，文化差异很大，对发展的实质认知有限。中资企业高度集聚化，未与当地经济有效融合，使得他们较难进行知识扩散并达成中非企业间的跨国技术标准联盟。个别在非中资企业聚焦于制造业、服务业，与当地产业形成竞争关系，缺乏与当地企业的商务合作，缺乏与当地居民的日常互动，导致难以被当地社会认可。

在坦桑尼亚达累斯萨拉姆市，中资企业周边形成了生活设施齐全的小规模聚居区，企业职工的衣食住行、娱乐购物等基本需求在聚居区内均能得到满足，职工与外界交流较少，甚至自己打井取水。这一"自我区隔"的行为与态度使得当地人对近在咫尺的中国人缺乏了解，当地人会误认为中国人纯粹是出于经济目的来到非洲的，进而忽略中国人给当地社会发展带来的实际益处。

（五）中国的促贸援助仍需要加强顶层设计和战略统筹

虽然中国通过内容丰富、形式多样的促贸援助实践，在非洲的贸易便利化与贸易发展能力等方面提供了有效援助。但由于促贸援助的体制机制建设尚未完善，促贸实践的碎片化现象仍十分严重，种类繁多的对非促贸援助措施缺乏系统统筹。而且，贸易正不可避免地与环境、可持续发展挂钩，与产业链供应链的稳定、价值链的连接紧密联系，因此需要进一步完善促贸援助的体制机制，同时促贸援助与对非战略之间应有效结合。

（六）中资企业投资中的制度保障匮乏

非洲当地市场存在进入壁垒，营商环境有待改善。非洲国家希望吸引更多外来投资，但一些国家存在吸引和保护外资的法律法规不完善、优惠政策不配套、政府服务跟不上等问题。一些政策呈"朝令夕改"的状态，政策的执行部门和监管部门依照并不一致的标准开展工作，容易造成认知混乱、政策不连续的局面，导致行政效率低下，阻碍企业经营发展。此外，在中资企业相关项目落地进程中，东道国的地方政府执法不规范、操作不透明等现象也在一定程度上存在，一些政府部门官员存在腐败现象，导致中资企业从事商业活动的风险增加、成本提高。

例如，在与当地政府进行交涉过程中，大量企业将贿金扭曲为确定成本，在项目合法中标后因涉嫌腐败被取消资格。东道国海关、警察等行政执法人员索贿等现象较多。支持性政策和制度保障的缺失使得中资企业在非洲发展时承担了一定的风险。一些非洲国家的本土企业早早进入市场，在一些市场占据垄断优势，保护政策较多，商业合同中有不少保护本土企业的条款，导致中资企业的进入更加困难；一些国家的相关法律规定，来非投资的外国公司或从事承包工程的外国公司，其雇用本地员工的比例不得低于多少百分比，但当地员工的技术水平和工作素质达不到中资企业的要求，这可能导致企业经营效益受损。

（七）对非洲投资的"溢出效应"并不显著

由于中资企业在进入非洲后不可避免地会对当地市场结构、贸易体系等产生影响，且受限于基础设施条件和有限的当地市场，高新技术产业落地非洲的数量并不多，大部分中低端企业除在当地吸纳劳动力之外，对非洲投资的"溢出效应"并不显著。

第二章　非洲城镇化发展现状

城镇化是国家经济发展的必经过程，世界城市人口多年来保持持续增长。非洲人口众多，增长速度快且增长潜力巨大，加上日益增长的消费力，使得城镇化进程也在加快，非洲是当今世界城镇化水平增长最快的地区。同时，当今非洲大部分国家的城镇化发展水平仍然较低，其城镇化进程也伴随着一系列问题。本章在分析非洲城镇化发展现状及存在的问题的基础上，探讨中国如何为提升非洲城镇化发展质量提供动力，同时对非洲城镇化发展进程中的中非可持续合作机遇进行研究，但本章这部分只是铺垫，后面章节有详细研究。

第一节　非洲城镇化发展迫切且迅速

城镇化（Urbanization），又称城市化、都市化，是动态变化过程。城镇化指人口向城市聚集、城市规模扩大以及由此引起的一系列经济社会变化的过程，其本质是经济结构、社会结构和空间结构的变迁。它标志着一个国家从以农业为主导的经济体转向以城市和服务业为主导的现代经济体。城镇化的国家或者地区生产力提高到更高层次，三大产业结构发生变化，从传统的农林牧副渔第一产业向第二产业和第三产业转变。这种转变不仅影响经济发展，也带来社会层面的多重影响，包括社会分层、职业结构和生活方式的改变等。因此，城镇化不仅是经济发展的必然产物，同时也是社会进步和现代化的重要标志。

城镇化的成功实施需要多方面的支持和规划，包括基础设施的完善、产业的升级、环境保护的升级以及社会福利的提升等。这样才能确保城镇化进程在推动经济增长的同时，提升人们的生活质量和社会福利。总体来说，城镇化是一个复杂但不可避免的过程，它对一个国家的经济增长和社会发展具有深远的影响。

城镇化是国家经济发展的必经过程，世界城市人口多年来保持持续增长，2023年美国、英国、法国、德国、日本五国的城镇化率分别达到83.3%、84.6%、81.8%、77.8%和92.0%，世界城镇化率也达到57.5%，而非洲的城镇化率只有44.9%（表2-1）。《中国统计年鉴2024》数据显示，2023年中国城镇化率为66.2%。非洲国家的城镇化率普遍偏低，高于世界平均水平的国家只有16个，非洲的城镇化率不但和中国有差距，与世界平均水平也有差距，与发达国家的差距就更大，有很大的提升空间。

表 2-1　城镇化率比较

单位：%

年份	世界	美国	英国	法国	德国	日本	非洲
2023	57.5	83.3	84.6	81.8	77.8	92.0	44.9
2022	57.0	83.1	84.4	81.5	77.6	92.0	44.4
2021	56.6	82.9	84.2	81.2	77.5	91.9	43.9
2020	56.2	82.7	83.9	81.0	77.5	91.8	43.5
2019	55.7	82.5	83.7	80.7	77.4	91.7	43.0
2018	55.3	82.3	83.4	80.4	77.3	91.6	42.5

数据来源：World Urbanization Prospects[R/OL].（2025-01-15）[2025-04-16].https://population.un.org/wup/.

发达国家的城镇化目前处于成熟阶段，发展中国家的城镇化处于快速上升阶段，未来更多城市人口的增长来自发展中国家❶，预计到21世纪中叶，将有

---

❶ 数据来源：联合国经济和社会事务部人口司.2024年世界人口展望[R/OL].（2024-06-30）[2025-01-16]. https://population.un.org/wpp/.

90% 的城市人口增长出现在亚洲与非洲，主要分布在少数发展中国家，印度将增加 4.16 亿人。❶

目前非洲人口总数为 14.3 亿❷，从表 2-2 可看出，非洲人口众多，增长快且增长潜力巨大。从人口增长速度来看，非洲的人口增长率保持在 2.30% 以上，比中国、美国、世界平均水平高出不少，稳居世界第一位。虽然世界人口增长速度没有加快，但世界的人口总量在大量增加，非洲起了重要作用。

表 2-2　人口总量及增长率比较

年份	世界		非洲		中国		美国	
	人口总量 / 人	增长率 /%	人口总量 / 人	增长率 /%	人口总量 / 人	增长率 /%	人口总量 / 人	增长率 /%
2023	8 091 734 930	0.88	1 480 770 525	2.34	1 422 584 933	−0.18	343 477 335	0.57
2022	8 021 407 192	0.84	1 446 883 651	2.34	1 425 179 569	−0.09	341 534 046	0.40
2021	7 954 448 391	0.86	1 413 753 052	2.38	1 426 437 267	0.02	340 161 441	0.21
2020	7 887 001 292	0.97	1 380 821 170	2.43	1 426 106 093	0.18	339 436 159	0.49
2019	7 811 293 698	1.05	1 348 005 492	2.48	1 423 520 357	0.32	337 790 067	0.82
2018	7 729 902 781	1.10	1 315 409 766	2.53	1 419 008 956	0.47	335 056 497	0.86

数据来源：世界银行数据库。

非洲丰富的劳动力人口资源、日益增长的消费力，使得非洲城镇化进程也在加快，非洲是当今世界城镇化增长最快的地区，逐步缩小与世界城镇化水平的差距。预计非洲城镇居民人口将在 2040 年超过 10 亿，到 2050 年城镇人口有望跃升至 13.3 亿，城镇化率将接近 60%。❸

欧洲城市人口占总人口的比重从 1800 年的 15%，增加至 1910 年的 40%，

---

❶ 数据来源：联合国经济和社会事务部人口司 . 2024 年世界人口展望 [R/OL].（2024-06-30）[2025-01-16]. https://population.un.org/wpp/.

❷ 数据来源：据世界实时数据统计网（2024-08-10），https://www.worldometers.info/world-population/.

❸ 同❷。

经历了 110 年。非洲城镇化率从 1950 年的 14% 增加到 2014 年的 40%，仅用了 64 年的时间，可见其城镇化高速发展的态势。❶ 自 1990 年以来，非洲城市数量翻了一番，从 3 300 个增加到 7 600 个❷，累计人口增加了 5 亿。城镇化的快速发展已成为非洲发展的一大趋势，也成为非洲经济增长的新动力之一。

从表 2-3 可以看出，1950 年非洲的城镇化率只有世界城镇化率的一半，到 2020 年，已经超过世界城镇化率的 3/4。非洲是世界上城镇化起步最晚但发展速度最快的大陆。1950 年，非洲城镇人口占总人口的比例为 14.4%，非洲是当时世界上城市化水平最低的地区，仅相当于世界平均水平（28.4%）的一半。❸ 但随着非洲各国相继独立，其城镇化进程步入高速发展阶段，城镇人口比重大幅提高。

表 2-3　非洲与世界城镇化率对比

单位：%

年份	非洲	世界	年份	非洲	世界
1950	14.3	29.6	1990	31.5	43.0
1960	18.6	33.8	2000	35.0	46.7
1970	22.6	36.6	2010	38.9	51.7
1980	26.8	39.3	2020	43.5	56.2

数据来源：World Urbanization Prospects[R/OL].（2025-01-15）[2025-04-19].https://population.un.org/wup/.

2023 年非洲城镇化率为 44.9%，与 1950 年相比，城镇化率几乎增长了 2 倍。尽管目前非洲城镇化率仍低于世界平均水平，但可以看到其与世界城镇化平均水平的差距正在逐渐缩小。从城镇人口增长来看（表 2-4），20 世纪 90 年

❶ 朴英姬. 非洲的可持续城市化挑战与因应之策 [J]. 区域与全球发展，2018，2（2）：42.

❷ 数据来源：非洲开发银行（AfDB）（2025-04-19）。

❸ 陈炜伟. 共创中非合作美好未来：报告勾勒中非共建"一带一路"新成效新愿景 [EB/OL].（2024-08-29）[2025-04-28]. https://www.gov.cn/lianbo/bumen/202408/content_6971229.htm.

代以前非洲城镇人口一直以高于 4% 的速度迅速增长，城镇人口增长速度远高
于世界平均水平。之后城镇人口增长速度虽有所放缓，但仍可达到 3.5% 以上，
增长幅度居全球最高水平，非洲城镇化进程依旧迅猛。

表 2-4　非洲与世界城镇人口增长速度对比

单位：%

时间	非洲	世界	时间	非洲	世界
1960—1970	4.51	2.83	1990—2000	3.64	2.31
1970—1080	4.52	2.62	2000—2010	3.63	2.28
1980—1990	4.54	2.68	2010—2020	3.72	2.03

数据来源：世界银行数据库（2024-12-08）。

第二节　非洲城镇化快速发展的原因和特征

一、非洲城镇化快速发展的原因

非洲国家独立后，随着经济、科学的发展和医疗卫生事业的进步，非洲
人口的死亡率大幅度下降，而人口的出生率仍保持在高位，加上许多国家领导
人对人口增长问题的忽视，实际上非洲的人口生育长期以来处于严重的失控状
态。21 世纪以来，非洲人口的自然增长率长期维持在 2.5% 左右的水平，而同
期世界人口自然增长率保持在 1.2% 左右，非洲人口增长速度约为世界平均水
平的两倍，可见其人口增长态势迅猛。非洲城镇人口的自然增长率大致与非洲
总人口的自然增长率相当，因此，人口的快速增长是非洲城镇人口迅速膨胀的
一个重要原因。

图 2-1 显示，2000—2020 年非洲城镇人口增长速度明显快于人口自然增
长速度，由此可推定，非洲城镇人口的增加有很大一部分是由农村向城镇迁移
所推动的。城镇化的内涵即人口居住地由农村向城镇转移、就业性质与生活方
式发生改变，由此来看，城镇人口迁移增长才是非洲城镇化水平不断上升的本

质原因，可以说非洲的快速城镇化主要是大量农村人口向城市盲目流动，从而使得城市人口数量急剧增多，城市规模迅速扩大。农村人口向城镇地区迁移的增加有着包括经济、政策、战争等多方面的原因。

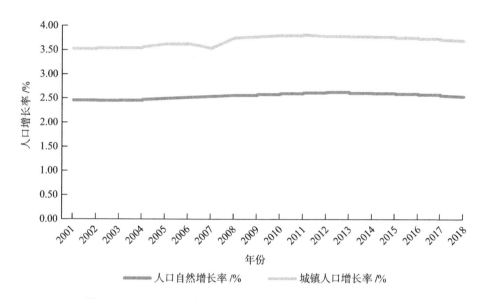

图 2-1　2001—2018 年非洲人口自然增长与城镇人口增长对比

数据来源：世界银行数据库（2024-09-20）。

（一）经济因素

农村人口不断向城市迁移，首要的就是受经济因素的影响。非洲的农业科技不发达，农业投资缺口大，农业基础设施滞后，加上农业生产极易受到自然灾害、农产品价格波动等因素的影响，其农业发展十分缓慢，农业生产率低下。而长期的人口高速增长使得农村人均可耕地面积日益缩小，农业生产增长率大大低于人口增长率，农村居民收入减少，生活水平下降。所以农村人口纷纷涌向城镇寻找机会和出路。

从世界范围来看，非洲国家的城市发展水平虽然不高，但是与非洲国家的农村地区相比，城市中工业、企业更为集中，基础设施更完善，商业贸易渠道更畅通，医疗、教育等公共服务更齐备，能提供更多的就业机会，工资水平也更高，因而城市对于农村人口具有强大的吸引力。为了寻求工作机会和更高收入从而改善自身生活水平，很多非洲农村居民涌进城镇，城镇人口得以迅速增加，城镇化率大幅提升。

（二）政策导向

非洲国家发展计划普遍偏重工业，忽视农业；注重城市，忽视农村。大多数非洲国家认为，城市可以集中供电、供水、交通、电信等，由此可降低产品成本，提高规模经济效益。更为重要的是，城市可以加强与国内外市场的联系，及时掌握市场信息，也有利于集中解决企业工人、技术人员、管理人员的种种生产和生活问题。因此，非洲工业化发展战略以城市为中心，城市成为政府投资的重点，其在投资、信贷和金融政策上都优于农村。而对农业，非洲各国长期以来都缺少足够的重视，农业投资十分有限，致使农业生产发展缓慢，农村居民收入很低，生活水平落后，农民的生产积极性遭到严重挫伤。

政府的这种偏重城市、忽视农村的政策，使国家经济发展严重不平衡，城镇地区公共设施、医疗和教育设备较为齐全，城乡差距拉大，进而使得大量的农村人口盲目外流，进入城市，城镇化得以迅速发展。

（三）战乱与冲突

非洲部分地区长年累月的战乱也是一种独特的城镇化动因。长期以来，非洲部分国家政局动荡，民族冲突频发，恐怖分子、暴力极端分子和激进组织活动日益加剧。为躲避战争，人们离乡进城寻找庇护所，因为相比农村地区，城市地带相对安全，在很多情况下，国内战争、武力冲突以及大规模暴行的发生地都会远离权力中心，而且在城市地区，人们还能享受到一定程度的救济。因此，战争期间有大量人口涌向城市周边地区。

以安哥拉首都罗安达为例，长达 27 年的内战，导致大量农村地区的人口涌向较为安全的城镇地区，内战期间的城镇人口年增长率达到 7% 以上，战争结束之时，全国 21% 的人口集中到了首都罗安达，城镇化率高达 57.6%。❶

战争还对非洲城镇化的发展产生间接影响，在政局动荡时期，大量人口无家可归，生产力遭到严重破坏，正常的粮食供应渠道被打乱，导致粮食紧缺状况更加严峻，饥荒迫使人口向城市迁移。❷

二、非洲城镇化发展特征

（一）城镇化高度集中

非洲城镇人口高度集中，城镇人口集中于为数不多但规模较大的城市。最大城市人口规模占据比例较大，通常为第二大城市的两倍以上❸，而且大城市人口迅速增长的趋势仍在继续。

除莫桑比克、南非、尼日利亚、阿尔及利亚等几国外，非洲绝大多数国家最大城市人口总数占城市人口的比例都高于世界平均水平 16.1%❹，城镇化集中程度较高；卢旺达、毛里塔尼亚、多哥等 8 国的最大城市集中了城市总人口的一半以上，其中吉布提的最大城市人口总数占城市人口的比例高达 72.8%❺，城镇化高度集中。目前，非洲有三个人口超过 1 000 万的特大城市，分别为埃及首都开罗、刚果（金）首都金沙萨和尼日利亚城市拉各斯，其中开罗人口 2018 年突破 2 000 万。❻

---

❶ 周君，周静.撒哈拉以南非洲的城镇化陷阱、破局之路：论中国投资对非洲城镇化的影响 [J]. 国际城市规划，2018（5）：30.

❷ 姜忠尽，等.非洲城市化特征与驱动力因素浅析 [J].西亚非洲，2007（1）：22.

❸ 董琪琪.非洲城镇化进程中出现的问题及中国的机遇 [D] 北京：外交学院，2020.

❹ 数据来源：世界银行数据库（2024-12-20），https://data.worldbank.org/。

❺ 吉布提第三次人口普查临时结果显示吉人口突破 100 万 [EB/OL]. （2024-09-15）[2025-04-28]. http://dj.mofcom.gov.cn/jmxw/art/2024/art_a61661c0e997442497060c0b22879d42.html.

❻ 同❹。

此外，非洲城镇化的趋势之一就是大城市和超大城市的数量在增加，而中小城市的数量在逐步减少。预计到 2030 年，中小城市数量将继续减少，而人口在 100 万~500 万的大城市数量则增加到 56 个，人口超过 1 000 万的超大城市还将继续增加 2 个，分别是坦桑尼亚的达累斯萨拉姆和安哥拉的罗安达。❶

（二）城镇化发展与区域经济特色有关

由表 2-5 可知，内陆国家如布隆迪、尼日尔和卢旺达等的城镇化进程相对滞后，城镇化率在 20% 以下，而加蓬和利比亚等沿海国家的城镇化率则超过了 80%。从整体上看，非洲城镇化率高于 50% 的国家有 23 个，超过世界平均城镇化率的国家 18 个。❷

表 2-5 非洲各国 2023 年城镇化率与人均 GDP

国家	城镇化率/%	人均 GDP/现价美元	国家	城镇化率/%	人均 GDP/现价美元
世界	**57.5**	**13 138.3**	安哥拉	68.7	2 308.2
非洲	**44.9**	**2 236.0**	南非	68.3	6 022.5
中国	**66.2**	**12 614.0**	佛得角	68.0	4 851.0
加蓬	91.0	7 802.8	摩洛哥	65.1	3 771.4
吉布提	84.3	3 554.8	冈比亚	64.5	888.0
利比亚	81.6	6 172.8	喀麦隆	59.3	1 736.9
圣多美和普林西比	76.4	2 940.9	加纳	59.2	2 260.3
阿尔及利亚	75.3	5 364.0	塞舌尔	58.8	17 879.2
赤道几内亚	74.4	6 677.8	毛里塔尼亚	57.7	2 120.8
博茨瓦纳	72.2	7 820.2	尼日利亚	54.3	1 596.6
突尼斯	69.9	3 977.7	纳米比亚	54.0	4 168.0
刚果（布）	69.2	2 478.0	利比里亚	53.6	771.9

---

❶ 数据来源：World Economic forum（2025-03-16），the Africa Competitiveness Report 2020。

❷ 数据来源：世界银行数据库，https://data.worldbank.org/，并参考中华人民共和国驻非洲各国大使馆经济商务处网站（2025-03-16）。

续表

国家或地区	城镇化率/%	人均GDP/现价美元	国家或地区	城镇化率/%	人均GDP/现价美元
科特迪瓦	53.1	2 530.8	坦桑尼亚	37.4	1 224.5
贝宁	50.0	1 394.4	苏丹	35.6	2 183.4
塞内加尔	49.6	1 706.4	津巴布韦	32.5	2 156.0
索马里	47.9	597.5	布基纳法索	32.5	882.7
刚果（金）	47.2	627.5	科摩罗	30.1	1 590.3
赞比亚	46.3	1 330.7	莱索托	29.9	916.3
马里	46.2	869.3	肯尼亚	29.5	1 952.3
几内亚比绍	45.1	951.2	乌干达	26.8	1 002.0
多哥	44.5	985.7	斯威士兰	24.6	3 610.6
塞拉利昂	44.3	757.9	乍得	24.4	680.6
中非共和国	43.6	496.0	埃塞俄比亚	23.2	1 272.0
厄立特里亚	43.3	777.0	南苏丹	21.2	486.0
埃及	43.1	3 457.5	马拉维	18.3	602.3
毛里求斯	40.9	11 613.0	卢旺达	17.9	1 010.3
马达加斯加	40.6	506.2	尼日尔	17.1	642.9
莫桑比克	38.8	623.0	布隆迪	14.8	193.0
几内亚	38.1	1 541.0			

注：为了便于比较，表中列出了世界、非洲和中国的相关数据。

数据来源：World Urbanization Prospects [R/OL]. [2025-04-16]. https://population.un.org/wup/；中国统计年鉴 [EB/OL].（2024-10-15）[2025-04-16]. https://www.stats.gov.cn/；人均GDP（现价美元）—非洲 [EB/OL].（2025-01-15）[2025-03-16]. https://data.worldbank.org.cn/indicator/NY.GDP.PCAP.CD.

非洲城镇化发展与区域经济特色有关，表现如下。

（1）非洲城镇化水平较高的地区大多集中在沿海、交通发达地区和工矿产业地带。2023年，非洲城镇化率最高的国家是加蓬，位于大西洋沿岸，城镇化率高达90.42%；城镇化率较高的利比亚、突尼斯等国处于地中海沿岸，吉布提则濒临印度洋。

（2）采矿业和种植业发达的国家城镇化水平也很高。黄金、镍、铁储量丰富的南非，石棉、金刚石产量丰富的博茨瓦纳，钴、铜储量丰富的赞比亚和刚果（布）等国都拥有较高的城镇化率。

（3）深居内陆的布隆迪、尼日尔、卢旺达等国城镇化发展相对滞后，目前的城镇化率还不足 20%。

（4）在本格拉（安哥拉境内）铁路东段，赞比亚铁路、津巴布韦铁路沿线，中部非洲地区的铜带内铁路，以及南非沃特瓦斯兰矿区交通沿线，形成了城镇群。❶

（三）城镇化与经济发展不协调

一般来说，城镇化的发展进程与持续的经济增长相伴发生，并且两者相互促进、相互影响。当经济发展促进城镇化水平提高时，更高水平的城镇化也能反过来促进经济增长。但是在非洲，城镇化进程并没有带来相应的经济增长，非洲快速的城镇化进程是在人均 GDP 很低的情况下实现的。根据世界银行的统计（表 2-5），中国 2023 年人均 GDP 约为 12 614 美元，世界平均水平为 13 138 美元，但非洲仍有 19 个国家人均 GDP 不足 1 000 美元，32 个国家人均 GDP 不足 2 000 美元，远远低于世界平均水平，还有部分贫困落后的非洲国家的人均 GDP 目前停留在几百美元的水平。在非洲 54 个国家中，人均 GDP 最高的是塞舌尔，达 17 879.2 美元；最低的是布隆迪，也是全世界人均 GDP 最低的国家，仅 193 美元，两者相差 92 倍。

非洲的许多国家城镇化率虽然高于世界平均城镇化水平，但代表其经济发展水平的人均 GDP 都低于世界平均水平❷，城镇化与经济发展不协调，1968 年中东地区城镇化率达到 40% 时，其人均 GDP 达到 1 800 美元，1994 年亚太地

❶ 宋微，尹浩然．中国促贸援助助推非洲发展：成效、挑战与合作路径分析 [J]．全球化，2024（1）：57-62．

❷《环球金融》杂志公布 2023 年非洲国家人均 GDP 排名 [EB/OL]．（2023-12-12）[2025-04-28]．https://ml.mofcom.gov.cn/jmxw/art/2023/art_4cbdfca842064bc28713060b8d42ad7e.html.

区城镇化率达到 40% 时其人均 GDP 则达到 3 600 美元，而非洲城镇化率达到同等水平时人均 GDP 则只有 1 018 美元。[1]撒哈拉以南非洲国家的城市贫困程度是世界上最高的，比如乍得、尼日尔和塞拉利昂，超过 50% 的城市人口生活在贫困线以下。

表 2-6 列出了非洲城镇化率最高和最低的 5 个国家。表 2-7 列出了 2023 年非洲人均 GDP 最高和最低的 5 个国家，很明显，2023 年非洲城镇化率最高和最低的国家，与非洲人均 GDP 最高和最低的国家并不重合。

表 2-6　2023 年非洲城镇化率最高和最低的国家

单位：%

城镇化率最高的 5 个国家		城镇化率最低的 5 个国家	
国家	城镇化率	国家	城镇化率
加蓬	91.0	南苏丹	21.2
吉布提	84.3	马拉维	18.3
圣多美和普林西比	76.4	卢旺达	17.9
阿尔及利亚	75.3	尼日尔	17.1
赤道几内亚	74.4	布隆迪	14.8

表 2-7　2023 年非洲人均 GDP 最高和最低的国家

单位：美元

人均 GDP 最高的 5 个国家		人均 GDP 最低的 5 个国家	
国家	GDP	国家	GDP
塞舌尔	17 879.2	索马里	597.5
毛里求斯	11 613.0	马达加斯加	506.2
博茨瓦纳	7 820.2	中非共和国	496.0
加蓬	7 802.8	南苏丹	486.0
赤道几内亚	6 677.8	布隆迪	193.0

非洲的城镇化与经济发展不对称，且一些国家的城镇化水平超过其经济

---

[1] 智宇探.非洲城市化 [J]. 中国投资，2017（1）：96.

发展水平，存在过度城镇化的现象。[①]脱离生产力发展水平的畸形的城镇化，根本上是人口膨胀背景下大量的农业人口涌入，使得城市人口数量急剧增多，城市规模迅速扩大，这样的城镇化不能为居民提供就业机会和必要的生活条件，因而引发了一系列城市问题，而且还成了经济发展的制约因素。

（四）带状城市群模式的兴起

非洲城镇化加速发展导致非洲城市形态与空间模式发生重大改变，城市空间开始向外围扩张，从一个城市中心蔓延到另一个城市中心，也就是城市群模式，将孤立的城市彼此相连。非洲特殊的是在城市之间逐步形成了聚集众多人口和经济活动的线性城市布局，城镇化沿线状走廊不断推进，也就是一种带状的城市群增长模式，即"城市走廊"。同时，由于非洲规模较大的工业城市、港口城市等通常沿着河流（如尼罗河等）、海岸线布局，客观上也为城市群的发展创造了良好的条件。

目前大多数城市群主要集中于一国范围内，如埃及的开罗、亚历山大、塞得港、伊斯梅利亚和苏伊士间的城市走廊，尼日利亚的拉各斯—伊巴丹走廊，摩洛哥的盖尼特拉—卡萨布兰卡走廊，南非的豪登走廊。在未来的进一步发展中，随着非洲区域一体化以及次区域合作的加强，城市之间的贸易、劳动力和资本流动将更加频繁，城市群的发展将向跨国巨型城市群转变，例如连接尼日利亚、贝宁、多哥及加纳等西部非洲重要沿海城市的伊巴丹—拉各斯—科托努—洛美—阿克拉城市群正逐步发展壮大。

第三节　非洲城镇化发展中存在的问题

虽然非洲是当今世界城镇化水平增长最快的地区，但在其城镇化进程中出

[①] 侯洁如，王晓波. 非洲城市化：挑战与机遇：专访联合国人居署非洲区域办事处主任 Naison Mutizwa-Mangiza [J]. 中国投资，2019（8）：15.

现了相应问题：一是城镇化速度与经济发展水平严重不平衡，二是城镇化过程中总体规划和基础设施建设缺位，三是缺少产业发展支撑的城镇化无法吸纳大量进城劳动力。发展过程中出现失衡，城镇化与社会经济发展之间不协调，是一种短板明显的发展模式。

非洲城镇化发展进程与社会经济发展不协调引起地区经济发展差异大，失业、贫困、贫民窟蔓延扩张、产值过多依赖房地产、环境恶化、基础设施滞后、城市布局混乱无序、城市超过了其自身的承受能力等问题依然严重，困扰着非洲经济发展。

一、非洲城镇化进程与经济发展出现不协调现象

（一）城镇化与经济增长脱节

1. 城镇化进程并没有带来相应的经济增长

非洲的城镇化进程与经济增长之间存在明显的不对称性，尽管城镇化速度很快，但这一进程并没有带来相应的经济增长。人均 GDP 在多数非洲国家中依然较低，远低于世界平均水平，非洲快速的城镇化进程是在人均 GDP 很低的情况下实现的。非洲城镇化发展水平快于经济发展水平，这种现象可视为"过度城镇化"，即城市人口增长迅速，但相应的生产力和经济发展却未能跟上。如圣多美和普林西比是联合国公布的世界最不发达国家之一，但城镇化率却高达 73.6%。

这种失衡的根本原因在于，非洲的城镇化没有有效地利用技术创新和经济增长来推动城市人口有质量的增长。经济模式仍然依赖于农矿产品出口和进口消费，且粮食生产不能自给，导致经济发展呈现出畸形态势。

2. 非洲国家城镇化发展差异较大

由于历史、社会、经济基础等各方面原因，非洲各地区、各国之间城镇化进展不一，其城镇化发展速度和城镇化发展水平均存在较大差异，本章第二节对此进行了讨论。

3.非洲各国城镇化质量普遍不高

非洲的城镇化进程超出了其社会生产力的发展水平，导致城市的承载力达到极限。这种过度城镇化的现象再碰上非洲本就落后的基础设施，就产生了多重问题，包括但不限于失业增加、教育资源不足、卫生状况欠佳和住房短缺。从经济发展、社会发展、居民生活和基础设施四个维度看，非洲城镇化与工业化的耦合协调度不足并相互制约。缺乏强大的工业基础，导致非洲出现经济增长无法跟上人口增长的困局。

4.非正规经济过多

过度城镇化使得非洲国家城市中普遍存在过多的非正规经济。非正规经济依赖当地资源，由于个人或家庭拥有企业所有权、小规模经营等，它容易进入市场经济，具有低生产率、低附加值和低收入的特征，非正规部门从业人员收入十分微薄，却是城市中许多穷人的谋生之路。大量的失业与非正规经济使得城市贫困成为非洲城镇化的瓶颈。从事非正规经济便成为大批城市居民的生存策略，据非洲发展银行统计，南非32.7%的劳动人口处于非正规就业中，纳米比亚为43.9%，坦桑尼亚为76.2%，马达加斯加为89.2%，乌干达高达93.5%。❶

（二）综合因素

1.城镇化进程难度加大

发达国家城镇化发展一般按三个阶段进行：第一阶段是农业现代化阶段；第二阶段是交通设施大发展和工业化阶段同时进行；第三阶段是信息化阶段。非洲这些阶段几乎同时发生，导致各阶段出现的问题都集中爆发。对比世界人口的变化，非洲人口在快速增加，这加大了非洲城镇化进程的难度。

---

❶ 于海影.非洲城镇化发展的空间差异及影响因素研究 [D].杭州：浙江师范大学，2019.

2. 农业发展不足制约城镇化

西方发达国家城镇化建设的第一步多为农业现代化，作为经济基础的同时也释放了人口。与西方发达国家农业现代化成为城镇化基础不同，非洲多数国家农业仍然滞后，单产量不足世界平均值的一半，非洲农民农业机械工具数量是其他发展中国家和地区农民的十分之一，农业现代化和机械化得不到足够的重视和投入，进一步限制了城镇化的健康发展。

二、城市布局和设施均欠缺

尽管非洲城市人口出现空前的增长，但政府对城镇化的发展规划却普遍滞后。目前，非洲各国对城市发展缺乏清晰长远的规划和战略布局，经常是"建设先于规划"。城市体系混乱，城市发展不均衡。

（一）城市布局混乱分散

1. 大城市不堪重负

大量农业人口涌入城市，越来越多的人流、物流、财流向超大城市、省会城市汇聚，人口过度集中，大城市变得不堪重负。一些国家首都人口的爆炸式增长，导致基础设施等资源紧张，又没有良好的工业发展作为基础，出现经济增长跟不上人口增长速度的困局，快速的人口增长并没有得到相应的基础设施和服务体系的支持。城市交通设施的布局、人口就业体系的配合、住宅区的合理布局、城市水电和燃料供应系统的完善、大型城市周边卫星城市的布局均没有跟上发展的步伐。

2. 二级及以下城市普遍规模过小

非洲国家的二级及以下城市普遍规模过小，无法培育出有竞争力的工业，也无法形成相应的教育支撑。中小城市，尤其是农村地区越来越边缘化，它们成为老弱病残最后的庇护所，也愈发成为污染源的转移场所，更是文化的沙漠、人才的荒原。

3. 城市内部功能区划分不科学

土地产权不明晰，城市建设随意性大。绝大多数非洲城市的扩张都是未经规划的无序扩张，城市布局混乱分散和城市治理薄弱导致非洲城市化面临着前所未有的经济、社会和环境可持续性挑战。城市建设"碎片化"情况也较为普遍。与亚洲和拉丁美洲的城市相比，非洲的城市格局更为分散。如2000—2010年，非洲城市46%~77%的新增建筑均非处于城市中心地带。❶

4. 城市"摊大饼"式的低效发展

"摊大饼"式的低效发展使非洲很多城市无法实现规模经济和高效发展，也就无法更好地为企业提供良好的发展环境。这种开发模式不利于城市基础设施的配套建设，政府很难提供必要的市政配套设施，更不利于发挥城市发展的集聚效应和规模效应。❷如在达累斯萨拉姆、基加利、内罗毕等城市，距离市中心10公里之外的市政道路铺设率在20%以下，而在伦敦、巴黎等城市，即使距离市中心25公里以上，市政道路铺设率仍然在40%以上。❸"摊大饼"式的低效发展导致非洲城市居民很难得到城镇化带来的便利，尤其是在就业和职业技能培训方面，很难形成高效的劳动力供给市场，降低了非洲城镇居民的生活水平，同时也影响地方经济的发展。❹

（二）城市基础设施建设滞后

非洲城市基础设施建设严重滞后于城市人口增长。基础设施建设落后主要表现在交通运输设施建设滞后、大多数居民缺乏安全用水、电力严重匮乏、电话和互联网等通信基础设施落后、设备普及率低等方面。其中，水电供应不足和交通运输设施滞后的问题最为突出。

---

❶ 智宇探.非洲城市化[J].中国投资，2017（10）：96.

❷ 周君，周静.撒哈拉以南非洲的城镇化陷阱、破局之路：论中国投资对非洲城镇化的影响[J].2018（5）：32.

❸ 董琪琪.非洲城镇化进程中出现的问题及中国的机遇[D].北京：外交学院，2020.

❹ 智宇探.非洲城市化[J].中国投资，2017（10）：95.

1. 水电供应不足

非洲不少国家水电供应不足，如在苏丹只有 63% 的城市居民可以用上电。❶
而在贝宁的科托努等城区，情况甚至更加严峻，只有 46.5% 的居民可以享受到
水电供应，其余人口则主要依靠煤油照明。❷ 在伊巴丹（尼日利亚的一座城市）
只有 3% 的城市居民用自来水，在拉各斯只有 9% 的城市居民享受市政服务。❸

2. 交通运输设施建设滞后

交通运输设施建设方面，不论是城市内部，还是城市之间都十分匮乏，交
通拥堵十分严重。多数非洲城市几乎没有公共交通系统，为城市出行提供服务
的公共汽车严重短缺，公共交通系统僵化，这导致大多数城市里的大批居民选
择步行或使用私家车，造成严重的交通拥堵。

由于道路和交通系统的缺乏，城市内部各环节之间的交通联系非常低效
且昂贵，致使居民通勤成本非常高。同时高额的运输费用导致运往城市的日用
商品价格高昂，以及城市内住房紧缺带来的高房价和高房租，都加重了城市居
民的日常生活负担。据世界银行统计，非洲城市居民在房屋方面的支出比其他
地区高出 55%，交通方面支出高出 42%，食物方面支出则高出 35%。❹ 基础设
施滞后和公共服务不足而带来的各项高昂的成本严重降低了城市居民的生活质
量，制约了非洲城镇化的进一步发展。

三、社会整体环境欠佳

（一）社会安全性差

1. 失业率高

非洲各国经济薄弱，现代正规经济能提供的就业岗位十分有限，而大批缺

---

❶ 陈长，李彦洁. 当前深化中非清洁能源合作挑战和建议 [J]. 水力发电，2023，49（4）：87-90.

❷ 数据来源：World Economic forum（2025-03-16），the Africa Competitiveness Report 2020。

❸ 侯洁如，王晓波. 非洲城市化：挑战与机遇：专访联合国人居署非洲区域办事处主任 Naison
Mutizwa-Mangiza [J]. 中国投资，2019（8）：10.

❹ 同 ❷。

乏知识和工作技能的农村人口流入城市，城市人口快速增加，远远超过了城市能够提供的就业机会，因此带来的首要问题就是不断增加的失业率。在非洲失业人口中，年轻人占的比例很高，约占城镇地区失业人口的 70%。❶

2. 犯罪率较高

贫困和高失业率导致了犯罪和社会安全等问题，是当今非洲国家城镇化发展面临的最棘手的重大社会挑战。尤其是大量的失业青年致使非洲城市犯罪频繁发生，这已成为影响非洲城市发展亟待解决的社会性问题。由于没有工作，这些青年收入很少或几乎没有收入，获得社会服务（卫生设施、培训和教育）、运输设施和充足的住房变得不确定或几乎不可能。随之而来的挫折感可能会为政治煽动者提供可乘之机，导致他们走向极端主义并引发城市政治不稳定。

（二）贫民窟蔓延扩张

非洲城镇人口的快速增加，产生了大量人口拥挤、住房紧缺、基本生活配套设施缺乏的棚户区和贫民窟。

当前，一些非洲国家城市中，居住在贫民窟的人数约占城市总人口的一半，这反映了畸形的快速城镇化给城市带来的一个最直接的后果。贫民窟的居住环境不安全，居住权得不到保障，住宅的建筑质量和耐久性不达标，居住面积狭小且人口密度极高，缺少基本的服务设施，如水和卫生设施，居住条件十分恶劣。贫民窟还常常成为城市废弃物堆放地，堆积着各种工业污水和有毒废弃物。城市贫民缺乏健康的生活理念和生活方式，加上高密度的人口、简陋的卫生条件和医疗设施缺乏，为病原体的传播营造了有利的条件，导致疾病在贫民窟肆虐。

贫民窟扩张是因为正规房地产市场和公共住房无法满足非洲低收入群体的

❶ 董琪琪. 非洲城镇化进程中出现的问题及中国的机遇 [D]. 北京：外交学院，2020.

大量住房需求。在某些城镇化程度较高的非洲国家，建筑业发展速度滞后于大量移民涌向城市的速度，导致大量新移民的住房需求得不到满足。高昂的房价已经远远超越了普通民众的购买能力，如阿尔及利亚和摩洛哥一套普通住房的市场售价已上升为一个中产阶级家庭年收入的 8~9 倍，埃及和突尼斯为 5 倍❶，因此很多人不得不生活在贫民窟和违章建筑区。

（三）城市环境恶化

由于城市人口快速增长，而政府对城市发展缺乏有效的规划和治理，非洲国家的城市普遍存在环境问题。

1. 垃圾处理

城市每天产生的垃圾量远远超出其自身的清理能力。在非洲国家的许多城市中，城市中心产生的三分之一乃至一半的垃圾得不到收集处理；在收入最低的一些国家，许多城市中心垃圾收集率只有 10%~20%，因而垃圾通常被堆在空地上和街道中。

而且不少非洲国家还有开放式垃圾场，没有设计任何安全措施，垃圾就被随便扔在地上或丢到海里。❷ 在金沙萨，只有为数不多的几个居民区收集生活垃圾，而该市其他居民区的生活垃圾要么被堆放在道路上，要么被倾倒于非法垃圾堆放点或（雨水）排水沟中，或者干脆就埋在空地下，由此，它们便造成严重的健康和环境问题。由于大部分垃圾都是有机物，而且最终会渗透到水体中，所以一旦下雨，这些垃圾就会加剧水的污染。❸

2. 空气质量

许多贫困家庭使用木炭、薪柴和柴油做燃料生火做饭，极大地降低了室内

---

❶ 董琪琪 . 非洲城镇化进程中出现的问题及中国的机遇 [D]. 北京：外交学院，2020.

❷ 侯洁如，王晓波 . 非洲城市化：挑战与机遇：专访联合国人居署非洲区域办事处主任 Naison Mutizwa-Mangiza [J]. 中国投资，2019（4）：10.

❸ 王战，王泽宇 . 撒哈拉以南非洲的城市化之路 [J]. 中国投资，2018（11）：48-49.

空气质量。随着工业部门和汽车拥有量的增加，加之对有关污染物和汽车尾气排放标准缺乏强制性的规定，加重了非洲城市的空气污染程度，许多城市的空气质量低于世界卫生组织的标准。城市环境的恶化直接影响居民健康，人们生活在这样的环境中，痢疾、呼吸道传染病和肺结核的发病率非常高。如果不加大治理力度，环境恶化将会成为非洲城市长期面临的挑战。

第四节　在非洲城镇化进程中寻找中国的合作机遇

本节从中非合作亟待解决的问题及破解非洲城镇化现存困境的角度，即中国在非洲"一带一路"建设的最好抓手——非洲城镇化视角，对中国如何为非洲城镇化发展提供动力和中非合作在非洲城镇化进程中的机遇进行研究。

一、助力非洲工业化发展

（一）逐步完善非洲国家的工业体系

大力促进工业的发展是发展经济的必由之路。非洲处于结构转型与产业升级的关键时期，需要逐步完善非洲工业体系，建立起工业化与城镇化的良性互促机制。同时把实现工业化作为城镇化的目标，协调推动城市化与工业化同步发展。

发展制造业既能推进城镇产业结构调整，也能刺激农业产业化和生产性服务业的发展，由表及里、潜移默化地矫正和优化产业结构，夯实经济基础，为城镇化发展提供坚实的物质支撑。促进城市工业的发展，还能带来数量庞大的就业岗位，为涌入城市的农村人口提供充足的就业机会，有助于减少社会不稳定因素。

中国的经济发展非常注重制造业和基础工业的作用，改革开放的前30年，钢铁业、纺织业、石油化工行业、电子产品业等有力地支撑了中国城镇化发展，应扩大中国与非洲在这些领域的合作。

（二）加强和完善非洲国家的基础设施建设

尽管基础设施建设已经是中国企业在非洲的强项，但非洲城镇化进程加快将进一步刺激基础设施需求的增长。完善非洲国家的基础设施建设不仅能够提高中资企业在非洲地区的认可度和影响力，更能带动当地经济发展。现在的问题是一些大型项目的中资企业孤立作战，缺乏上下游产业联动发展的长期系统统筹和规划，应加强上下游产业的能源供应设施、通信基础设施、配套基础服务设施进行联动发展。如公路、铁路、港口码头、机场等城市交通基础设施建设，可以带动能源供应基础设施建设：供水、电力、燃气、动力燃料等；通信基础设施建设：电信、信息网络等；配套基本服务设施建设：学校、商场、医院、体育场馆、垃圾处理等；可以推动相关下游产业发展：房地产、建筑、钢铁、水泥、能源等。

（三）助力非洲逐步成为特色化世界工厂

改革开放的优惠政策，加上人口众多且劳动力成本低，资源丰富且土地价格低，不断改善的交通条件，愿意以薄利进行加工等因素，使得中国成为世界工厂，从而对中国经济发展产生巨大作用。非洲人口增长快、人口基数大、人口结构年轻化是非洲地区发展的巨大优势，中国应助力不同国家，按对象国的特色，重点投资纺织轻工、家电、汽车等劳动密集型产业，吸收大量富余劳动力，促使非洲逐步成为特色化世界工厂。

（四）重视第二产业和第三产业的合理搭配

非洲城镇化快速发展带来的剩余劳动力和人口红利，为工业发展创造了有利的条件，尤其是对劳动密集型制造业发展具有较强的支撑作用，因此可以大力发展食品加工、纺织服装、玩具、皮革、家具等劳动密集型制造业。同时，依托丰富的能源和矿产资源，可推动冶金工业、机械制造、石油工业等相关产业深入发展，并由原材料和初级品加工向精深加工转变。

服务业或第三产业也将是非洲国家提高城镇化质量的战略选择，城镇化发展到一定程度，第三产业就将逐步发挥重要作用，非洲国家应从生产性服务业和现代生活服务业中寻找机遇。

二、利用中国的优势

（一）对接视角分析

1. 与在非洲中资企业的对接 ❶

目前在非洲有大量不同类型的中资企业，涉及农业、基础设施、加工制造、资源开发、金融、商贸物流、医疗等多个领域。中国企业拥有资金、技术和经验优势，为当地经济发展作出了贡献。这些企业是中非深入合作的排头兵和晴雨表，应深入探讨这些企业与非洲城镇化进程的对接或为其提供服务。

2. 与我国在非洲的境外合作区对接 ❷

境外合作区不但帮助中企更快熟悉和适应当地的人文和资本环境，而且提高了当地国家贸易和投资合作水平，给当地提供了一定的就业机会。中国已在非洲地区的埃及、尼日利亚、肯尼亚、南非、埃塞俄比亚、吉布提、毛里求斯等国家建立了多个境外合作区。应分析这些合作区在非洲城镇化进程中的作用。

扩大并优化工业园区的作用，发挥空间集聚效应，打造产业集群。尽管大部分工业可以融入城市肌理，直接面向市场并享有良好的交通，但对于有些对用地要求高，又会对周边邻居和环境产生不可避免的影响的工业企业而言，被集中安置在一个受控制的专业化工业园区范围内更为合理，特殊经济区就是解决这个问题的工具，能够使它们与城市经济，包括非正规的可以提供廉价服务

---

❶ 相关内容在第五章讨论。

❷ 相关内容在第八章讨论。

的小型企业，建立良好的衔接，园区空间的聚集可以促进产业链的发育，促进地方经济的发展，且有助于缓解城镇化进程中的大城市病。

3. 对接非洲大陆自贸区建设❶

非洲一体化发展可以减少非洲现有的过多考虑局部利益而忽略整体非洲发展的矛盾，而自贸区建设可以促进一体化发展。非洲大陆自贸区逐步开始运行，并成为世界贸易组织成立以来成员国数量最多的自贸区，对全球投资者来说，一个覆盖 14 亿人口的单一市场对各方的吸引力无疑是巨大的，中国作为和非洲经贸往来最为密切的国家，非洲大陆自贸区为中国企业在非洲进行投资合作降低了风险系数、提供了更多的便利。

（二）辅助策略

1. 扩大对非洲农业合作❷

农业发展是加快城镇化发展的第一步，中国正在助力非洲农业发展，合作领域广泛。应分析中国与非洲国家中城镇化发展速度快、中、慢不同的国家农业合作的不同模式，优先关注城镇化率低于 30% 的国家，如莱索托、肯尼亚、乌干达、斯威士兰、乍得、埃塞俄比亚、南苏丹、卢旺达、马拉维、尼日尔、布隆迪等国家，在充分考虑安全风险的基础上，中国应通过加大农产品贸易、提高农业机械化水平、建设农业产业园、农业技术推广以及农业技术人才培育等方式，助力非洲农业发展。

2. 发展电子商务❸

电子商务已成为世界经济发展的新业态，跨境电子商务可以将不发达国家纳入全球贸易体系和全球价值链，随着互联网科技的快速发展和渗透，其发展模式逐步延伸到非洲，非洲消费需求旺盛，同时消费层次多样化。跨境电商是

---

❶ 相关内容在第七章讨论。

❷ 相关内容在第六章讨论。

❸ 相关内容在第七章第四节讨论。

中国的优势行业，可以采取和非洲已有电商企业合作的方式，将自身发展经验上的优势与当地企业在民众认可度和市场占有率上的优势相结合，不断丰富和完善贸易通道和贸易方式。

3. 探讨中非可持续发展的合作路径

非洲国家经济基础和发展水平差异大，对经济合作的要求差异也大，应针对不同国家建立国别研究。结合所在国资源条件，探讨高层外交的具体落实、非洲国际金融风险和地缘政治风险的应对。这需要定制化战略和政策来应对不同地区面临的独特挑战，具体给出合作路径和机遇，涉及对基础设施、教育、医疗和就业等进行区域性的投资和规划。同时，应进行对非大型合作或投资项目的可行性分析、运行模式研究、运行经济与社会效益评估、项目可持续分析等。此外，分析非洲城镇化发展速度快、中、慢不同国家的发展特征，如分类为城镇化率低于30%的国家、城镇化率高于50%且经济发展相对好的国家、城镇化率处于非洲中等水平的国家，对这些国家进行城镇化发展模式和发展趋势分析。同时，分析在全球信息和通信技术快速发展的背景下，互联网应用、智慧城市、城市群和都市圈、数字经济等已逐步成为未来非洲发展热点的新兴领域中的中非合作路径。

第三章　城镇化发展理论基础

在城镇化发展进程研究中，需要考虑人口从农村向城市转移，因为大量人口进入城市需要就业，要考虑产业布局，因此研究中除了常用的城镇化理论外，还需要探讨优化理论，这里分析在产业布局中运用较多的运输问题、排队论，至于线性规划、博弈论等理论只略提及。

第一节　城镇化度量理论和方法

许多学者从不同的角度对城镇化的水平进行测算，且不断改进和创新城镇化水平测度的方法，其计量体系不断发展和更新，由单一的指标体系发展到一个综合的指标体系，再发展到多元的计量体系。本节简要介绍城镇化度量理论与城镇化率熵值计算法。

一、城镇化度量理论

（一）城镇化"S"形增长理论

美国著名经济地理学家雷·诺桑姆对世界各国城镇化过程进行了分析，认为各国城镇化过程大体历经初始阶段（低于25%）、加速阶段（25%以上）和成熟（饱和）阶段（70%以上）这三个阶段，其演化过程呈弱性"S"形，并且与社会经济的发展水平密切相关。

初始阶段：该阶段社会经济相对落后，一方面农业生产率低下，需要大量的劳动力从事农业耕作；另一方面工业发展缓慢，提供的就业机会有限，这就使得城镇化处在初期阶段。一般城镇人口占总人口的10%左右时，城镇化进程是相当缓慢的。

加速阶段：社会经济进入高速发展时期，大量农业剩余人口的涌现，对农村剩余劳动力的转移形成"推动效应"，与此同时，工业突飞猛进的发展创造了大量的就业机会，城市丰富的物质精神生活吸引大量劳动力流入，从而形成城镇化的"拉动效应"，正是由于这两种力量的作用城镇化步入一个高速度发展时期。

成熟（饱和）阶段：城市人口占比达到70%，城市与农村的差别日趋缩小，城镇化进程呈现出停滞甚至是下降的趋势。

（二）推拉理论

在市场经济和人口自由流动的情况下，人口迁移和移民搬迁的原因是人们可以通过搬迁改善生活条件。于是，在流入地那些使移民生活条件改善的因素就成为拉力，而流出地那些不利的社会经济条件就成为推力。人口迁移就是在这两种力量的共同作用下完成的。农村推力包括自然资源枯竭、农业生产成本增加、农村剩余劳动力过剩导致失业和就业不足、较低的收入水平等；城市拉力包括较多的就业机会、较高的工资收入、较好的生活水平、较好的受教育机会、较完善的文化设施和较好的交通条件等。

（三）哈里斯－托达罗模型

1965年，作为城市经济学的第一部专著，美国威尔帕·汤普森的《城市经济学导论》问世，标志着城市经济学的诞生。城市经济学认为，城镇化的本质是指随着经济的不断发展，人们的生活方式从农村生活向城市生活升级转化的过程。从市场经济的供求角度来看，可以把城市生活视为一种特殊商品，城镇化就是城市生活这种特殊商品的普及化，城镇化的核心是为农村剩余劳动力提供大量的非农就业岗位。

根据哈里斯－托达罗模型［$M_t = f(w_u - w_r)$］，农村劳动力向城市转移主要取决于城乡劳动力市场的工资比较。当预期的城市工资收入超过农村的工资收入时，农村劳动力向城市的转移将不可避免地持续下去，从而促进一国城镇化水平的提高；只有当农村移民数量多到迫使城市失业规模增大、工资收入下降，足以使城市的预期工资收入与农村工资收入相等时，农村劳动力向城市的转移才会停滞；当城市预期工资收入小于农村工资收入时，会诱使劳动力从城市向农村转移。

流动人口深深介入了城市生活之中，并为城市经济发展作出了贡献，他们的正面效应是：有利于城市劳动市场的建立，弥补劳动需求中的短缺现象，形成就业中的良性竞争，以利于提高劳动生产率；提供廉价劳动力，从而降低了成本、增强了产品的竞争力，有利于城市经济的发展。流动人口因其流动的特性，也对城市发展提出了严峻的挑战，主要表现在：加剧了城市基础设施供需矛盾，给城市生活造成诸多不便；流动人口自发性强、组织性差，难以管理和控制。

（四）城镇化与工业化的"发展模型"

著名经济学家 H. 钱纳里和 M. 塞尔昆在 1975 年提出了城镇化与工业化的"发展模型"，该理论概括了城镇化与工业化的关系。根据该模型，工业化与城镇化发展历程是一个由紧密到松弛的发展过程，发展之初的城镇化是由工业化推动的。在工业化率与城镇化率共同达到 13% 左右的水平以后，城镇化开始加速发展并明显超过工业化。到工业化后期，制造业占 GDP 的比重逐渐下降，工业化对城镇化的贡献作用也由此开始表现为逐渐减弱的趋势。❶

❶ 钱纳里，塞尔昆. 发展的型式：1950—1970[M]. 李新华，徐公理，迟建平，译. 北京：经济科学出版社，1988：68.

（五）城镇化度量理论

城镇化是人类生产方式和生活方式全面转变的过程，涉及经济、社会、民生等诸多方面的全面转变。单一城镇化率指标仅能说明人口转移意义上的数量城镇化，而不能衡量非洲城镇化的质量。因此，不能仅以城镇人口比重作为衡量城镇化水平的唯一标准，而应综合考察人口、经济、社会、民生、基础设施等方面。即应将城镇化水平度量由人口数量型指标转变为功能质量型指标，构建一套涵盖城镇化人口、经济、社会等全面发展的突出城镇化质量的综合评价体系，以客观全面评价非洲城镇化发展的真实水平。即城镇化发展质量应该包括良好的经济状况，人民生活水平的提高、坚实的基础设施以及更好的教育、医疗等。

二、城镇化率熵值计算法

（一）城镇化率熵值计算法指标含义和纲量化

1.具体指标含义

选取经济城镇化、人口城镇化、生态城镇化和社会城镇化作为一级指标。

（1）经济城镇化层面上选取 GDP、人均 GDP、人均 GDP 年均增长率、服务业增加值占 GDP 比重、服务贸易进出口总额、货币供应量、每 10 万人 ATM 机数量 7 个指标。

（2）人口城镇化层面上选取城市人口比重、劳动参与率、人口密度、人口增长率[1]、65 岁以上人口占比 5 个指标。

（3）生态城镇化层面上选取人均二氧化碳排放量、人均可再生内陆淡水资源[2]、国家陆地保护区面积占陆地面积的比例、受到威胁的哺乳动物种类所占比重 4 个指标。

---

❶ 汪少贤.人力资本匹配、新型城镇化与经济高质量发展 [J].技术经济与管理研究，2023（2）：92-97.

❷ 朱文杰.城镇化水平测度：以世界 9 个发展中人口大国为例 [J].世界农业，2017（2）：93-99.

（4）社会城镇化准则层选取居民消费率、移动电话普及率、每千人口医生数、平均受教育年限、宽带用户数 5 个指标。

2. 不同属性指标的量纲化

不同指标的单位不一致，正负属性也不一致。单位、正负性不一致，无法直接进行计算和比较。所以第一步是消除差异，使各项指标具有相同的属性。采用极差标准化的方法对各项指标进行量纲无差异性的处理[1]。首先进行正向指标和负向指标的计算，计算公式分别为

$$X_{ij} = \frac{x_{ij} - x_{j\min}}{x_{j\max} - x_{j\min}} \tag{3-1}$$

$$X_{ij} = \frac{x_{j\max} - x_{ij}}{x_{j\max} - x_{j\min}} \tag{3-2}$$

式中，i、j 表示第 i 个国家第 j 项城镇化指标；X 表示经过极差标准化处理后的标准值，x 表示处理之前的实际数值；$x_{j\max}$ 和 $x_{j\min}$ 表示同一城镇化指标中的最大值和最小值。

第二步，测算各类的城镇化的各项指标。选用熵值赋权法，因为其具有客观科学的属性，避免因个人偏好打分等主观因素。

（二）城镇化水平计算公式

熵值赋权法是将各个客观评价城镇化单元所需要涵盖的具体评价信息进行熵值量化与分析综合的一种评价方法。熵值法可以用来判断某个指标的离散程度，从而影响整个综合评价的结果。熵是对不确定的一种度量，熵值越小，信息量越大，确定性越大，有序程度越高。熵值法能够深刻反映出指标信息熵值的效用价值，从而确定权重。一个指标的信息熵与该指标包含的信息量具有反相关的关系，该指标在整个系统中所起的作用与贡献越大，其熵值权重也就越

---

[1] 朱文杰.城镇化水平测度：以世界 9 个发展中人口大国为例 [J].世界农业，2017（2）：93-99.

大。以 m 表示国家数目，n 表示指标数量，具体的计算步骤如下。

（1）同度量化各项城镇化，

$$S_{ij} = \frac{x_{ij}}{\sum_{i=1}^{m} x_{ij}}$$

（3-3）

（2）计算信息熵，

$$e_j = -k \times \sum_{i=1}^{m} S_{ij} \ln S_{ij}$$

$$k = 1 / \ln m$$

（3-4）

若 $S_{ij} = 0$，那么 $S_{ij} \ln S_{ij} = 0$

（3）计算熵值权重，

$$w_{j\text{熵}} = (1 - e_j) / \sum_{j=1}^{n} (1 - e_j)$$

（3-5）

（4）分别计算各个国家各类城镇化水平及其综合水平，

$$U_{i\text{熵}} = \sum_{j=1}^{n} (w_{j\text{熵}} X_{ij})$$

（3-6）

第二节　城市产业布局量化方法

产业布局是指一国或一地区的产业生产力在一定范围内的空间分布和组合结构，从静态上看是指形成产业的各部门、各要素、各链环在空间上的分布态势和地域上的组合。在动态上，产业布局则表现为各种资源、各生产要素，甚至各产业和各企业为选择最佳区位而形成的在空间地域上的流动、转移或重新组合的配置与再配置过程。

产业布局是一国或地区经济发展规划的基础，也是其经济发展战略的重要组成部分，更是其实现国民经济持续稳定发展的前提条件，其合理与否影响到该国或地区经济优势的发挥，影响经济的发展速度。

产业布局是多种因素综合影响的产物。其中决定区域竞争力与产业布局的先天条件及核心要素为区位因素，后天可以弥补的、居于第二位的是区域政策因素。现代区位理论对产业布局的区位选择提出了三个标准：成本最低、市场份额最大和聚集效益。现代产业布局既是一个市场均衡问题，又是一个区域均衡问题，实质上是成本均衡问题。无论是古典区位理论还是现代区位理论，距离以及由距离所造成的运输费用，始终是布局问题的关注与关键所在。现实中具体区位的选择是将上述三个方面标准与区域总体发展的要求相结合，综合考虑区域发展的经济、社会和生态目标，作出产业布局的最终选择。

与产业布局理论相关联的理论还包括产业组织理论、产业结构理论、产业关联理论、产业发展理论和产业政策理论。产业组织、产业结构及产业关联是产业布局的基础，产业发展是产业布局的结果，产业政策是产业布局的政策性指导。

城镇化进程中，城市尤其是大城市的标准之一就是第三产业的规模和经济比重，第三产业发展情况可以反映出城市经济结构的优化程度，城市的辐射力、凝聚力和综合服务水平。由于就业是民生之本，人口的合理就业关系到城市的稳定与和谐，而保证人口合理就业的前提是产业布局合理。非洲有些国家第三产业比重大，由于第三产业具有快速带动局部繁荣的特点，用产业布局的优化可带动整个城市结构的优化调整，因此探讨城市第三产业的优化布局十分重要。

如何衡量产业合理布局？研究的前提是给出合理、可信、较为精确的分析和评判标准及判别方法。城市产业布局、资源配置的过程，实际上也是寻找就业和居住土地利用率平衡点的过程。企业和家庭中的从业者需要在城市空间中不断选择，前者的目标是利润最大化，后者的目标是效用最大化，因此，其理论研究需要涉及经济学和优化理论的相关内容。经济学的中心主题是最优地利用稀缺资源，即在约束条件下进行优化的研究。数学上优化理论涉及的内容很多，新的方法和技术不断出现，相关理论日益完善，但该理论在经济领域的应用仍然十分有限。这里运用经济学原理，结合最优化理论，以及决策理论、博弈论、系统工程等不同学科的理论，探讨产业布局的优化及相关的量化理论研究。

一、城市产业布局量化研究的缺陷分析

城市产业布局是指产业在城市范围内的空间分布和组合的经济现象。产业布局从静态上看，是指形成产业的各部门、各要素、各链环在空间上的分布态势和地域上的组合。在动态上，产业布局则表现为各种资源、各生产要素，甚至各产业和各企业为选择最佳区位而形成的在空间地域上的流动、转移或重新组合的配置与再配置过程。产业的优化布局研究主要针对动态意义上的研究。

当前，在学术界对适合应用于大型城市的产业布局的量化研究中，多见宏观角度和对策分析，依靠的是区位理论、比较优势理论、均衡与非均衡理论、效率与公平选择理论等分析产业如何布局，主要研究集中在：

（1）成本学派，核心是以生产成本最低为准则来确定产业的最优区位。

（2）市场学派，核心内容是产业布局充分考虑市场因素，尽量把企业安排在利润最大的区位。

（3）成本—市场学派，这一学派综合研究了成本和市场对产业布局的影响，如建立了一般均衡理论，探讨了区域产业布局和总体产业布局问题等，比较典型的理论有增长极理论、点轴理论和地理二元论等。

这些关于城市产业布局的理论多强调其经济效益，在一定程度上忽视了环境效益和社会效益，并且欠缺量化评价的精确性和合理性分析。现有研究存在的不足，具体表现有：评价准则单一，局限性太强限制了其在实际中的应用；对统计数据进行深入分析揭示其深含的规律性的较少；用统计数据进行预测精度分析的较少；针对特大城市的产业优化布局进行系统应用研究的较少。进一步的研究应从经济、社会与环境协调发展的角度对产业布局优化的内涵进行阐

释，即以经济学、环境学及生态学为理论依据进行分析。

下面分别从利用最优化理论、博弈论、系统工程等多种理论和方法探讨产业合理布局的量化分析方法。

二、城市产业布局的最优化理论

最优化理论在管理中的应用主要体现在运筹学学科，内含各种分支，应用非常广泛，但相关理论在经济领域应用不够普及，尤其针对特大城市产业优化布局进行系统应用研究的较少。

（一）利用最优化理论

现实世界中，市场是不完美的，交易成本、运输成本等必须考虑，因此在进行产业布局过程中，需要用到优化原理。从原理上讲，线性规划、非线性规划、动态规划、目标规划、整数规划、排队论、图论等理论和方法非常适合应用在产业布局中，因此城市产业布局合理与优化的论证过程应以优化思想为指导，利用最优化理论进行产业布局研究。

即应以经济学原理为基础，利用最优化理论，在约束条件下进行优化研究，探讨产业的优化布局和调整。以城市服务设施的配套或建设相对独立的公共服务体系为例，分析最优化理论在产业优化布局中的应用，即用优化的方法考虑布局问题。

（1）银行门市部或网点的选址问题，可采用排队论的具体方法考虑门市部的大小规模和窗口数量。

（2）排队论还可用于讨论公交车站的设置、地铁车站的选址、公共健身器材等城市服务设施的位置选择。

（3）用运输问题设计大型超市的选址及标志性繁华核心商圈的位置选择。

（4）企业想在已有基础上扩大规模，或建立连锁店，或将企业逐步从成熟或繁华地带往外围扩充时，可以用动态规划解决企业的选址问题。

（5）一个住宅区幼儿园、社区医疗服务站、自动取款机等的位置布局，可用网络优化方法中的最短路径方法解决。

（6）一个较大规模住宅区的邮局、加油站、中小学、小型公园等位置的布局，可以用图论中的最小生成树法。

（7）功能单一的住宅区和相应的外围产业园建设的优化设计，可以利用图论中的最短路径法和最小生成树法。

（二）博弈理论

1. 从博弈论证的角度

产业的布局或者说各个企业的选址不纯粹是市场行为，而应受到政府的指导、调节、监督，因此可从博弈论证的角度探讨产业优化布局的政策和措施。

博弈论是研究互动决策的理论，而产业布局优化的过程实际上是市民与企业、政府等在城市社会经济不断上升的进程中，寻找达到互利或互惠机会的效率状态的过程。如企业选址的标准是为企业盈利、给社会带来福利，但同时不能破坏环境；员工进入企业是为获得好的收益，但同时也要考虑生活方便、今后事业的发展；政府要综合考虑城市的发展、市民的满意度。因此，在这个过程中，应采用博弈的原理对产业布局变化过程中公众可能采取的策略、政府指导产业布局的政策可能产生的效果及具有的引导作用进行分析。

而社会公益活动，政府或单位多采用奖励的办法来保证公众参与。但惩罚力度、奖励幅度的大小，对实施效果会有重要影响，需要有科学、系统的深入论证。

博弈论在经济、管理及工程等各个领域得到了广泛应用，利用博弈论来探讨指导产业优化布局的政策和措施应该得到重视。如利用博弈论与决策学、优化理论、系统工程等不同学科的交叉，来探讨各级政府制定的涉及产业布局的各项政策、法规和策略的合理性，可能产生的效果及具有的引导作用，进行政策的稳定性分析和灵敏度分析，对影响力大的政策进行风险评估和效果预测，对合理性、可行性、一致性、稳定性、灵敏度、引导作用等的程度做量化分析，等等。

2. 从寻找均衡的角度

企业的选址布局对企业来说是战略投资选择，但对社会环境来说，是在企业、个人、政府、城市之间寻找均衡的问题，所以应利用博弈论分析产业布局主要参与者之间的均衡行为，即从寻找博弈均衡的角度进行研究。

产业布局的形成涉及非常复杂的博弈机制，既涉及合作博弈、非合作博弈，也涉及演化博弈、模糊博弈等。其是主要参与者从自身利益出发与其他参与主体进行博弈、寻找均衡的结果。参与主体包括各同行竞争对手、替代行业的企业家、中央政府、市政府、区政府、在企业工作的员工等。由于均衡与非均衡是动态概念，随着公众行为主体活动的改变而变化，随着博弈的过程和结果的改变而改变，因此应将均衡与非均衡理论进行扩展和延展性研究，利用纳什均衡、风险上策均衡、聚点均衡、贝叶斯纳什均衡、精炼贝叶斯纳什均衡等不同均衡，分析产业布局的优化调整。得到均衡的过程并非以帕累托最优而是以帕累托改进为主要目标。

产业具有在有限空间内聚集大量劳动力的特点，因此拥有大量劳动力是吸引企业选址于该地区的重要因素，并且要素质量上的优势，如劳动者的技能、工作态度和道德水平都很可能会加大企业在该区域选址的优势。政府应对企业自主选址的行为进行引导，通过提高要素质量、采用税收杠杆的作用辅助管理，加大奖励力度，加大对违规行为的处罚概率及力度，减少由于市场信息的不对称而造成的企业选址不合理现象，促使公众行为主体选择有效均衡，促使企业作出理性的选址选择。

（三）利用系统工程的理论和方法

产业布局的合理化指的是实现城市整体综合经济发展的最优，而不是局部区域利益的最优，城市的产业布局必须统筹兼顾，全面考虑。因此，衡量产业合理布局的研究是一个复杂的开放式网络巨系统，应采用系统工程的理论和方法，对这个复杂系统的影响因素、结构及状态进行系统的分析和评价研究。

首先是将这个巨大的复杂系统按研究需要分解为若干子系统。

（1）单独讨论影响城市产业布局合理性的决定因素。

（2）局部产业布局产生效应分析或发挥作用分析。

（3）利用产业的合理布局促进卫星城市或新城的形成和发展。

（4）通过区位优势的结合，探讨如何把部分职能单一的卧城、大学城、金融区、科技产业区发展成为增长极等。分解的过程均采用系统工程的理论和方法。

可利用系统结构模型化技术结合贝叶斯网络因果图对系统进行总体分析，以达到因素分析完整性的目的。传统的系统结构模型化技术注重分层分枝，每枝自成体系，但交叉性过多时会产生因果关系分析不全面的问题。而贝叶斯网络因果图虽然对因素之间关系分析透彻，但就解决实际问题而言，逻辑性偏差。采用两者结合的形式，能弥补各自的缺陷，减少由于人为因素或定性描述转化出的数据精确度不高的影响。

在产业布局优化的论证过程中，需建立一个衡量产业合理布局的评价指标体系，揭示其中的潜在规律。在构建这一体系时，应注重分析和评价体系中指标应具有的特性，如阶段稳定性、分期动态性、逐步完善性。为此，可以采用系统分析方法——利用解释结构递阶模型，这将有利于解决由于指标信息不明确、相互重叠和干扰、主观性强及灵敏度不高的指标不易剔除等问题，从而提高评价结果的科学性。

经济领域中很多问题属于小样本事件，不可能重复发生，没有过多的历史数据可统计、查询和推理，且研究对象多具有定性描述、不确定性程度强等特点，这在系统分析和评价中会经常遇到，为更好地处理类似问题，应探讨适用于经济领域的模式识别处理技术和数据识别方法。

（四）利用线性规划

数学模型的共同特征有以下 3 个：

（1）用一组变量（$x_1, x_2, \cdots, x_n$）表示某一方案，这一组变量称为决策变量，如果给定这些决策变量一个满足全部约束不等式的具体数值就代表一个具体的方案，通常要求这些决策变量取值是非负的。

（2）存在一定的限制条件（称为约束条件），这些条件都可以用关于决策变量的一组线性等式或不等式来表示。

（3）都有一个目标要求，并且这个目标可表示为这组决策变量的线性函数，这一线性函数称为目标函数，按研究问题的不同要求目标函数实现最大化或最小化。

称这样的问题为线性规划问题（LP 问题），LP 问题的一般模型可表示成

$$\max(\text{或 } \min) z = c_1 x_1 + c_2 x_2 + \cdots + c_n x_n$$

$$\text{s.t.} \begin{cases} a_{11}x_1 + a_{12}x_2 + \cdots + a_{1n}x_n \leqslant (\text{或}=, \geqslant)b_1 \\ a_{21}x_1 + a_{22}x_2 + \cdots + a_{2n}x_n \leqslant (\text{或}=, \geqslant)b_2 \\ \vdots \\ a_{m1}x_1 + a_{m2}x_2 + \cdots + a_{mn}x_n \leqslant (\text{或}=, \geqslant)b_m \\ x_j \geqslant 0, \quad j = 1, 2, \cdots, n \end{cases} \tag{3-7}$$

简记为

$$\max z = \sum_{j=1}^{n} c_j x_j$$

$$\text{s.t.} \begin{cases} \sum_{j=1}^{n} a_{ij}x_j \leqslant (\text{或}=, \geqslant) b_i, \quad i = 1, 2, \cdots, m \\ x_j \geqslant 0, \quad j = 1, 2, \cdots, n \end{cases} \tag{3-8}$$

式中，a_{ij}, b_i, c_j 称为 LP 模型的参数，其中 a_{ij} 为消耗系数，b_i 为常数，c_j 为价值系数。

可行解：满足式（3-7）约束条件的解 $X = (x_1, x_2, \cdots, x_n)^\mathsf{T}$ 称为线性规划问题的可行解。全部可行解的集合称为可行域。

最优解：满足式（3-7），即使目标函数达到最大值的可行解称为最优解。记为

$$X^* = (x_1^*, x_2^*, \cdots, x_n^*) \qquad (3\text{-}9)$$

它所对应的目标函数值称为最优值，记为 $z^* = c_1 x_1^* + c_2 x_2^* + \cdots + c_n x_n^*$。

例 3.1　某工厂在计划期内安排生产甲、乙两种产品，已知生产单位产品所占用设备 A、B 的台时、原材料的消耗及工厂每生产一单位产品的利润如表 3-1 所示。

表 3-1　生产单位产品占用设备台时、原材料的消耗

资源	产品		资源总量
	甲	乙	
设备 A/h	3	4	25
设备 B/h	2	1	10
原材料 /kg	2	3	15
利润 / 万元	3	2	

问：工厂应如何安排生产才能获利最多？试建立该问题的数学模型。❶

解　设 x_1，x_2 分别为甲、乙产品在计划期内的产量，称为决策变量；z 为这两种产品在计划期内的总利润，则显然希望总利润 z 越大越好，z 为目标值；但 z 值取决于 x_1，x_2 值，这里 $\max z = 3x_1 + 2x_2$，而产量 x_1，x_2 的取值受到资源总量的限制，见表 3-1。

因为在计划期内设备 A 的可利用有效台时是 25h，所以在确定甲、乙产品的产量时，可用不等式表示为

---

❶ 线性规划问题的求解，当是二元或三元的问题可以用图解法，也可以用单纯方法，三元以上采用单纯形方法。

$$3x_1 + 4x_2 \leqslant 25$$

同理，因在计划期内设备 B 的限制，有不等式

$$2x_1 + x_2 \leqslant 10$$

因原材料的限制，有不等式

$$2x_1 + 3x_2 \leqslant 15$$

综上所述，该工厂的计划安排问题可用如下数学模型表示：

目标函数　　$\max z = 3x_1 + 2x_2$

约束条件　　$\begin{cases} 3x_1 + 4x_2 \leqslant 25 \\ 2x_1 + x_2 \leqslant 10 \\ 2x_1 + 3x_2 \leqslant 15 \\ x_1, x_2 \geqslant 0 \end{cases}$

第三节　运输问题概述

在经济发展中，经常会遇到大宗物资调拨中的运输问题，像煤炭、钢铁、木材、粮食等物资，假如在非洲的某中资企业有若干生产基地，应如何根据已有的交通网制订调运方案，将这些物资运到各消费地点，而使总运费最小？

一、运输问题数学模型

这类问题可用以下数学语言来描述。

假设有 m 个生产地点（以下称为产地），可以供应某种物资，用 A_i 表示，$i = 1, 2, \cdots, m$；有 n 个销售地（以下称为销地），用 B_j 表示，$j = 1, 2, \cdots, n$；产地的产量为 $a_i(i = 1, 2, \cdots, m)$，销地的销售量为 $b_j(j = 1, 2, \cdots, n)$，从 A_i 到 B_j 运输单位物资的运价为 c_{ij}，这些数据汇总于表 3-2。如何调运，运输费用最小？

表 3-2 产量、销量与单位产品动价表

产地	销地				产量
	B_1	B_2	$\cdots$	B_n	
A_1	c_{11}	c_{12}	$\cdots$	c_{1n}	a_1
A_2	c_{21}	c_{22}	$\cdots$	c_{2n}	a_2
$\vdots$	$\vdots$	$\vdots$	$\vdots$	$\vdots$	$\vdots$
A_m	c_{m1}	c_{m2}	$\cdots$	c_{nm}	a_m
销量	b_1	b_2	$\cdots$	b_n	

（一）产销平衡的运输问题

如果运输问题得出的总产量等于其总销量，即

$$\sum_{i=1}^{m} a_i = \sum_{j=1}^{n} b_j \qquad （3\text{-}10）$$

则称该运输问题为产销平衡运输问题；反之，称为产销不平衡运输问题。

首先建立产销平衡情况下的运输问题的数学模型。

假设 x_{ij} 表示从 A_i 到 B_j 的运量，则所求问题的数学模型为

$$\min Z = \sum_{i=1}^{m} \sum_{j=1}^{n} c_{ij} x_{ij}$$

$$\text{s.t.} \begin{cases} \sum_{i=1}^{m} x_{ij} = b_j, j = 1, 2, \cdots, n \\ \sum_{j=1}^{n} x_{ij} = a_i, i = 1, 2, \cdots, m \\ x_{ij} \geqslant 0, \quad i = 1, 2, \cdots, m; j = 1, 2, \cdots, n \end{cases} \qquad （3\text{-}11）$$

在该模型中，目标函数表示运输总费用，要求其最小化；第一个约束条件表示由各产地运往某一销地的物品数量之和等于该销地的销量；第二个约束条件表示由某一产地运往各销地的物品数量之和等于该产地的产量；第三个约束条件表示决策变量的非负条件。

（二）产销不平衡的运输问题

实际上，运输问题往往是产销不平衡的，这就需要把产销不平衡的问题转化为产销平衡的问题来解决。

1. 当产量大于销量

此时
$$\sum_{i=1}^{m} a_i > \sum_{j=1}^{n} b_j \tag{3-12}$$

运输问题的数学模型可以表示成

$$\min Z = \sum_{i=1}^{m} \sum_{j=1}^{n} c_{ij} x_{ij}$$

$$\text{s.t.} \begin{cases} \sum_{j=1}^{n} x_{ij} = a_i, i = 1, \cdots, m \\ \sum_{i=1}^{m} x_{ij} = b_j, j = 1, \cdots, n \\ x_{ij} \geqslant 0, \quad i = 1, \cdots, m; j = 1, \cdots, n \end{cases} \tag{3-13}$$

由于总的产量大于销售量，就要考虑将多余的物资储存在哪一个产地的问题。设 x_{in+1} 是产地 A_i 的储存量，故有

$$\sum_{j=1}^{n} x_{ij} + x_{i(n+1)} = \sum_{j=1}^{n+1} x_{ij} = a_i, \quad i = 1, \cdots, m \tag{3-14}$$

$$\sum_{i=1}^{m} x_{ij} = b_j, \quad j = 1, \cdots, n \tag{3-15}$$

$$\sum_{i=1}^{m} x_{i(n+1)} = \sum_{i=1}^{m} a_i - \sum_{j=1}^{n} b_j = b_{n+1} \tag{3-16}$$

令 $c'_{ij} = c_{ij}$, $i = 1, \cdots, m$; $j = 1, \cdots, n$; $c'_{ij} = 0$, $i = 1, \cdots, m$; $j = n + 1$。将上式代入式（3-13），得

$$\min Z' = \sum_{i=1}^{m} \sum_{j=1}^{n+1} c'_{ij} x_{ij} = \sum_{i=1}^{m} \sum_{j=1}^{n} c_{ij} x_{ij} \tag{3-17}$$

$$
\text{s.t.}
\begin{cases}
\displaystyle\sum_{j=1}^{n+1} x_{ij} = a_i, i = 1,\cdots,m \\[2mm]
\displaystyle\sum_{i=1}^{m} x_{ij} = b_j, j = 1,\cdots,n,n+1 \\[2mm]
x_{ij} \geqslant 0, \quad b_{n+1} = \sum_{i=1}^{m} a_i - \sum_{j=1}^{n} b_j
\end{cases}
$$

这是一个产销平衡的运输问题。

2. 当销量大于产量

可以在产销平衡表中增加一个假想的产地 $i = m + 1$，该产地的产量为 $\sum_{j=1}^{n} b_j - \sum_{i=1}^{m} a_i$，在单位运价表中令从该产地到各个销售地的单位运价为 $c_{(m+1)j} = 0$，同样可以转化为产销平衡的运输问题。

$$
\min Z' = \sum_{i=1}^{m+1} \sum_{j=1}^{n} c'_{ij} x_{ij} = \sum_{i=1}^{m} \sum_{j=1}^{n} c_{ij} x_{ij}
$$

$$
\text{s.t.}
\begin{cases}
\displaystyle\sum_{j=1}^{n+1} x_{ij} = a_i, i = 1,\cdots,m,m+1 \\[2mm]
\displaystyle\sum_{i=1}^{m+1} x_{ij} = b_j, j = 1,\cdots,n \\[2mm]
x_{ij} \geqslant 0, \quad a_{m+1} = \sum_{j=1}^{n} b_j - \sum_{i=1}^{m} a_i
\end{cases}
\tag{3-18}
$$

二、运输问题的求解

在式（3-13）的运输问题的数学模型中，包含 $m \times n$ 个变量、$m + n$ 个约束条件，是一个线性规划问题，因此可以用单纯形法求解。如果用单纯形法求解，首先应在每个约束条件上加入一个人工变量（以便求出初始基可行解）。因此，即使是 $m = 4$，$n = 5$ 这样的简单问题，变量及约束条件个数就有 29 个之多，由此可知利用单纯形法进行计算非常复杂。

（一）求解原理

针对运输问题的数学模型，由于其结构具有特殊性，它的约束方程组的系数矩阵具有如下特点。

1.系数矩阵

（1）在该矩阵中，元素均等于 0 或 1。

（2）每列只有两个元素为 1，其余元素都是 0。

（3）对应于每一个变量，在前 m 个约束方程中只出现一次，在后 n 个约束方程中也只出现一次。

（4）线性规划问题的系数矩阵见式（3-19）。

$$
A = \begin{bmatrix}
x_{11}, & \cdots, & x_{1n}, & x_{21}, & \cdots, & x_{2n} & \cdots, & x_{m1}, & \cdots, & x_{mn} \\
1 & \cdots & 1 & 0 & \cdots & 0 & \cdots & 0 & \cdots & 0 \\
0 & \cdots & 0 & 1 & \cdots & 1 & \cdots & 0 & \cdots & 0 \\
\vdots & & \vdots & \vdots & & \vdots & & \vdots & & \vdots \\
0 & \cdots & 0 & 0 & \cdots & 0 & \cdots & 1 & \cdots & 1 \\
1 & \cdots & 0 & 1 & \cdots & 0 & \cdots & 1 & \cdots & 0 \\
\vdots & & \vdots & \vdots & & \vdots & & \vdots & & \vdots \\
0 & \cdots & 1 & 0 & \cdots & 1 & \cdots & 0 & \cdots & 1
\end{bmatrix}
\qquad (3\text{-}19)
$$

根据这些特点，在单纯形法的基础上，设计出一种专门用来求解运输问题的方法，这种方法称为表上作业法。

根据运输问题的数学模型求出的运输问题的解代表着一个运输方案，其中每一个变量 x_{ij} 的值表示由 A_i 调运到 B_j 的物品数量。由于运输问题也是一个线性规划问题，因此在求解时与单纯形方法类似。

2.确定问题的基变量个数

要知道这样一组基变量应当由哪些变量组成（也就是要求出初始基本可行解）。运输问题的解 X 必须满足模型中的所有约束条件；基变量对应的约束方程组的系数列向量必须是线性无关的；可以证明系数矩阵式（3-19）的秩是

$m+n-1$。一方面，矩阵的前 m 行之和减去后 n 行之和结果是零向量，因此该矩阵的秩小于 $m+n$；另一方面，有矩阵（3-19）的第 2 行至第 $m+n$ 行和前 n 列及 $x_{21}, x_{31}, \cdots, x_{m1}$，对应的列交叉处的元素构成 $m+n-1$ 阶方阵 $\boldsymbol{D}$，$\boldsymbol{D}$ 的行列式为

$$|\boldsymbol{D}| = \begin{vmatrix} & 1 & & & & & \\ & & 1 & & & & \\ & & & \ddots & & & \\ & & & & 1 & \\ 1 & & & 1 & 1 & \cdots & 1 \\ & 1 & & & & & \\ & & \ddots & & & & \\ & & & 1 & & & \end{vmatrix} = (-1)^{m+1} \begin{vmatrix} & & 1 & & \\ & & & \ddots & \\ & & & & 1 \\ 1 & & & & \\ & \ddots & & & \\ & & 1 & & \end{vmatrix} \neq 0 \qquad （3-20）$$

因此矩阵 $\boldsymbol{A}$ 的秩恰好等于 $m+n-1$，可以证明 $m+n$ 个方程中的任意 $m+n-1$ 个方程的系数向量都是线性无关的。

因此在运输问题中解的基变量个数应由 $m+n-1$ 个变量组成（基变量的个数＝产地个数＋销售地个数 -1）。进一步，我们想知道，怎样的 $m+n-1$ 个变量会构成一组基变量？

定理 $m+n-1$ 个变量 $x_{i_1 j_1}$，$x_{i_2 j_2}$，$\cdots$，$x_{i_s j_s}$（$s = m+n-1$）构成基变量的充分必要条件是它不包含有任何闭回路。

（二）利用表上作业法求解产销平衡的运输问题

针对运输问题的特点，寻求更为简单方便的求解方法——表上作业法。

1. 表上作业法的计算步骤

表上作业法是单纯形法在求解运输问题时的一种简化方法，是以产销平衡为前提的，其实质是单纯形算法，只是具体计算和术语有所不同。其计算步骤可归纳如下：

① 找出初始基可行解，即在 $m \times n$ 产销平衡表上给出 $m+n-1$ 个有数字的格，这些有数字的格不能构成闭回路，且行和等于产量，列和等于销售量。

②求各非基变量的检验数，即在表上求出空格的检验数，判断是否达到最优解。如果达到最优解，则停止计算，否则转入下一步。

③确定换入变量和换出变量，找出新的基可行解，在表上用闭回路法进行调整。

④重复②、③，直到求得最优解为止。

2. 确定初始基可行解

确定初始基可行解，即首先给出初始的调运方案，方法很多，这里介绍最小元素法。最小元素法的基本思想就是就近供应，即从单位运价表中最小的运价开始确定产销关系，以此类推，直到给出初始方案为止。下面通过例 3.2 来说明用最小元素法确定初始基可行解的具体步骤。

例 3.2　中国在非洲的某个境外公司有 3 个生产同类产品的工厂，生产的产品由 4 个销售点销售，各工厂的生产量、各销售点的销售量及各工厂到各销售点的单位产品运价如表 3-3 所示。问：该公司应如何调运产品，在满足各销售点的需要量的前提下，使总的运费为最小？

表 3-3　产量、销量与单位产品运价

产地	销地				产量
	B_1	B_2	B_3	B_4	
A_1	3	11	3	10	7
A_2	1	9	2	8	4
A_3	7	4	10	5	9
销量	3	6	5	6	

解　第一步：从单位运价表中找出最小的单位运价为 1，这表示将 A_2 的产品供应给 B_1。由于 A_2 每天生产 4 吨，B_1 每天只需要 3 吨，即 A_2 除每日能满足 B_1 的需要外还剩余 1 吨，所以在产销平衡表（A_2，B_1）交叉处填上 3（$x_{21} = 3 = \min\{a_2, b_1\} - \min\{4, 3\}$），表示 A_2 调运 3 吨给 B_1，再在单位运价表中将 B_1 这

一列单位运价划去，表示 B_1 的需求已满足，不需要继续调运。

第二步：从上述未划去的单位运价表的元素中再找出最小的单位运价 2，即 A_2 把剩余的产品供应给 B_3；B_3 每天需要 5 吨，A_2 只剩余 1 吨，因此在上述产销平衡表的（A_2，B_3）交叉处填上 1，划去上述单位运价表中 A_2 这一行单位运价，表示 A_2 的产品已分配完毕，如表 3-4 所示。

表 3-4　最小元素法初始作业表

产地	销地				产量
	B_1	B_2	B_3	B_4	
A_1	3	11	3	10	7
A_2	3	9	2 1	8	4
A_3	7	4	10	5	9
销量	3	6	5	6	

第三步：在表 3-4 未划去的元素中，找出最小单位运价 3。这表示将 A_1 的产品供应 B_3，A_1 每天生产 7 吨，B_3 尚缺 4 吨，因此在产销平衡表的（A_1，B_3）交叉处填上 4。由于 B_3 的需求已满足，将单位运价表中的 B_3 这一列单位运价划去，如表 3-5 所示。

如此一步步进行下去，直到单位运价表中所有元素都划去为止，最终在产销平衡表上就可以得到一个初始调运方案。

表 3-5　初始调运方案

产地	销地				产量
	B_1	B_2	B_3	B_4	
A_1			4	3	7
A_2	3		1		4
A_3		6		3	9
销量	3	6	5	6	

检查全表，产销已平衡，得到初始调运方案为

$$x_{13} = 4，x_{14} = 3，x_{21} = 3，x_{23} = 1，x_{32} = 6，x_{34} = 3$$

其余 $x_{ij} = 0$。这个方案的总运费为 86。

应当注意的是，在用最小元素法确定初始基可行解的时候，有可能出现以下两种特殊情况：

（1）当在未划去的单位运价表中寻找最小元素时，多个元素同时达到最小，这时从这些最小元素中任意选择一个作为基变量；

（2）当在未划去的单位运价表中寻找最小元素时，发现该元素所在行的剩余产量等于该元素所在列的剩余销售量。这时在产销平衡表相应的位置填上该剩余产量数，而在单位运价表中就要同时划去一行和一列。为了使调运方案中有数字的格仍为 $m + n - 1$ 个，需要在同时划去的行或列的任一空格位置填上一个"0"，这个"0"表示该变量是基变量，只不过它取值为 0，即此时的调运方案是一个退化的基可行解。

（三）利用表上作业法求解产销不平衡的运输问题

例 3.3　产销不平衡的运输问题。设在非洲某国有中资公司投资的三个化肥厂，需要供应四个地区的农用化肥。假定等量的化肥在这些地区使用的效果相同。各化肥厂年产量、各地区年需求量及从各化肥厂到各地区运送单位化肥的运价如表 3-6 所示。试求出总的运费最省的化肥调拨方案。

表 3-6　产量、需求量及单位运价表

产地	需求/（万元/万吨）				产量/万吨
	I	II	III	IV	
A	16	13	22	17	50
B	14	13	19	15	60
C	19	20	23	—	50
最低需求/万吨	30	70	0	10	
最高需求/万吨	50	70	30	不限	

解 这是一个产销不平衡的运输问题。

总产量为 160 万吨，四个地区的最低需求为 110 万吨，最高需求为无限。根据现有产量，第Ⅳ个地区每年最多能分配得到 60 万吨，这样最高需求就为 210 万吨，大于产量。为了求得平衡，在产销平衡表中增加一个假想的化肥厂 D，其年产量为 50 万吨。由于各地区的需求量包含两部分，如地区Ⅰ，其中 30 万吨是最低需求，故不能由假想化肥厂 D 供给，令相应的单位运价为 M（任意大的正数）；而另一部分 20 万吨满足或不满足均可以，因此可以由假想化肥厂 D 供给，按前述，可令相应的单位运价为 0。凡是需求分两种情况的地区，实际上可按照两个地区来看待。这样可以列出这个问题的产销平衡表及单位运价表（表3-7）。根据表上作业法，可以求得这个问题的最优解，如表3-8所示。

表 3-7 产销平衡及单位运价表

产地	需求 /（万元 / 万吨）						产量 / 万吨
	Ⅰ	Ⅰ′	Ⅱ	Ⅲ	Ⅳ	Ⅳ′	
A	16	16	13	22	17	17	50
B	14	14	13	19	15	15	60
C	19	19	20	23	M	M	50
D	M	0	M	0	M	0	50
销量 / 万吨	30	20	70	30	10	50	

表 3-8 最优调运方案

产地	需求 /（万元 / 万吨）						产量 / 万吨
	Ⅰ	Ⅰ′	Ⅱ	Ⅲ	Ⅳ	Ⅳ′	
A			50				50
B			20		10	30	60
C	30	20	0				50
D				30			50
销量 / 万吨	30	20	70	30	10	50	

由于在变量个数相等的情况下，表上作业法的计算远比单纯形法的计算简单得多，所以在解决实际问题时，人们常常尽可能把某些线性规划问题化为运输问题的数学模型。

三、转运问题

转运问题是运输问题的一个扩展，即在原来的运输问题中，产地、销地之间再增加中转点。在运输问题中只允许物品从产地运往销地，而在转运问题中允许把物品从一个产地运往另一个产地、中转点或销地，也允许把物品从一个中转点运往另一个中转点、产地或销地，还允许把物品从一个销地运往另一个中转点或产地。

每一个产地的供应量都有一个限量，而每一个销地的需求量也都有一个限制，任意两点间的单位物品的运价已知，如何使总的运输费用最小？以例题来说明求解方法。

例 3.4　在非洲建立物流中心，需要考虑运输成本。某公司有三个分厂生产某种物资，分别运往四个地区的销售公司去销售，有关分厂的产量、各销售公司的销量及运价如表 3-9 所示，求总的运费最小的调运方案。

表 3-9　产量、销量及单位运价表

销地	产地				产量
	B_1	B_2	B_3	B_4	
A_1	3	11	3	10	7
A_2	1	9	2	8	4
A_3	7	4	10	5	9
销量	3	6	5	6	

这是一个普通的产销平衡运输问题，但是如果假定：

（1）每个分厂的物资不一定直接发送到销地，可以从其中几个产地集中一起运。

（2）运往各销地的物资可以先运给其中几个销地，再转运给其他销地。

（3）除产地、销地外，还有几个中转站，在产地之间、销地之间或产地与销地之间转运。

各产地、销地、中转站及相互之间每吨物资的运价如表3-10所示，问：在考虑产销之间直接运输和非直接运输的各种可能方案的情况下，如何将三个分厂的物资运往销售公司，使总的运费最少？

表 3-10　单位运价表

		产地			中转站				销地			
		A_1	A_2	A_3	T_1	T_2	T_3	T_4	B_1	B_2	B_3	B_4
产地	A_1		1	3	2	1	4	3	3	11	3	10
	A_2	1		—	3	5	—	2	1	9	2	8
	A_3	3	—		1	—	2	3	7	4	10	5
中转站	T_1	2	2	1		1	3	2	2	8	4	6
	T_2	1	5	—	1		1	2	4	5	2	7
	T_3	4	—	2	3	1		2	1	8	2	4
	T_4	3	2	3	2	1	2		1	—	2	6
销地	B_1	2	1	7	2	4	1	1		1	4	3
	B_2	11	9	4	8	5	8	—	1		2	1
	B_3	3	2	10	4	2	2	2	4	2		3
	B_4	10	8	5	6	7	4	6	2	1	3	

解　从表3-10可以看出，从 A_1 到 B_2 直接运输单价为11元，但从 A_1 经 A_3 再到 B_2，运价为 $3+4=7$ 元；从 A_1 经 T_2 再到 B_2，运价为 $1+5=6$ 元；而从 A_1 到 B_2 的最佳途径为 $A_1 \rightarrow A_2 \rightarrow B_1 \rightarrow B_2$，运价为 $1+1+1=3$ 元。可见转运问题比一般运输问题复杂。现在把转运问题转化为一般运输问题，作如下处理。

（1）由于问题中的所有产地、销地、中转站都可以看成产地，也可以看成销地，因此整个问题可以看成是一个由 11 个产地和 11 个销地组成的运输问题。

（2）对于扩大的运输问题建立运价表，表中的不可能运输方案的运价用 M 代替。

（3）所有中转站的产量等于销量，也即流入量等于流出量。由于运费最少时不可能出现物资的来回倒运现象，因此每个中转站的运量不会超过 20 吨，所以可以规定中转站的产量和销量均为 20 吨，这样就可以得到扩大的产销平衡运输问题及其运价表，如表 3-11 所示。

表 3-11　扩大的产销平衡运输问题及其运价表

	A_1	A_2	A_3	T_1	T_2	T_3	T_4	B_1	B_2	B_3	B_4	产量
A_1	0	1	3	2	1	4	3	3	11	3	10	27
A_2	1	0	M	3	5	M	2	1	9	2	8	24
A_3	3	M	0	1	M	2	3	7	4	10	5	29
T_1	2	2	1	0	1	3	2	2	8	4	6	20
T_2	1	5	M	1	0	1	2	4	5	2	7	20
T_3	4	M	2	3	1	0	2	1	8	2	4	20
T_4	3	2	3	2	1	2	0	1	M	2	6	20
B_1	2	1	7	2	4	1	1	0	1	4	3	20
B_2	11	9	4	8	5	8	M	1	0	2	1	20
B_3	3	2	10	4	2	2	2	4	2	0	3	20
B_4	10	8	5	6	7	4	6	2	1	3	0	20
销量	20	20	20	20	20	20	20	23	26	25	26	240

利用表上作业法求得最优解，如表 3-12 所示。

从表 3-12 中可以看出，A_1 把 7 吨产量先运到 A_2，然后与 A_2 的 4 吨产量一共 11 吨，其中 6 吨运给 B_1，5 吨运给 B_3；把 3 吨通过正中转运给了 B_1，6 吨直接运给了 B_1，这样 B_1 一共收到了 9 吨，多余的 6 吨转运给 B_4。这就是最佳运输方案，总运费只有 68 元。

表 3-12　最优解

	A_1	A_2	A_3	T_1	T_2	T_3	T_4	B_1	B_2	B_3	B_4	产量
A_1	20	7										27
A_2		13						6		5		24
A_3			20	3					6			29
T_1				17				3				20
T_2					20							20
T_3						20						20
T_4							20				6	20
B_1								14				20
B_2									20			20
B_3										20		20
B_4											20	20
销量	20	20	20	20	20	20	20	23	26	25	26	240

第四节　动态规划概述

动态规划的最优值函数（指标函数）的含义可以是距离、利润、成本、时间、产品的产量、资源消耗等，因此动态规划可以用在产业布局理论中。背包问题是动态规划理论的典型例题，若把背包问题的应用背景作适当改变，就可改为在产业布局中的应用。

例如，非洲某国首都的一个商场，进行三年一次的招商。由于商用面积的限制，能承受的最大面积是 b（单位），现有 n 种类型的商家可供选择进入商场，第 i 种商家单个占地面积为 a_i（m^2），经预测知其能给商场带来的净价值（或其他重要参数）为 c_i（$1 \leqslant i \leqslant n$）。设第 i 种商家进入商场的数量是 x_i，则总净价值是进入数量 x_i 的函数，即 $c_i x_i$。商场应如何选择所进入的商家数量，以使进入商场的所有商家产生的总的净价值最大？

用动态规划还可以解决企业要在已有基础上扩大规模、建立连锁店或逐步从成熟或繁华地带往外围扩展时的选址问题。

一、动态规划的基本概念

（一）阶段与阶段变量

阶段是指一个问题需要做出决策的步骤，即把问题的过程分为若干个相互联系着的阶段，使能够按阶段的次序求解。描述阶段的变量称为阶段变量，通常用字母 k 表示。

（二）状态与状态变量

在多阶段决策过程中，每一阶段都具有一些特征（自然状况或客观条件），这就是状态。用来描述状态的变量称为状态变量，通常第 k 阶段的状态变量用 s_k $(k = 1, 2, \cdots, n)$ 表示，它的取值可以是一个数、一组数或一个向量等。状态变量可取值的全体所构成的集合称为可达状态集合（或允许状态集合），用 S_k $(k = 1, 2, \cdots, n)$ 表示。

（三）决策和决策变量

当过程处于某一阶段的某个状态时，可以做出不同的决定（或选择），从而确定下一阶段的状态，这种决定称为决策。描述决策的变量称为决策变量，用 $x_k(s_k)$ 表示第 k 阶段状态 $s_k(k = 1, 2, \cdots, n)$ 的决策变量。决策变量的取值范围称为允许决策集合，用 $D_k(s_k)$ 表示第 k 阶段状态 s_k $(k = 1, 2, \cdots, n)$ 的允许决策集合，即

$$x_k(s_k) \in D_k(s_k) \, (k = 1, 2, \cdots, n) \qquad （3\text{-}20）$$

（四）策略与子策略

策略是一个按顺序排列的决策组成的集合。由第 k 阶段开始到终止状态为止的过程，称为问题的后部子过程，或 k 子过程，由 k 子过程的每一阶段的决策按顺序排列组成的决策函数序列 $\{x_k(s_k), \cdots, x_n(s_n)\}$，称为 k 子过程策略，记为 $p_{k,n}(s_k)$，即

$$p_{k,n}(s_k) = \{x_k(s_k), \ x_{k+1}(s_{k+1}), \ \cdots, \ x_n(s_n)\} \tag{3-21}$$

当 $k=1$ 时，此决策函数序列称为全过程的一个策略，记为 $p_{1,n}(s_1)$，即

$$p_{1,n}(s_1) = \{x_1(s_1), \ x_2(s_2), \ \cdots, \ x_n(s_n)\} \tag{3-22}$$

可供选择的策略范围称为允许策略集合，用 P 表示，从允许策略集合中找出的达到最优效果的策略称为最优策略。

（五）状态转移函数

状态函数用于确定多阶段决策过程中，由一个状态到另一个状态的演变过程。如果给定了第 k 阶段状态变量 s_k 和该阶段的决策变量 $x_k(s_k)$，则第 $k+1$ 阶段的状态变量 s_{k+1} 的值也随之而定，即 s_{k+1} 随 s_k 和 $x_k(s_k)$ 的变化而变化。这种对应关系记为

$$s_{k+1} = T_k(s_k, x_k(s_k)) \tag{3-23}$$

称为状态转移方程，$T_k(s_k, x_k)$ 称为状态转移函数。

（六）指标函数（回收函数）

在多阶段决策过程中，用来衡量所实现过程优劣的一种数量指标称为指标函数。它是定义在全过程或所有后部子过程上的数量函数，即是各阶段的状态和决策变量的函数，记为 $V_{k,n}$，即

$$V_{k,n} = V_{k,n}(s_k, x_k, s_{k+1}, x_{k+1}, \cdots, s_n, x_n, s_{n+1}) \ (k = 1, 2, \cdots, n) \tag{3-24}$$

指标函数具有可分离性和递推关系，即

$$V_{k,n}(s_k, x_k, s_{k+1}, x_{k+1}, \cdots, s_n, x_n, s_{n+1}) = \varphi[s_k, x_k, V_{k+1,n}(s_{k+1}, x_{k+1}, \cdots, s_n, x_n, s_{n+1})] \tag{3-25}$$

特别地，常用的指标函数有两种形式：

全过程和任一子过程的指标函数是它所包含的各阶段的指标函数之和，即

$$V_{k,n}(s_k, x_k, s_{k+1}, x_{k+1}, \cdots, s_n, x_n, s_{n+1}) = \sum_{j=k}^{n} v_j(s_j, x_j) \tag{3-26}$$

其递推关系为

$$V_{k,n}(s_k, x_k, s_{k+1}, x_{k+1}, \cdots, s_n, x_n, s_{n+1}) = v_k(s_k, x_k) + V_{k+1,n}(s_{k+1}, x_{k+1}, \cdots, s_n, x_n, s_{n+1}) \qquad （3-27）$$

全过程和任一子过程的指标函数是它所包含的各阶段的指标函数的乘积，即

$$V_{k,n}(s_k, x_k, s_{k+1}, x_{k+1}, \cdots, s_n, x_n, s_{n+1}) = \prod_{j=1}^{n} v_j(s_j, x_j) \qquad （3-28）$$

其递推关系为

$$V_{k,n}(s_k, x_k, s_{k+1}, x_{k+1}, \cdots, s_n, x_n, s_{n+1}) = v_k(s_k, x_k) + V_{k+1,n}(s_{k+1}, x_{k+1}, \cdots, s_n, x_n, s_{n+1}) \qquad （3-29）$$

（七）最优值函数

从第 k 阶段的状态 s_k 开始到第 n 阶段的终止状态 s_{n+1} 的过程，采取最优策略所得到的指标函数值称为最优值函数，记为 $f_k(s_k)$ $(k = 1, 2, \cdots, n)$，即

$$f_k(s_k) = \mathop{\mathrm{opt}}_{\{x_k, x_{k+1}, \cdots, x_n\}} V_{k,n}(s_k, x_k, s_{k+1}, x_{k+1}, \cdots, s_n, x_n, s_{n+1}) \qquad （3-30）$$

在实际中，指标函数的含义可以是距离、利润、成本、时间、产品的产量、资源消耗等。

二、动态规划的求解

动态规划在实际中应用广泛，并且对某些静态规划问题可以人为地引入时间因素，将其视为一个按阶段进行的动态规划问题，利用动态规划的方法求解。如载货问题、分配问题、背包问题等，这类问题都具有类似形式的数学模型。其一般形式为

$$\max z = \sum_{j=1}^{n} g_j(x_j) \left(或 \prod_{j=1}^{n} g_j(x_j) \right)$$

$$\text{s.t.} \begin{cases} \sum_{j=1}^{n} a_j x_j \leqslant b \\ 0 \leqslant x_j \leqslant c_j \quad (j = 1, 2, \cdots, n) \end{cases} \qquad （3-31）$$

其中，$g_j(x_j)$ $(j = 1, 2, \cdots, n)$ 为已知函数，可以是线性函数，也可是非线性函数；x_j $(j = 1, 2, \cdots, n)$ 也可以为整数变量。

把问题分为 n 个阶段，取 x_k 为第 k 阶段的决策变量，此时 $f_{n+1}(s_{n+1}) = 0$ 为边界条件，指标函数以 $z = \sum\limits_{j=1}^{n} g_j(x_j)$ 为例，则指标函数的递推关系为

$$f_k(s_k) = \max\{g_k(x_k) + x_{k+1}(s_{k+1})\} \ (k = 1, 2, \cdots, n) \tag{3-32}$$

状态变量为

$$s_k = \sum_{i=1}^{n} a_i x_i \ (k = 1, 2, \cdots, n) \tag{3-33}$$

允许决策集合为

$$D_k(s_k) = \left\{ x_k \left| 0 \leqslant x_k \leqslant \min\left\{ c_k, \frac{s_k}{a_k} \right\} \right. \right\} \ (k = 1, 2, \cdots, n) \tag{3-34}$$

允许状态集合为

$$S_k = \{ S_k | 0 \leqslant s_k \leqslant b \} \ (1 < k \leqslant n), \ S_1 = \{b\} \tag{3-35}$$

状态转移函数为

$$s_{k+1} = s_k - a_k x_k \ (k = 1, 2, \cdots, n-1), \ s_{n+1} = 0 \tag{3-36}$$

对于指标函数为 $z = \prod\limits_{j=1}^{n} g_j(x_j)$ 的情况有类似的结果。

注意，当决策变量 x_k 要求取整数时，只要将允许决策集合限制在整数集合内取值即可。

例 3.5 背包问题

背包问题是一个典型的多阶段决策问题。一维背包问题是：一位旅行者能承受的背包最大装载质量是 b（kg），现有 n 种物品供他选择装入背包，第 i 种物品单件质量为 a_i（kg），其价值（或其他重要参数）为 $c_i, 1 \leqslant i \leqslant n$。设装载数量是 x_i，则总价值是携带数量 x_i 的函数，即 $c_i x_i$。问：旅行者应如何选择所携带物品的件数，以使总装载价值最大？

背包问题实际上就是运输问题中车船的最优配载问题，还可以广泛地用于解决其他问题。在产业布局中，可以考虑为一个境外园区招企业，由于区域面积有限，只能供有限数量的企业进入，如何选择？

解　背包问题的一般的整数规划模型可表述为

$$\max Z = \sum_{i=1}^{n} c_i x_i$$

$$\text{s.t.} \begin{cases} \sum_{i=1}^{n} a_i x_i \leqslant b \\ x_i \geqslant 0 \text{ 且为整数}, i = 1, 2, \cdots, n \end{cases}$$

下面用动态规划方法来求解。

（1）阶段 k。即需要装入的各种物品的次序，每段装入一种物品，共 n 段。

（2）状态变量 s_k。即在第 k 段开始时允许装入物品的总重量，即可以动用的资源，显然有 $s_1 = b$。

（3）决策变量 x_k。即装入第 k 种物品的件数。

（4）状态转移方程为

$$s_{k+1} = s_k - a_k x_k$$

允许的决策集合是

$$D_k(s_k) = \{x_k \mid 0 \leqslant x_k \leqslant s_k / a_k, \text{ 整数}\}$$

（5）递归（基本）方程是

$$\begin{cases} f_k(s_k) = \max\{c_k x_k + f_{k+1}(s_{k+1})\}, k = 1, 2, \cdots, n \\ f_{n+1}(s_{n+1}) = 0 \end{cases}$$

例 3.6　载货问题

设有一辆载重量为 15 吨的卡车，要装运 4 种货物，已知 4 种货物的单位重量和价值如表 3-13 所示，在载重量许可的条件下，每辆车装载某种货物的重量不限，试问：如何搭配这 4 种货物才能使每辆车装载货物的价值最大？

表 3-13　货物的重量和价值

货物代号	重量 / 吨	价值 / 千元	货物代号	重量 / 吨	价值 / 千元
L	2	3	3	4	5
2	3	4	4	5	6

解　设决策变量为 x_1，x_2，x_3，x_4，分别为 4 种货物的装载件数，则问题为一线性整数规划：

$$\max z = 3x_1 + 4x_3 + 5x_3 + 6x_4$$

$$\text{s.t.} \begin{cases} 2x_1 + 3x_2 + 4x_3 + 5x_4 \leqslant 15 \\ x_j \geqslant 0 \text{ 且为整数 } \quad (i = 1,2,3,4) \end{cases}$$

将其转化为动态规划问题，分为 4 个阶段，各个阶段的指标函数记为

$$g_1(x_1) = 3x_1, g_2(x_2) = 4x_2, g_3(x_3) = 5x_3, g_4(x_4) = 6x_4$$

状态变量 s_k 表示第 k 种至第 4 种货物总允许载重量，即

$$s_k = \sum_{i=k}^{4} (k+1)x_i \ , k = 1, 2, 3, 4$$

允许状态集合为 $S_k = \{0, 1, 2, \cdots, 15\}$，$k = 1, 2, 3, 4$，最优值函数 $f_k(x_k)$ 表示装载第 k 种至第 4 种货物的价值，则动态规划模型为

$$\begin{cases} f_k(s_k) = \max\limits_{x_k \in D_k(s_k)} \{g_k(x_k) + f_{k+1}(s_{k+1})\} \\ f_5(s_5) = 0, \quad k = 4, 3, 2, 1 \end{cases}$$

$$s_{k+1} = s_k - (k+1)x_k, k = 1, 2, 3, 4$$

允许决策集合为

$$D_k(s_k) = \left\{ 0, 1, 2, \cdots, \left[\frac{s_k}{k+1} \right] \right\}, k = 1, 2, 3, 4$$

即表示在载重量允许的范围内可能装载第 k 种货物的件数。

用逆序方法求解如下：

· 82 ·

$k = 4$：

$$f_4(s_4) = \max\{6x_4\}, \quad x_4 \in D_4(s_4), \quad s_4 \in S_4$$

$$D_4(s_4) = \left\{0, 1, \cdots, \left[\frac{s_4}{5}\right]\right\}$$

$$S_4 = \{0, 1, \cdots, 15\}$$

$k = 3$：

$$f_3(s_3) = \max\{5x_3 + f_4(s_4)\}, \quad x_3 \in D_3(s_3), \quad s_3 \in S_3$$

$$D_3(s_3) = \left\{0, 1, \cdots, \left[\frac{s_3}{4}\right]\right\}$$

$$S_3 = \{0, 1, \cdots, 15\}, \quad s_4 = s_3 - 4x_3$$

$k = 2$：

$$f_2(s_2) = \max\{4x_2 + f_3(s_3)\}, \quad x_2 \in D_2(s_2), \quad s_2 \in S_2$$

$$D_2(s_2) = \left\{0, 1, \cdots, \left[\frac{s_2}{3}\right]\right\}$$

$$S_2 = \{0, 1, \cdots, 15\}, \quad s_3 = s_2 - 3x_2$$

$k = 1$：

$$f_1(s_1) = f_2(15) = \max\{3x_1 + f_2(s_2)\}, \quad x_1 \in D_2(15), \quad s_1 \in 15$$

$$D_1(15) = \{0, 1, \cdots, 7\}$$

$$S_2 = 15 - 2x_1$$

最后得到问题的最优解为 $x_1^* = 6$，$x_2^* = 1$，$x_3^* = 0$，$x_4^* = 0$，最优值为 22 千元。

第五节　多目标优化与决策理论

所谓多目标优化与决策，就是人们在进行决策时，往往需要考虑许多目标，并希望都能优化，而这些目标往往不协调，甚至相互矛盾，衡量这些目标优劣的数量指标的量纲也可能并非一致，并且是在考虑资源存量约束、生产力约束、资金约束、技术条件约束等多个约束条件下寻求解决方法，其求解有相当的难度。

随着近年来进化计算等现代搜索技术的长足发展，多目标优化与决策问题的求解出现了许多日趋完善的新方法和技术，虽然相关理论在自然科学及管理等各个领域得到人们的广泛重视，但在经济领域的研究与应用相对薄弱。由于经济领域中几乎所有问题都是多目标决策问题，因此将这些新的理论和方法应用在经济领域具有重要的研究价值。具体分析城市产业优化布局的技术和方法包括：采用有约束的非线性规划多目标进化算法、无约束的凹凸函数最优化条件、目标规划、基于向量评估评价函数的多目标进化算法等，这些技术方法可进行产业布局评价模型的求解，以期评价模型在实际中的应用更具有合理性、精确性。

一般的多目标优化问题包含多个优化目标，类似非线性规划，可将一般的多目标优化（规划）（MOP）问题写成下述的 p 个最小化目标、n 个变量、m 个约束条件的标准形式：

$$V - \min F(X) = (f_1(X), f_2(X), \cdots, f_p(X))^{\top}$$

$$\text{s.t. } g_i(X) \geqslant 0, \ i = 1, 2, \cdots, m \qquad (3\text{-}37)$$

其中 $X = (x_1, x_2, \cdots, x_n)^{\top}$ 是一个 n 维向量，且 $p \geqslant 2$。

由于 $F(X)$ 是向量，式（3-8）表示使函数向量 $F(X)$ 最小化。

一、多目标规划单纯形法

关于多目标规划中的多目标线性规划（MOLP）问题的求解，目前已有许多算法，下面介绍其中一种常用方法——多目标单纯形法。

一般 MOLP 问题的标准形式为

$$V - \max F(X) = CX \qquad (3\text{-}38)$$

$$\text{s.t.} \begin{cases} \boldsymbol{AX} = \boldsymbol{b} \\ \boldsymbol{X} \geqslant 0 \end{cases}$$

其中

$$\boldsymbol{X} = (x_1, x_2, \cdots, x_n)^{\mathrm{T}}$$

$$\boldsymbol{F(X)} = (f_1(\boldsymbol{X}), f_2(\boldsymbol{X}), \cdots, f_p(\boldsymbol{X}))^{\mathrm{T}}, \ p \geqslant 2$$

$\boldsymbol{C} = (c_{kj})_{p \times n}$ 是目标函数系数矩阵，$\boldsymbol{A} = (a_{ij})_{m \times n}$ 是函数约束系数矩阵，$\boldsymbol{b} = (b_1, b_2, \cdots, b_m)^{\mathrm{T}}$ 是右端常矢。

同普通 LP 问题的标准化类似，任何 MOLP 问题都能转化成式（3-9）这种标准形式。初始多目标单纯形表同普通单纯形表一样，也须为典式，即须有一个满秩排列阵形式的可行基，这仍可通过引入松弛变量或人工变量的方法实现。它同普通单纯形表的唯一区别就在于它有个（目标数）检验行。可单独针对某一目标进行优化，通过变换把第 k 行的检验数都化为非负，这时当前解就是一个有效解，继续进行换基迭代，当表中所有检验数全为非负，当前解为最优解。

二、目标规划法

求解多目标线性规划的方法很多，目标规划是其中的有效方法之一，主要解决一类特殊的多目标线性规划问题——目标是用理想值衡量的多目标线性规划。它以线性规划为基础，通过衡量目标值逼近理想值的程度进行求解。

目标规划和线性规划比较，具有下面的特点。

（1）线性规划只讨论单目标线性函数在一组线性约束条件下的最优值问题，而目标规划能统筹兼顾处理实际问题中出现的多种目标关系，可求得更切合实际的解。

（2）线性规划是求最优解，而目标规划是求满意解。

（3）线性规划将约束条件看成同样重要，而目标规划依实际情况将约束条件主次有别地进行求解。

多目标单纯形法与目标规划法的区别是：前者是每个目标越大或越小越好，而后者则是除了单个目标越大或越小越好，也可以每个目标有目标的期望值，越接近这个期望值越好。

用目标规划方法处理多目标规划问题时，决策者首先给出各目标的期望值（理想值、目标值）；然后给出各目标的主次轻重顺序（优先因子）；评价一个决策方案是否满意时，考察决策方案所得的各个目标函数值（实现值）是否与期望值接近，即用"偏差"来衡量决策方案的优劣。

设 e_i 是 $f_i(x)$ 的期望值，那么 $\min z = \sum_{i=1}^{n} P_i |f_i(x) - e_i|$ 就是决策者追求的目标。P_i 是第 i 个目标函数的优先因子。下面通过例题介绍基本的概念和数学模型。

目标规划的基本方法是对每一个目标函数引进一个期望值，由于条件限制，这些目标值未必都能达到。通过引入正、负偏差变量，表示实际值与期望值的偏差，并将目标函数转化为约束条件，与原有约束条件构成新的约束条件组。引入目标的优先等级和权系数，构造新的单一的目标函数，将多目标问题转化为单目标问题求解。

（一）目标函数的期望值

对于多目标线性规划的每一个目标函数值 z_k $(k = 1, 2, \cdots, K)$，根据实际情况和决策者的希望，确定一个期望值 e_k。由于 K 个目标的期望值难以全部达到，寻求可行解应该使这些目标的期望值最接近地得以实现。

（二）绝对约束和目标约束

绝对约束是指必须严格满足的等式和不等式约束，如线性规划问题的所有约束条件，不能满足这些约束条件的解称为非可行解，所以它们是硬约束（也称系统约束）。目标约束是目标规划特有的，对于每一个目标函数，引入目标值以后形成了目标函数不等式，即为目标约束，把约束右端项看作要追求的目标值。在达到此目标值时允许发生正或负偏差，因此在这些约束中加入正、负偏差变量，它们是软约束。

（三）正、负偏差变量

对于目标函数值，分别引入正、负偏差变量 d_k^+、d_k^-，且 $d_k^+ \geqslant 0$，$d_k^- \geqslant 0$（$k = 1, 2, \cdots, K$）。正偏差变量 d_k^+ 表示第 k 个目标超出期望值 e_k 的数值，负偏差变量 d_k^- 表示第 k 个目标未达到期望值 e_k 的数值。对于同一个目标函数，d_k^+、d_k^- 至少有一个为零，即 $d_k^+ \cdot d_k^- = 0$。引入偏差变量之后，目标函数就变成了约束条件，成为约束条件组的一部分。原有的约束条件，也可以用引入偏差变量的办法，将不等式约束变成等式约束，偏差变量起着松弛变量的作用。

（四）达成函数

各个目标函数引入期望值和偏差变量后，已并入约束条件组，需要构造新的目标函数。目标规划模型的目标函数称为达成函数（准则函数），是一个以各偏差变量取最小值，单一综合性的目标函数。通过构造达成函数，多目标问题就转化为单目标问题。达成函数的一般形式为

$$\min z_k = f(d_k^+, d_k^-) \tag{3-39}$$

其具体形式有三种。

（1）要求某个目标恰好达到期望值，则正、负偏差变量 d_k^+、d_k^- 都应该取最小值，可取和式 $d_k^+ + d_k^-$ 达到最小值。达成函数的形式为

$$\min z_k = f(d_k^+, d_k^-) \tag{3-40}$$

（2）要求某个目标不低于期望值，即该目标的正偏差变量 d_k^+ 不受限制，负偏差变量 d_k^- 取最小值，达成函数形式为

$$\min z_k = f(d_k^-) \tag{3-41}$$

（3）要求某个目标不高于期望值，即该目标的负偏差变量 d_k^- 不受限制，正偏差变量 d_k^+ 取最小值。达成函数形式为

$$\min z_k = f(d_k^+) \tag{3-42}$$

将各目标不同形式取最小值的偏差变量相加，就得到达成函数

$$\min z = \sum_{k=1}^{K} f(d_k^+, d_k^-) \tag{3-43}$$

（五）优先因子和权系数

各个目标有主次之分，为此引进优先因子 P_i $(i = 1, 2, \cdots, l)$，表示目标属于第 i 个优先级别，共有 l 个优先等级。例如 $P_1(d_k^+)$ 表示第 k 个正偏差变量列入第 1 个优先级别。优先因子 P_i 不仅作为一种记号，还可以看作偏差变量的一种特殊正系数，参加一般运算。相邻优先级别的关系是 $P_i \gg P_{i+1}$，规定级别 P_i 比 P_{i+1} 有更大的优先权。首先必须保证级别 P_i 的目标实现，之后再考虑 P_{i+1} 级目标。由于 P_i, P_{i+1} 不是同一级别的量，对于任意正数 M，均有 $P_i > MP_{i+1}$，如 $P_i > 10P_{i+1}$ 等。

在同一优先级别中，为了区分不同目标偏差变量的重要程度，引入权系数 ω_{ij}, $\sum_{j=1}^{3} \omega_{ij} = 1$。权系数的数值根据实际情况而定。

第六节　排队论

排队是日常生活中常见的一种现象，其共同的特点是：在一个排队服务系统中包含一个或多个"服务设施"，有许多需要进入服务系统的"被服务者"或"顾客"，当被服务者进入系统后不能立即得到服务，也就出现了排队现象。一个服务系统总是由"服务设施"与"被服务者"构成。如：医院与患者、商店与顾客、机场与飞机、火车站与火车、水库与水、网络与用户，等等。由于"被服务者"到达服务系统的时间是不确定的，即随机的，所以排队论（Queueing Theory）又称为"随机服务系统理论"。排队论还可用于讨论公交车站的设置、地铁车站的选址、公共健身器材等城市服务设施的位置选择；

用运输问题设计大型超市的选址，标志性繁华核心商圈位置的选择；排队论在实际第三产业尤其是服务业中有广泛的应用。

一、排队论的基本概念

排队论研究的内容分为以下三部分。

（1）性态问题：即研究排队系统的概率分布规律，主要是研究队长分布、等待时间分布和忙期分布等。

（2）最优化问题：分为静态最优化和动态最优化，即为系统的最优设计和系统的最优运营问题。

（3）排队系统的统计推断：判断一个给定的排队系统符合哪种模型，以便根据排队理论进行分析研究。

（一）排队过程的一般模型

设要求服务的顾客从顾客总体进入排队系统（输入），到达服务机构前排队等候服务，服务完后立即离开（输出）。排队系统的一般结构模型如图 3-1 所示。

图 3-1 排队系统的结构模型

排队系统主要由输入过程、排队规则和服务机构三个部分组成。

1. 输入过程

顾客到达排队系统的过程具有如下特征。

（1）顾客总体（又称为顾客源）的组成可能是有限的，也可能是无限的。

（2）顾客到来的方式可能是一个一个的，也可能是成批的。

（3）顾客相继到达的间隔时间可以是确定型的，也可以是随机的。

（4）顾客的到达是相互独立的。

（5）输入过程是平稳的，或称为对时间是齐次的，即相继到达的时间间隔分布与时间无关。

2. 排队规则

顾客到达后的排队方式、形状和队列数目，其特征有三个。

（1）顾客到达后的排队方式可以是"即时制"，也可以是"等待制"，等待制的服务次序有：先到先服务、后到先服务、随机服务、有优先权的服务等。

（2）排队可以是有形的，也可以是无形的，有的排队容量是有限的，有的是无限的。

（3）排队数目可以是单列，也可以是多列，有的可相互转移，有的不可相互转移。

3. 服务机构

对顾客提供服务的设施或对象，从机构的形式和工作情况来分有以下特征：

（1）服务机构可以没有服务员（或服务台），也可以有一个或多个服务台。

（2）对于多个服务台的情况，可以是并列，可以是串列，也可以是混合排列。

（3）服务方式可以是一个一个的进行，也可以是成批成批的进行。

（4）服务时间可以是确定型的，也可以是随机型的，对于随机型的需要知道它的概率分布。

（5）服务时间的分布对时间是平稳的，即分布均值、方差等都与时间无关。

4. 排队系统的运行指标

排队论主要是研究排队系统运行的效率，估计服务质量，确定系统参数的最优值，以决定系统结构是否合理，研究设计改进措施。因此，研究排队问题，首先要确定用以判断系统运行优劣的基本量化指标，然后求出这些指标的概率分布和数学特征。要研究的系统运行指标主要有以下几项。

（1）队长：指在系统中的顾客数，期望值记作 L_s。

（2）排队长（队列长）：指在系统中排队等待服务的顾客数，其期望值记作 L_q，即 $L_s = L_q + L_n$，其中 L_n 为正在接受服务的顾客数。

（3）逗留时间：指一个顾客在系统中的停留时间，其期望值记作 W_s。

（4）等待时间：指一个顾客在系统中排队等待的时间，其期望值记作 W_q。

（5）损失率：由于系统的条件限制，使顾客被拒绝服务而使服务部门受到损失的概率，用 Plost 表示。

（6）服务强度：绝对通过能力 A，表示单位时间内被服务完顾客的均值，或称为平均服务率；相对通过能力 Q，表示单位时间内被服务完顾客数与请求服务的顾客数之比值。

5. 系统状态的概率

系统状态是求运行指标的基础，所谓的系统状态是指系统中顾客的数量。如果系统中有 n 个顾客，则称系统状态为 n，则可能的取值为：

（1）当队长无限制时，则 $n = 0, 1, 2, \cdots$。

（2）当队长有限制时，且最大值为 N 时，则 $n = 0, 1, 2, \cdots, N$。

（3）当服务台的个数为 c，且服务为及时制时，则 $n = 0, 1, 2, \cdots, c$。

一般说来，系统状态的取值与时间 t 有关，因此，在时刻 t 系统状态取值为 n 的概率记为 $P_n(t)$。

如果 $\lim_{t \to \infty} P_n(t) = P_n$，则称为稳态（或统计平衡状态）解。实际中，大多数问题都是属于稳态的情况，但并不是真正的 $t \to \infty$，即过某一段时间以后就有 $P_n(t) = P_n$。

二、排队论的求解

（一）标准的单服务台排队模型 $M/M/1$

排队模型 $M/M/1$ 描述的是排队系统中只设一个服务台，并假定顾客到达系统的时间间隔服从负指数分布，服务时间服从负指数分布。$M/M/1$ 模型常见的有以下几种形式。

（1）标准的 $M/M/1$ 模型：$M/M/1/\infty/\infty$；

（2）系统容量有限制的 $M/M/1$ 模型：$M/M/1/N/\infty$；

（3）顾客源有限制的 $M/M/1$ 模型：$M/M/1/\infty/m$。

在模型 $M/M/1/\infty/\infty$ 中，第一项的 M 表示顾客到达系统的间隔时间服从负指数分布❶，第二项的 M 表示服务时间服从负指数分布，第三项的 1 表示一个服务台，第四项的 ∞ 表示队长没有限制，第五项的 ∞ 表示顾客来源是无限的，排队规则为单队，先到先服务。这个模型可简记为 $M/M/1$。

设 λ 为单位时间顾客的平均到达率，μ 为单位时间的平均服务率，记 $\rho = \lambda/\mu$，它是平均到达率与平均服务率之比；在平稳状态下，系统状态为 n 的概率为

$$P_0 = 1 - \rho, \ \rho < 1$$
$$P_n = (1 - \rho)\rho^n, \ n \geqslant 1 \qquad （3\text{-}44）$$

排队系统的各项效率指标如下。

（1）队长（在系统中的平均顾客数）L_s：

$$L_s = \frac{\rho}{1 - \rho} \ （0 < \rho < 1），\ L_s = \frac{\lambda}{\mu - \lambda} \qquad （3\text{-}45）$$

（2）队列的长度（在队列中等待的平均顾客数）L_q：

$$L_q = \frac{\rho^2}{1 - \rho}，\text{ 或者 } L_q = \rho L_s \qquad （3\text{-}46）$$

---

❶ 顾客相继到达系统的间隔时间服从相互独立的参数为 λ 的负指数分布，与到达过程为参数为 λ 的泊松分布是等价的。

（3）一位顾客在系统里的平均逗留时间 W_s：

$$W_s = \frac{1}{\mu - \lambda} \qquad （3\text{-}47）$$

（4）平均等待时间 W_q：

$$W_s = \frac{\rho}{\mu - \lambda} \qquad （3\text{-}48）$$

上述指标间的关系为（little 公式）

$$L_s = \lambda W_s, \ L_q = \lambda W_q, \ W_s = W_q + \frac{1}{\mu}, \ L_s = L_q + \frac{\lambda}{\mu} \qquad （3\text{-}49）$$

（5）顾客到达系统时：得不到及时服务，必须排队等待服务的概率 P_w：

$$P_w = \frac{\lambda}{\mu} \qquad （3\text{-}50）$$

其中，$\rho = \lambda/\mu$，它是平均到达率与平均服务率之比。在上面的公式中，总认定 $\lambda < \mu$，即到达率小于服务率。如果没有这个条件，则排队的长度将无限制地增加，服务机构没有能力服务所有到达的顾客。当 $\rho = (1/\mu) / (1/\lambda)$ 时，它表示对一个顾客的服务时间与到达间隔时间之比，称为 $M/M/1$ 系统的服务强度。

例 3.7 我国在非洲的某工业园区的汽车检修所，每检测一辆汽车的平均时间为 1.6 分钟，假设来到该检修所车辆的到来规律符合泊松分布，泊松分布参数 $\lambda = 0.5$ 辆 /min，检修工作时间间隔服从负指数分布。试求该汽车检修所各种效率指标。

解 根据题设，该问题可归结为 $M/M/1$ 排队模型，且已知 $\lambda = 0.5$ 辆 / min，$\frac{1}{\mu} = 1.6$min，$\mu = 0.625$ 次 /min，$\rho = \frac{\lambda}{\mu} = \frac{0.64}{0.2} = 0.8$。

根据上述公式，可求得该汽车检修所的各种效率指标如下。

（1）系统中平均车辆数：

$$L_s = \frac{\lambda}{\mu - \lambda} = \frac{0.5}{0.125} = 4 \text{（辆）}$$

（2）系统中等待服务的平均车辆数：

$$L_q = \frac{\rho^2}{1 - \rho} = \frac{0.64}{0.2} = 3.2 \text{（辆）}$$

（3）车辆平均逗留时间：

$$W_s = L_s / \lambda = 8\text{min}$$

（4）车辆平均等待时间：

$$W_q = L_q / \lambda = 6.4\text{min}$$

（5）汽车检修所处于繁忙的概率：

$$P\{n > 0) = \rho = 0.8$$

（6）汽车检修所处于空闲的概率：

$$P\{n > 0) = 1 - \rho = 0.2$$

一般地，当系统的服务强度 ρ 增加时，各参数都随着增加，因而为了提高效率，需要关注服务强度 ρ 与各参数间的关系。由平均队长 L_s 和平均停留时间 W_s 与 ρ 的关系可知，当服务强度 ρ 大于 0.7 时，平均队长 L_s 和平均停留时间 W_s。都将急剧增加，所以对 $M/M/1$ 模型来说，一般将 ρ 控制在 0.7 以下为宜。

（二）系统的容量有限制的模型（$M/M/1/N/\infty$）

该模型在标准 $M/M/1$ 的基础上限制排队系统的最大容量为 N。由于系统中排队等待的顾客数量最多为 $N - 1$，在某一时刻顾客到达时，如果系统中已有 N 个顾客，那么这个顾客就被拒绝进入系统。当 $N = 1$ 时为损失制系统；当 $N \to \infty$ 时为等待制系统，即 $M/M/1/\infty/\infty$ 情形；当 $1 < N < \infty$ 时为混合制系统。在平稳状态下，系统状态的概率为

$$P_0 = \frac{1-\rho}{1-\rho^{N+1}} , \ \rho \neq 1 \qquad (3\text{-}51)$$

$$P_n = \frac{1-\rho}{1-\rho^{N+1}} \rho^n , \ n \leqslant N \qquad (3\text{-}52)$$

排队系统的各项效率指标（当 $\rho \neq 1$ 时）如下。

（1）队长 L_s（在系统中的平均顾客数）：

$$L_s = \frac{1-\rho}{1-\rho^{N+1}} - \frac{(N+1)\rho^{N+1}}{1-\rho^{N+1}} \qquad (3\text{-}53)$$

（2）队列长 L_q（在队列中等待的平均顾客数）：

$$L_q = L_s - (1-P_0) \qquad (3\text{-}54)$$

（3）单位时间内损失顾客的平均数 λP_N。

（4）有效到达率：平均到达率 λ 是指系统中顾客数不到 N 时的平均到达率，当系统已满，即 $n = N$ 时，则到达率为 0，故有效到达率为

$$\lambda_e = \lambda(1-P_N) \ 或 \ \lambda_e = \mu(1-P_0) \qquad (3\text{-}55)$$

（5）平均逗留时间 W_s：

$$W_s = \frac{L_q}{\lambda(1-P_N)} + \frac{1}{\mu} \qquad (3\text{-}56)$$

（6）平均等待时间 W_q：

$$W_q = W_s - \frac{1}{\mu} \qquad (3\text{-}57)$$

其中 $\rho = \frac{\lambda}{\mu}$，$\rho$ 可取不等于 1 的任何正值，这里没有 $\rho < 1$ 的限制，因为当 $\rho > 1$ 时，不会使队长变为无穷大，不过当 $\rho > 1$ 时，表示损失率 P_N 是很大的。

例 3.8 某在非中资企业的修理所只能容纳 4 台待修的机器，若超过 4 台，后来的机器只能到别处修理，设待修机器按照泊松分布到达，平均每小时 1 台，修理时间服从负指数分布，平均每台修理时间为 1.25 小时，试求系统的相关效率指标。

解 由题意知这是一个 $M/M/1/4/\infty$ 系统。

平均到达率 $\lambda = 1$，平均服务率 $\mu = \dfrac{1}{1.25} = 0.8$，所以 $\rho = \dfrac{\lambda}{\mu} = \dfrac{1}{0.8} = 1.25$；由此可得系统的各项指标如下。

（1）队长（在系统中的平均顾客数）：

$$L_s = \frac{\rho}{1-\rho} - \frac{(N+1)\rho^{N+1}}{1-\rho^{N+1}} = \frac{1.25}{1-1.25} - \frac{5 \times (1.25)^5}{1-(1.25)^5} = 2.44 \text{（台）}$$

（2）队列长（在队列中等待的平均顾客数）：

$$L_q = L_s - (1 - P_0) = 2.44 - 0.88 = 1.56 \text{（台）}$$

（3）损失率：

$$P_N = \frac{1-\rho}{1-\rho^5}\rho^5 = \frac{1-1.25}{1-(1.25)^5} \times (1.25)^4 = 0.297 \approx 0.30 \text{（台）}$$

（4）有效到达率：

$$\lambda_e = \lambda(1 - P_N) = 1 \times (1 - 0.30) = 0.70$$

（5）平均逗留时间：

$$W_s = \frac{1}{\lambda_e} \cdot L_s = \frac{1}{0.70} \times 2.44 = 3.49\text{h}$$

（6）平均等待时间：

$$W_q = W_s - \frac{1}{\mu} = 3.49 - 1.25 = 2.24\text{h}$$

（7）修理工空闲的概率：

$$P_0 = \frac{1-\rho}{1-\rho^{N+1}} = \frac{1-1.25}{1-(1.25)^5} = 0.12$$

（8）修理工繁忙的概率（平均正在修理的机器台数）：

$$1 - P_0 = 1 - 0.12 = 0.88$$

（三）顾客源为有限的模型（$M/M/1/\infty/m$）

该模型为在标准 $M/M/1/\infty/\infty$ 的基础上限制排队系统的队长最多为 m，即该模型的顾客总体虽只有 m 个顾客，但每个顾客到来并接受服务后，仍然回到顾客总体，即可以再次到来，所以对系统的容量是没有限制的，实际上系统中顾客数永远不会超过 m，所以与 $M/M/1/m/m$ 的意义相同。

参数 λ 即平均到达率，在无限源和有限源的情形下，λ 的意义有所不同。在无限源的情况下，顾客的到来是按整个顾客的全体来考虑的，这时 λ 表示平均单位时间来自顾客源的顾客数；在有限源的情况下，顾客的到来是按每个顾客来考虑的，故此处的 λ 是有限源中每个顾客在单位时间内来到系统的平均数。为简单起见，设每个顾客的到达率是相同的 λ（在这里 λ 的含义是每台机器单位运转时间内发生故障的平均次数），这时在系统外的顾客平均数为 $m - L_s$，对系统来说，其有效到达率为

$$\lambda_e = \lambda\,(m - L_s) \tag{3-58}$$

在平稳状态下，系统状态的概率为

$$P_0 = \dfrac{1}{\displaystyle\sum_{i=1}^{m} \dfrac{m!}{(m-i)!}\left(\dfrac{\lambda}{\mu}\right)^{i}}, \rho \neq 1 \tag{3-59}$$

$$P_n = \dfrac{m!}{(m-n)!}\left(\dfrac{\lambda}{\mu}\right)^{n} P_0, 1 \leqslant n \leqslant m \tag{3-60}$$

系统的各项效率指标如下：

（1）队长 L_s（在系统中的平均顾客数）：

$$L_s = m - \dfrac{\lambda}{\mu}\,(1 - P_0) \tag{3-61}$$

（2）队列长 L_q（在队列中等待的平均顾客数）：

$$L_q = L_s - (1 - P_0) \tag{3-62}$$

（3）平均逗留时间 W_s：

$$W_s = \frac{m}{\mu(1-P_0)} - \frac{1}{\lambda}$$

（3-63）

（4）平均等待时间 W_q：

$$W_q = W_s - \frac{1}{\mu}$$

（3-64）

（5）系统外的平均顾客数 k：

$$k = m - L_s$$

（3-65）

四、应用案例分析

例 3.9　自动提款机位置的设置问题。

目前，各种银行卡极大地方便了广大客户的生活，ATM 机成为人们存储的重要工具。某商业银行拟在非洲某国某有人口规模的居民住宅区市繁华的商业区设置一定数量的 ATM 机，为此，银行根据客户的需求分析研究在该居民住宅区各个小区市商业区安装 ATM 机的数量与客户的需求关系。现以某一小区为例进行分析，该商业区该小区只有一台 ATM 机，根据历史的数据统计发现：使用 ATM 机的顾客到达过程为泊松流，平均到达率为 0.7 人/min，使用时间服从负指数分布，每个顾客的平均使用时间为 1.25min。试研究银行是否需要在该小区商业区增加 ATM 机。

解　由题意可知，该问题属于单服务台标准型模型 $M/M/1$ 的排队问题。已知顾客的到达过程为泊松流，且平均到达率为 $\lambda = 0.7$ 人/min；平均服务率为 $\mu = 0.8$ 人/min，每个顾客平均接受服务的时间为 $T = 1.25$min。那么根据该模型运行指标的计算公式可以得到：

（1）系统的平均服务强度为

$$\rho = \lambda/\mu = 0.875$$

（2）顾客的平均等待时间为

$$W_q = P_{\text{wait}} \cdot \frac{T}{c-\rho} = \frac{P_{\text{wait}}}{c\mu - \lambda}$$

其中 P_{wait} 为顾客平均等待的概率。

（3）顾客的平均逗留时间为

$$W_s = W_q + \frac{1}{\mu} = W_q + T$$

（4）系统的队长 L_s 和排队长 L_q 分别为

$$L_s = \lambda W_s , \quad L_q = \lambda W_q$$

在这里服务台数目 $c = 1$，并记 $L = \lambda = 0.7$，$R = \rho = 0.875$，即顾客平均等待的概率为 $P_{\text{wait}} = 0.875$，顾客平均等待时间为 $W_q = 8.75\text{min}$；系统排队长为 $L_q = 6.125$ 人；顾客平均逗留时间为 $W_s = 10\text{min}$；系统的队长为 $L_s = 7$ 人。

由上述结果可知，显然一台 ATM 机是不能满足需求的，应该增加 ATM 机的数量，减少顾客排队等待的时间和排队长。

例 3.10　确定售后服务中心人员数量问题。

售后服务是消费者的基本权利，也是生产厂家的责任。售后服务质量的好坏，是关系到商家信誉的重要指标。一般产品的生产厂家都会在产品的销售地区设置售后服务中心，任何一个售后服务中心都要根据客户的需求来确定服务人员的数量。一般来说，周末来请求服务的顾客应该是最多的。实际中，如果周末服务中心的人员数量能够满足服务要求，则平时也一定能够满足服务要求。现在，某售后服务中心在周末安排了一名维修人员为顾客提供维修服务，如果顾客到达维修中心后已有顾客在接受服务，则后来的顾客需要排队等候。假设顾客的到达过程为泊松流，平均到达率为 4 人 / h，维修服务时间服从负指数分布，平均每位顾客需要接受服务 10min。试研究该售后服务中心的各项指标，并说明该服务中心是否需要增加服务人员。

解　由题意知，该问题属于单服务台的标准型模型 $M/M/1$。已知顾客的到达过程为泊松流，平均到达率为 $\lambda = 4$ 人 / h；维修服务时间服从负指数分布，平均每位顾客需要接受服务 $T = 10\text{min} = 1/6\text{h}$，平均服务率为 $\mu = 60/10 = 6$ 人 / h。记 $L = \lambda = 4$，$c = 1$，平均服务强度 $R = \rho = \lambda / \mu = 2/3$，则类似地利用 LINGO 可以求出相应的系统运行指标。

系统的平均服务强度为 $\rho = \dfrac{2}{3}$；平均等待（系统繁忙）的概率为 $P_{\text{wait}} = \dfrac{2}{3}$；顾客平均等待时间为 $W_q = \dfrac{1}{3}$ h；排队长为 $L_q = \dfrac{4}{3}$ 人；顾客平均逗留时间 $W_s = 0.5\text{h}$；队长为 $L_s = 2$ 人。

由计算结果可知，在周末该售后服务中心平均排队等待的顾客为 2 人，平均逗留时间为 0.5h，一般来讲是可以接受的。即该服务中心现有的一名服务人员是可以满足实际需要的，因此该服务中心无须增加服务人员。

例 3.11 理发店的扩建问题

非洲某境外园区的住宅区，有一个单人理发店，内有 6 个座位接待前来等待理发的顾客，当 6 个座位坐满时，后来的顾客就将被拒绝进入而离去。根据历史统计数据可知，顾客的到达过程服从泊松流，平均每小时到达 3 个顾客，每个人平均理发的时间为 15min。试研究该理发店的运行情况，并分析该理发店是否需要扩建。

解 由题意知，该问题属于单服务台系统容量为有限的排队模型 $M/M/1/N/\infty$。在此系统的最大容量为 $N = 7$，平均到达率为 $\lambda = 3$ 人 / h，平均服务率 $\mu = 4$ 人 / h。则这个排队系统的运行指标如下：

（1）系统的平均服务强度为

$$\rho = \frac{\lambda}{\mu} = \frac{3}{4}$$

（2）顾客到达后立刻就能得到服务的概率，即理发店空闲、没有顾客的概率为

$$P_0 = \frac{1-\rho}{1-\rho^{N+1}}$$

（3）系统的队长，即在理发店的顾客数为

$$L_s = \sum_{n=0}^{N} n P_n = \frac{\rho}{1-\rho} - \frac{(N+1)\rho^{N+1}}{1-\rho^{N+1}}$$

（4）系统的排队长，即需要排队等待的顾客的数为

$$L_q = L_s - (1 - P_0)$$

（5）系统的有效到达率为

$$\lambda_e = \mu(1 - P_0)$$

（6）逗留的时间为

$$W_s = \frac{L_s}{\lambda_e} = \frac{L_s}{\mu(1-P_0)}$$

（7）系统满员的概率，即顾客被拒绝的概率为

$$P_N = \rho^N \frac{1-\rho}{1-\rho^{N+1}}.$$

用 LINGO 进行解计算，得到顾客到达理发店立刻得到服务的概率，即理发店空闲、没有顾客的概率为 $P_0 = 0.2778$；系统的队长，即需要等待的顾客数为 $L_s = 2.11$ 人；系统的排队长，即排队等待的顾客数为 $L_q = 1.39$；系统的有效到达率为 $\lambda_e = 2.89$ 人 / h；逗留时间，即顾客在理发店的逗留时间为 $W_s = 0.7304$h = 43.824min；服务时间，即顾客在理发店接受服务的时间为 $W_q = 0.4804$h = 28.848min；系统满员被拒绝的概率，即理发店满座被拒绝进入的概率为 $P_7 = 0.03708$。此结果说明，该理发店的座位设置还能满足需求，暂时不需要扩建。

例 3.12　机器设备维修管理问题。

某在非中资工厂为了保障机械设备正常运转，一般都配有专门的机械维修技术人员。工厂对维修技术人员提出的要求是：全厂所有机器设备都出现故障的概率要小于 10%，而且至少要保证有 80% 的机器设备正常运转。该工厂某个车间现有 5 台机器设备，机器设备连续运转的时间服从负指数分布，平均连续运转的时间为 15min，现配有一名修理技工，每次维修时间服从负指数分布，

平均维修时间为12min。试问：该维修技工是否能够完成车间的维修任务，达到工厂的技术要求？

解 由题意可知，该问题符合单服务台顾客源为有限的排队模型 $M/M/1/\infty/m$。已知顾客源数为 $m = 5$，平均到达率为 $\lambda = \dfrac{1}{15}$，平均服务率为 $\mu = 1/12$，平均服务强度为 $\rho = \dfrac{\lambda}{\mu} = 0.8$，平均服务时间为 $T = \dfrac{1}{\mu} = 12\text{min}$，则由排队模型 $M/M/1/\infty/m$ 的计算公式可以得到系统的运行指标如下：

（1）维修技工空闲（没有机器出现故障）的概率为

$$P_0 = \left[\sum_{i=0}^{m} \frac{m!}{(m-i)!}\rho^i\right]^{-1}$$

（2）所有机器出现故障的平均数量

$$L_s = m - \frac{\mu}{\lambda}(1 - P_0)$$

（3）车间5台机器都出现故障的概率

$$P_n = \frac{m!}{(m-n)!}\left(\frac{\lambda}{\mu}\right)^n P_0, \ 1 \leqslant n \leqslant m$$

（4）平均等待修理的机器台数为

$$L_q = L_q - (1 - P_0)$$

（5）机器平均停工时间为

$$W_s = \frac{m}{\mu(1 - P_0)} - \frac{1}{\lambda}$$

（6）机器平均等待修理时间为

$$W_q = W_s - \frac{1}{m}$$

该问题的顾客数虽然是有限的，但因为机器设备可能会反复地出现故障，

需要维修服务，所以顾客一次接受服务后又回到了顾客总体。对于这类问题 LINGO 软件提供了确定平均队长的函数，即

$$L_s = @pfs(load, c, m)$$

其中 load 为系统的负荷，即

系统负荷 = 系统的顾客数 × 顾客的到达率 × 顾客的服务时间

所以 load $= m\lambda T$，可用 LINGO 软件求解。

可得机器设备出现故障的平均台数为 $L_s = 3.7591$，车间 5 台机器都出现故障的概率为 $P_5 = 0.2482$，平均等待维修机器的台数为 $L_q = 2.7664$；平均停工的时间为 $W_s = 45.4412\text{min}$；平均等待维修的时间为 $W_q = 33.4412\text{min}$；维修技工空闲（机器正常运转）的概率 $P_0 = 0.0073$。

由此可知，平均等待维修的机器台数超过了一半，机器都出现故障的概率达到了 0.2482，即两项指标都不符合工厂的要求，而维修人员的空闲率只有 0.0073，维修时间为 34min。要使维修技术人员满足工厂的要求，可以通过增加维修技术人员的数量和提高技术水平，缩短维修时间。

另外还有多服务台标准型排队模型 $M/M/c$，c 为服务台数目，如当有多个相互独立的服务台、系统容量有限制、即时制服务的排队问题，即符合模型 $M/M/c/N/\infty$，这里不再讨论。

第四章　非洲城镇化发展可借鉴的经验

非洲城镇化的快速推进无疑是 21 世纪的一大亮点，标志着这块丰饶的大陆在全球舞台上展现出新的活力与希望。这不仅揭示了非洲各国在追求经济增长和社会进步上的坚定决心，同时也反映了其在全球化浪潮中寻找自身位置的努力。然而，非洲城镇化的过程并不是一帆风顺的，当今非洲大部分国家的城镇化发展水平仍然较低，地域发展的不均衡、城乡之间的巨大发展差距，以及经济增长与城镇化速度之间的不同步等问题，都为非洲的可持续发展带来了重大挑战。

非洲城镇化的迅速发展正面临众多挑战。针对存在的问题，非洲有必要从其他国家的城镇化发展经验中汲取教训。在这方面，中国作为一个在城镇化发展过程中取得显著成果的国家，拥有丰富的经验，中国在城镇化进程中的经验无疑为非洲国家提供了宝贵的经验。同时，分析美国、英国、法国、德国、日本五个典型发达国家在特定年代城镇化发展速度快的促进因素和出现的问题，也能为非洲的城镇化提供可借鉴的经验教训。通过这样的分析，可以为非洲城镇化进程提供有效建议，帮助其避免走中国和西方发达国家城镇化进程中走过的弯路，同时促进非洲各个国家的区域均衡发展。在这个过程中，中国也能够寻求和非洲可持续深入合作的机遇。

第一节 非洲城镇化发展应借鉴中国经验

中非存在着有益的互补性。非洲因为劳动力和资源充足，正逐步成为"世界工厂"，在这个过程中需要在技术和管理手段上向中国学习。中非有深厚的友谊基础，非洲各国独立以后，中国在非洲的援助，奠定了友谊的基础，非洲愿意学习中国的成功经验，也期待学习借鉴中国的发展模式。

随着中国与非洲多方位的经济融合与合作，非洲大陆正在迎来前所未有的曙光，如今的非洲，不是原始、落后、战争、疾病的代名词，更不是与现代化因素隔绝的大陆，非洲国家正处于结构转型与产业升级的关键时期，已消除增长瓶颈，最亮眼的是大规模的基础设施建设。人民过上好日子就是非洲人的梦想，非洲国家期盼像中国那样花 50 年的时间实现城市化、工业化的发展目标。中国就是帮助非洲实现"非洲梦"的国家。诚如 2013 年习近平主席在非洲访问时所提出的"中非从来都是命运共同体"，"中国梦要与非洲梦联合起来一起实现"，非洲国家正在步调一致地学习中国经验。非洲拥有丰富的劳动力和资源，也在逐渐转型为全球加工中心。非洲需要向中国借鉴技术和管理经验。

自 1978 年改革开放以来，中国经济经历了近 40 年的快速发展，城镇化率经历了飞速增长。当时中国的城镇化率仅为 17.92%，远低于全球平均水平的 38.48%。然而，2023 年中国城镇化率已上升至 66.16%。特别是在北上广深以及 15 个新一线城市 ❶，城镇化率已达到约 83%。值得注意的是，这些成就是在中国庞大的人口和广阔的领土基础上完成的，难度较大，成本也相应增加。这背后成功关键在于政策导向、劳动力转移、优先区域发展和引入外资等策略。非洲应借鉴中国的经验，非洲国家可以优化农业现代化，增

---

❶ 天津、重庆、成都、南京、武汉、杭州、苏州、西安、郑州、长沙、东莞、沈阳、青岛、宁波和昆明等。

强制造业，加大基础设施投入并推动信息化进程，为城镇化进程开创新的机遇。

一、可借鉴的中国综合管理城镇化发展经验

中国综合管理城镇化发展的经验总结如下，可供非洲在城镇化发展过程中参考借鉴。

（1）政策引导。政府通过政策引导使得中国城镇发展的主要驱动力由地理、历史因素向经济系统空间结构转变。

（2）释放农村劳动力。1978 年改革开放是转折点，中国政府推出了一系列政策，鼓励农村劳动力流向城市就业。

（3）局部优先发展。优先发展经济基础好、自然条件优越的东部和沿海地区，用区域经济带动国家整体经济发展，带动城镇化发展。

（4）引入外资。从 1978 年改革开放起，中国就大量引入外资❶，外资投资领域覆盖广泛。非洲由于内部融资能力有限，也逐渐开始重视外国投资，并相应调整了法律和政策，以激励和引导外国投资进入国家发展战略的优先和重点领域。

（5）加大对外开放力度。40 多年来，中国政府坚持改革开放的基本国策不动摇，逐步且持续提高我国开放型经济水平。

（6）重视教育。中国不但重视基础教育，从 1986 年开始全民实行九年义务教育，同时更重视高等教育，实现高等教育扩招，加强中国高校和世界高校的国际学术交流等。

（7）重视医疗，促进人口寿命增加。提高公民健康水平能有效推动经济和城镇化发展。中华人民共和国成立前，人均寿命仅为 35 岁，而到 2018 年已提升至 76.54 岁。民众寿命越长，对生活质量的追求越高，对城镇化发展促进作用越大。

---

❶ 商务部：2019 年我国外资规模再创历史新高，稳居全球第二 [EB/OL]. （2020-01-21）[2025-04-28]. http://finance.people.com.cn/n1/2020/0121/c1004-31558529.html.

（8）要重视环境的可持续性。非洲城镇化应避免或减少中国城镇化过程中出现的先污染后治理的现象。非洲城镇化发展应坚持生态优先、绿色发展，坚守生态环境保护防线，坚持依法治理环境污染和依法保护生态环境。

（9）要平衡地区发展。非洲应避免城乡和不同地区之间的经济发展差距过大，以防出现大城市过度膨胀与农村发展停滞并存的局面。尽量避免越来越多的人流、物流、财流向超大城市、省会城市汇聚，出现大城市病。

（10）采取多元化的发展模式。由于非洲国家的发展特点不同，不能一概而论地采取统一的城镇化发展模式。应根据城镇化率和经济发展水平的不同，设计符合各自特点的城镇发展策略。针对城镇化发展模式的研究，建议将目标国家分类为三类：第一类是城镇化率低于30%的国家；第二类是城镇化率高于50%且经济发展水平较高的国家；第三类是城镇化率处于非洲中等水平的国家。

（11）减少"大城市病"的出现。中国个别城市出现城市病的原因主要是城市发展理念偏差、体制性弊端和滞后的基础设施建设等。非洲国家应树立"以人为本"理念，大力加强基础设施建设，提高城市管理水平，可有效预防和治理城市病。

当前，非洲多数国家认同中国在城镇化发展方面的经验。由于非洲国家在地理、资源、制度及发展特点等方面存在差异，中国可以建立不同的交流平台，针对这些不同特点分享城镇化发展的经验和策略。

二、可借鉴的中国城镇化发展进程规律

发达国家城镇化发展按三个阶段进行：第一是农业现代化阶段；第二是工业化阶段和交通设施大发展阶段并行；第三是信息化阶段。接下来，按照这三个阶段分析可借鉴的中国经验。

（一）提升非洲农业发展水平

农业发展是促进城镇化进程的基础。对于城镇化率低于30%的国家（莱

索托、肯尼亚、乌干达、斯威士兰、乍得、埃塞俄比亚、南苏丹、卢旺达、马拉维、尼日尔、布隆迪等），应通过加强农产品贸易、提升农业机械化、建立农业产业园、推广农业技术，以及培养农业技术人才等途径发展非洲农业。

农业现代化不仅是城镇化的基础，也是社会经济结构演变和生产力发展的关键环节。具体来说，农业现代化涉及科学技术在农业生产中的应用，旨在提高农业生产力和管理效率。然而，非洲在这方面明显落后。例如，非洲农田的灌溉设施不足，覆盖面甚至不到耕地的 5%，同时农民对市场的把握能力不足，农业机械化程度低。近年来非洲的农业机械贸易结构呈现出强劲的进口趋势，说明非洲农业现代化已经引起重视。

农业现代化中可着重研究中国的设施农业。设施农业是通过技术手段改善自然光温条件，使作物突破外界环境因素制约，能够全天候生长的设施工程。简单地说，就是提供给作物一个可以随时生长发育的独立空间。这些技术可以简单也可以复杂：复杂的如大型、全自动、智能化的温室，简单的如更为经济、实用的大棚温室。在中国农村，普遍采用的是成本相对较低的大棚温室，这种设施使得农民能够进行反季节的蔬菜和水果种植。

总体来说，通过农业现代化，特别是设施农业的应用，不仅可以提高农业生产力，也为城镇化提供了坚实的基础。这对于农业相对落后的非洲国家来说，具有重要的参考价值。

（二）学习中国工业体系的构建

非洲正处于结构转型和产业升级的关键阶段，需要逐步完善其工业体系。在这一过程中，非洲可以借鉴中国在工业体系构建方面的成功经验。具体来说，各非洲国家应根据自身特点和需求，在合适的规模上建立健全的工业体系，以增强制造能力并推动经济快速增长。对于那些城镇化率超过世界平均水平的非洲国家［如加蓬、利比亚、吉布提、圣多美和普林西比、阿尔及利亚、赤道几内亚、博茨瓦纳、突尼斯、刚果（布）、南非、佛得角、安哥拉、摩洛哥、冈比亚、塞舌尔、喀麦隆、加纳等］，可以更具体地借鉴中国不同地区在工业发展上的模式和经验，以找到最适合自己的发展路径。通过这种方式，非洲不仅能够提升其制造业的水平，还可以促进经济的全面和快速发展，从而建立起工业化与城镇化的良性互促机制。

1. 推动制造业的快速发展

中国经济发展高度依赖制造业和基础工业。在改革开放的前30年中，钢铁、纺织、石油化工和电子产品等行业有效地支持了中国的城镇化进程。作为世界上发展中国家最集中、制造业尚处于初级发展阶段的非洲大陆，非洲庞大的人口构成了其消费市场的稳定动力，非洲应重点推动制造业的发展。

2. 建立特色化的工业体系

非洲的人口基数大，人口结构年轻，这为其发展特色工业提供了条件。例如，人口增长快、基数大的国家，如尼日利亚，可以重点投资于纺织轻工、家电、汽车等劳动密集型产业，以吸纳更多的劳动力，逐步成为特色化世界工厂。

3. 发展服务业

当城镇化率超过一定比例，尤其是超过45%时，服务业将逐渐发挥更重要的作用。非洲国家应考虑从生产性服务业和现代生活服务业入手，以寻找新的经济增长点。

（三）加大非洲国家的基础设施建设

随着非洲城镇化的快速推进，基础设施建设的需求也日益增加，尤其是交通基础设施，优化这些基础设施不仅能促进经济发展，而且有助于加速城镇化。非洲国家正在使用有限的资源，集中投入基础设施建设，为经济起飞与产业转型奠定基础。为了实现更高效的基础设施建设，非洲国家需要避免各自为战的现象，应有针对性地进行长期规划，特别是在能源供应、通信和其他支持性基础设施方面，需要形成一个有机联动的发展模式。

中国在基础设施建设方面具有明显优势，中国企业携带中国资金、传播中国技术、采用中国标准、显示中国速度，帮助非洲国家完成"非洲成果"，即国家基础设施现代化。这些，作为非洲国家夯实经济起飞做准备的必要条件，将为非洲国家经济转型带来巨大的乘数效应，也是"中国工程"的重要成果。

近年来，中国不仅在基础设施投资上对非洲表现出强烈的兴趣，还在不断提升合作质量，扩展合作领域，并优化投资结构。在这方面，非洲各国有大量与中国企业合作的机会。

（四）非洲信息化发展与城镇化进程齐头并进

受益于全球信息和通信技术的快速进步，非洲在互联网应用、智慧城市和电子商务等新兴领域展现出巨大的发展潜力。这些领域不仅极大地推动了经济增长，也促进了社会生产力的提升。

目前，非洲拥有超过两亿的网民，这一庞大的数字反映了其强劲的消费需求和多样化的消费层次。电子商务已经成为推动经济增长的重要因素，并通过跨境贸易成功地将非洲纳入全球贸易和价值链。

近几年，非洲电子商务呈现出明显的增长趋势。手机普及率的快速增长甚至超过了宽带网络的普及率，这一现象进一步推动了信息技术在非洲的普及和应用，也有助于城市化进程的加快。因此，信息化和城镇化在非洲是相互促进的，这为非洲的全面发展提供了坚实的基础。

但非洲的城镇化道路绝非中国的复制品。在借鉴中国的经验时，非洲国家必须充分考虑自身的地理、文化、政治和经济背景。简单的模仿往往会导致策略失效，因此，针对性、灵活性和创新性对于制定有效的城镇化策略至关重要。值得注意的是，随着中非关系的不断深化，两者之间的经济、技术和文化交流也日益加强。这为非洲国家提供了更多的合作资源和机会，不仅可以助力其加速城镇化进程，还有助于提高城镇化的质量和效益。

非洲国家面临的是一个复杂而独特的城镇化挑战，但通过合理地吸收外部经验、加强国际合作，并结合自身实际情况，有望为其创造一个更加繁荣、和谐和可持续的未来。

三、案例——我国在埃塞俄比亚的投资经验

埃塞俄比亚与中国的友好关系由来已久，中国不仅是埃塞俄比亚的好伙伴，也是它的发展榜样。埃塞俄比亚是一个在一百多年前就被标签为"非洲代表，黑人希望"的国家，一个以"零殖民历史"傲视非洲大陆的国家，这里是非洲的政治中心，从 20 世纪五六十年代起，联合国、非盟等众多机构云集它的首都，如今它多了一个身份：中国发展模式最积极的模仿者。

（一）已得到的成果

埃塞俄比亚模仿中国基建模式，启动了大批建设项目。首都亚的斯亚贝巴河岸绿色发展项目是由中国援助的工程，包括整治城市河道，以及在河道周边修建公园和其他公共设施等。截至 2023 年 9 月，项目已经完成友谊广场、科技博物馆、球幕影院、儿童乐园等工程，中方随后继续进行二期工程河道整治标段的建设。

莱米国家水泥厂位于埃塞阿姆哈拉州的莱米镇，距离首都亚的斯亚贝巴约 120 公里。这条被称为"非洲之星"的日产万吨水泥熟料生产线由中国中材国际工程股份有限公司建设，2024 年 9 月水泥厂揭牌投产后，当地水泥供应紧张状况得到明显好转。该厂目前每天的产能占到整个国家水泥产能的三分之一以上，这条生产线不仅是非洲首条万吨水泥熟料生产线，还是非洲最大的水泥生产基地之一。

位于首都亚的斯亚贝巴的埃塞俄比亚航空公司总部大楼项目，由中国土木

工程集团有限公司承建，于 2023 年 12 月正式启动。预计 2026 年 8 月竣工，建成后将成为亚的斯亚贝巴市的标志性建筑。

2019 年，在埃塞俄比亚首都亚的斯亚贝巴，由中国交通建设股份有限公司承建的博莱国际机场新航站楼正式启用，这是博莱国际机场改扩建工程的一部分。新航站楼于 2015 年启动建设，历经 4 年努力高质量完成。自 2019 年新航站楼投入运营后，旅客吞吐量由旧航站楼的每年 700 万人次提升至 2200 万人次。埃塞俄比亚政府继续邀请中国企业参与博莱国际机场改扩建工程，致力于将其打造为非洲航空运输中心。随后，中国企业又先后承建了机场改扩建工程二期和三期、新停机坪、航站楼内部酒店、维修机库等 10 多个项目。2020 年，要客航站楼落成，2022 年，博莱国际机场改扩建工程二期项目正式竣工。2023 年，改扩建工程三期项目稳步推进。

（二）多形式投资

如今，中国中铁、中兴通讯、中国路桥（中国交建）、中国土木工程、中地海外、中国水电（中国电建）、葛洲坝（中国能建）、华为、中国通信服务等工程建设承包商和电信设备商在这里扎根。非洲疾病预防控制中心总部位于亚的斯亚贝巴市南郊，这是非洲大陆第一家拥有现代化办公和实验条件、设施完善的疾控中心。一期项目由中国土木承建，总建筑面积近 2.36 万平方米，包括两栋办公楼主楼和两栋实验楼。该项目于 2020 年 12 月开工建设，2023 年初建成并投入使用。❶ 同时，进行制造业、建材等热门产品投资、商务考察的中国人不断进入埃塞俄比亚。

（三）对中国有一定的认可度

对于埃塞俄比亚人来说，中国模式和美国模式有很大不同：美国模式可望而不可即，对于埃塞俄比亚这种历来贫穷的国家来说是一个"远在天边的天

---

❶ 廖泽宇 . 中埃塞基础设施合作结硕果：新时代中非合作 [N]. 人民日报，2025-01-12（3）.

堂"，而中国模式是他们可望又可及的，很有希望有生之年在本土实现。埃塞俄比亚政府开始全力宣传中国发展模式。

近五六年来，埃塞俄比亚中学课本里有那么一课：中国在近代也曾贫穷落后，但近几十年通过勤奋创造了经济奇迹，既然中国能由穷变富，那么埃塞俄比亚也能创造经济奇迹。这篇课文在埃塞俄比亚青年中产生了极大的震撼，希望到中国学习的年轻人非常多。

埃塞俄比亚智库和宣传部门选定了中国与韩国作为研究的主要对象——主要是中国，从 2014 年起制作纪录片并在国家电视台播放。埃塞俄比亚国家电视台（总共有 5 个台）里从新闻到音乐节目，充满着"发展，发展，发展"的口号，电视节目里面到处是高速公路、水电大坝，以及中国和埃塞俄比亚的国旗。

第二节　学习中国的港口发展经验

基础设施除公路、铁路和机场，非洲还应重视港口建设及其所带来的港口经济潜力。这不仅能促进国际贸易，还有助于加快港口城市和整体城镇化进程。考虑到 21 世纪各国普遍把港口资源看作战略性资源，非洲沿海国家（约 38 个）具有明显的地理优势。值得注意的是，中国在港口和海洋经济方面具有明显优势和经验，从 2015 年到 2023 年，连续 9 年在全球前十大集装箱港口（按吞吐量排序）中占据 7 席。因此，非洲可以在这方面进一步与中国进行合作，以促进经济和社会的全面发展。

一、非洲发展港口经济的必要性

人类早已进入海洋时代，海洋的优势是成本优势，海运是人类历史上最低成本的大规模运输方式。港口是地区经济发展的重要环节之一，大量的进出口货物都需要从港口进出。一个口岸可能包含一个或多个港口，口岸是地区对外开放的门户，是地区对外合作交流的平台，开放形态也较多，如保税区、保税港区、综合保税区、保税工业园区、出口加工区等。港口、车站、机场等各种口岸是对外交往的闸口，在实现国内和国际两个市场对接上扮演着枢纽角色，同时能培育壮大边境口岸城镇，完善边境贸易、金融服务、交通枢纽等功能。

全世界经济总量多半集中在沿海岸带 300 公里之内的地区，美国、日本、欧洲等发达经济体皆是如此。在今天的地球上，最具活力的城市大都是面朝大海的，诸如纽约、上海、东京、新加坡、香港、旧金山、洛杉矶、首尔、深圳等，它们代表着未来的方向。纽约市是位于美国纽约州东南部大西洋沿岸的一座城市，它占据着很多"第一"和"之最"的头衔，除了是世界第一大经济中心和世界金融中心，同时也是美国第一大城市及第一大港。不濒临海洋的地方难再产生世界级的城市，现代的城市喜欢临海而建。海洋的优势，说到底是一种成本优势。五百年来，在人类现代化进程的大舞台上，相继出现了九个在世界历史上影响力显著的国家，从最早的葡萄牙到今天的美国，它们无一例外地重视海洋，重视港口、航运和海外贸易。

非洲大陆沿岸国家较多，54 个国家中有 38 个是沿海或岛屿国家，非洲海岸线长超过 47 000 公里，包括领海和约 650 万平方公里的大陆架，有多个自然条件优越的港口，但有效利用的港口数量相对不足。近年来，全球通过海运运往非洲的运输量增长迅速并超越其经济发展速度，导致港口供给能力无法满足实际需求。此外，港口现代化及保养，港口码头专业化，港口货物信息化，港口与铁路、公路、航空线路的对接等问题都有待解决。

非洲应充分重视港口经济发展，充分利用其开放经济的特点，大量的物流、信息流、资金流、技术流在港口经过有效、规范、有序的处理和交易后，各类要素能够有效发挥自身价值，通过发展港口经济可以有效加快非洲城镇化的进程。毕竟，海运是人类历史上最低成本的大规模运输方式。非洲沿海国家通过发展港口经济可以有效助力经济发展，促进港口城市发展，加快城镇化进程。

二、借鉴中国的港口经济发展经验

21 世纪将港口资源视为参与国际竞争的战略性资源是各国的共识，港口及海洋经济逐步成为中国的强项，2024 年中国港口在全球前十大集装箱吞吐量港口中占据六席。

（一）中国港口的发展现状

改革开放以来，中国主动加入全球化贸易，中国的经济很大程度上依靠对外贸易，而外贸依靠国际物流，国际物流很多需要靠海运，随着中国经济的快速发展，中国已经迈入海洋经济时代，已成为全世界对海洋依赖程度最高的国家之一，中国的许多港口也迅速跻身世界最大港口行列。

港口的吞吐量是地区经济发展的一个标志，就集装箱港口数量而言，近年来在全球前 50 大集装箱港口中，近 2/3 都或多或少有中国的投资，而 2010 年时的比例只有 1/5 左右。从货物吞吐量来说，上海港自 2005 年首次超越新加坡港，以 4 亿多吨的成绩成为世界第一大港。从货物吞吐量来看，2023 年世界十大港口排名为：宁波舟山港、唐山港、上海港、青岛港、广州港、日照港、新加坡港、苏州港、黑德兰港、天津港，中国独占 8 席（表 4-1）。

2020—2023 年全球前十大货物吞吐量港口变化不大，宁波舟山港货物吞吐量完成 13.24 亿吨，同比增长 4.9%，连续 15 年位居全球第一。

从集装箱数量来看，2023 年世界十大港口排名是上海港、新加坡港、宁波舟山港、深圳港、广州港、釜山港、香港港、青岛港、天津港、迪拜港。从排名来看，与 2022 年相比，全球前十大集装箱港口的排位并未发生较大变化。

和 2022 年相比，杰贝阿里港重返前十，香港港下滑 1 位，鹿特丹港跌落 2 位。亚洲港口彻底霸榜，中国港口在 TOP10 中继续占据 7 个席位。在前 15 名中，只有鹿特丹港和安特卫普布鲁日港两个欧洲港口，排名均下降，对应的是巴生港前进 2 位，厦门港前进 1 位。

表 4-1 2020—2023 年全球前十大货物吞吐量港口排名

年份	名次									
	第一	第二	第三	第四	第五	第六	第七	第八	第九	第十
2020	宁波舟山港	上海港	唐山港	广州港	青岛港	新加坡港	苏州港	黑德兰港	天津港	日照港
2021	宁波舟山港	上海港	唐山港	青岛港	广州港	新加坡港	苏州港	黑德兰港	日照港	天津港
2022	宁波舟山港	唐山港	上海港	青岛港	广州港	新加坡港	苏州港	日照港	黑德兰港	天津港
2023	宁波舟山港	唐山港	上海港	青岛港	广州港	日照港	新加坡港	苏州港	黑德兰港	天津港

从集装箱吞吐量来说，上海港 2010 年首次超越新加坡港，成为世界第一大港。[1]对 2015—2023 年的数据进行分析，连续五年全球前十大集装箱港口中中国港口占七个席位。按集装箱吞吐量排名，2023 年全球前十大集装箱港口都位于亚洲（表4-2）。香港港没有跌出前 10 名，反倒是鹿特丹港落到第 12 名。相较 2018 年，中国港口集装箱吞吐量的增长速度有所放缓。其中天津港、广州港保持较快增幅，香港港口依旧处于负增长态势。未来，中国集装箱运输的发展仍然是全球稳定发展的重心和基础。

表 4-2 2015—2023 年全球前十大集装箱港口排名

年份	名次									
	第一	第二	第三	第四	第五	第六	第七	第八	第九	第十
2015	上海港	新加坡港	深圳港	宁波舟山港	香港港	釜山港	青岛港	广州港	迪拜港	天津港
2016	上海港	新加坡港	深圳港	宁波舟山港	香港港	釜山港	广州港	青岛港	迪拜港	天津港
2017	上海港	新加坡港	深圳港	宁波舟山港	釜山港	香港港	广州港	青岛港	迪拜港	天津港

❶ 贾大山.2016 年沿海港口发展回顾与 2017 年展望 [J].中国港口，2017（1）：8-16.

年份	名次									
	第一	第二	第三	第四	第五	第六	第七	第八	第九	第十
2018	上海港	新加坡港	宁波舟山港	深圳港	广州港	釜山港	香港港	青岛港	天津港	迪拜港
2019	上海港	新加坡港	宁波舟山港	深圳港	广州港	釜山港	青岛港	香港港	天津港	迪拜港
2020	上海港	新加坡港	宁波舟山港	深圳港	广州港	青岛港	釜山港	天津港	香港港	鹿特丹港
2021	上海港	新加坡港	宁波舟山港	深圳港	广州港	青岛港	釜山港	天津港	香港港	鹿特丹港
2022	上海港	新加坡港	宁波舟山港	深圳港	青岛港	广州港	釜山港	天津港	香港港	鹿特丹港
2023	上海港	新加坡港	宁波舟山港	深圳港	青岛港	广州港	釜山港	天津港	杰贝阿里港	香港港

从表4-2中可以看出：

（1）从2015年起，全球前十大集装箱港口成员几乎不变，这些港口在参与全球经济贸易过程中发挥着举足轻重的作用。

（2）连续9年全球前十大集装箱港口中中国港口占7个席位，充分说明中国已成为全世界对海洋依赖程度最高的国家之一。

（3）上海港口连续五年都是第一，而且和宁波舟山港相互促进发展，今天中国最忙碌的出海口也在上海港—舟山港—宁波港一线。

（4）深圳港、广州港、香港港，地理位置相近，比肩发展。

（5）十大集装箱港口中的中国七大港口多集中在中国的南方。

（6）中国的北方大型港口只有天津港，地理位置独特，服务区域多，但其排名一直在十大集装箱港口中居后，无法与珠江三角洲、长江三角洲的大型港口相比。

（7）选择上海港、天津港和深圳港三个港口进行比较，从图4-1可以看出，随着中国宏观经济的发展，港口的集装箱吞吐量呈现增加趋势，除了 2008 年金融危机外几乎没有波动。

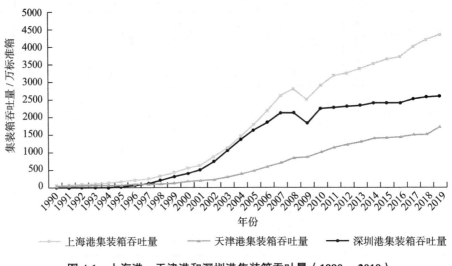

图 4-1　上海港、天津港和深圳港集装箱吞吐量（1990—2019）

数据来源：各省市统计年鉴，中国经济社会大数据研究平台：https://data.cnki.net/。

中国在重视国内港口发展的同时也进行境外港口投资，近年来参与非洲的港口建设或运营，建设了尼日利亚莱基深水港、喀麦隆克里比深水港、科特迪瓦阿比让港等一批项目❶；另外参与或曾经参与建设的还有：苏伊士港、塞得港、达米埃塔港、苏丹港、舍尔沙勒港、马萨瓦港、多哈雷港、吉布提港、蒙巴萨港、巴加莫约港、达累斯萨拉姆港、马普托港、塔马塔夫港、努瓦克肖特港、科纳克里港、特马港、洛美港、拉各斯莱基港、黑角新港、马塔迪港、罗安达港、巴塔港、圣多美和普林西比港等，有效增强了非洲国家海运和贸易发展动能。❷

---

❶ 数据来源："一带一路"建设工作领导小组办公室、国家发展和改革委员会编制，《中国—非洲国家共建"一带一路"发展报告》2024 版蓝皮书。

❷ 阮红伟，李晓静，赖秀云."一带一路"沿线十五个沿海港口城市竞争力比较研究 [J].青岛大学学报，2016（5）：77-84.

（二）学习长江三角洲港口联动发展经验

长江三角洲最重要的港口上海港和宁波舟山港，一定程度上带动了长江三角洲的发展。上海港是中国上海市港口，前通中国南北沿海和世界大洋，后贯长江流域和江浙皖内河、太湖流域；其主要港区沿黄浦江分布，三角洲地势平坦开阔，为港口建设提供了条件，集疏运渠道畅通，通过高速公路和国道、铁路干线及沿海运输网可辐射到长江流域甚至全国。上海港口经营业务主要包括装卸、仓储、物流、船舶拖带、引航、外轮代理、外轮理货、海铁联运、中转服务以及水路客运服务等。2023年上海港集装箱吞吐量突破4 900万标准箱（TEU）[1]，连续14年位居世界第一。集装箱吞吐量再创新高的背后是上海国际航运中心集疏运体系进一步优化，枢纽功能不断加强。2023年，上海港海铁公司全年完成箱量达63万标准箱，同比增幅超29%，上海港水水中转比例达58%。

宁波舟山港2019年集装箱吞吐量达到2753万标准箱，首次突破2 700万箱大关。[2]自2014年集装箱吞吐量超越韩国釜山港跃居全球第五位以来，宁波舟山港集装箱业务持续保持良好发展态势。

（三）学习珠江三角洲港口联动发展的经验

珠江三角洲三个世界级港口——深圳港、香港港、广东港采取联动式机制发展，既竞争又合作，带动了区域经济的快速发展。

深圳1980年成立特区后，深圳港迅速崛起，成功吸引三大航运联盟航线落户深圳，奠定了华南地区对外贸易第一港的地位。2022年，深圳港集装箱累计吞吐量达到3 003.56万标准箱，首次突破3 000万标准箱大关，创

---

[1] 数据来源：CEIC数据库（2024-12-22），https://www.ceicdata.com/zh-hans/indicator/china/container-port-throughput。

[2] 同[1]。

历史新高，这也是继上海港、新加坡港、宁波舟山港之后，全球第四个年吞吐量突破 3 000 万标准箱的港口。深圳港的地理位置得天独厚，位于珠江口东岸，毗邻香港，是连接中国与世界各地的关键节点。它的繁忙程度从每天处理的货物量就能窥见一斑，是名副其实的"世界工厂"的后勤保障。作为中国南方的重要港口，不仅是全球航运的重要枢纽，也是深圳这座城市繁荣发展的重要推动力。港口的设施和服务也非常完善，包括现代化的码头、高效的物流系统以及专业的服务团队，确保了货物能够快速、安全地到达目的地。

广州港位于珠江水系的东、西、北三江交汇点，是华南地区较大的国际贸易港，也是珠江三角洲水网运输中心和水陆运输枢纽。主要从事石油、煤炭、粮食、化肥、钢材、矿石、集装箱等货物装卸（包括码头、锚地过驳）和仓储、货物保税业务以及国内外货物代理和船舶代理等业务。广州港由海港和内河港组成，开辟集装箱班轮航线 179 条，开通国际集装箱班轮航线 131 条，广州港在北美、新加坡、越南等地均设立了境外办事处。还开通了覆盖整个珠江—西江流域的上百条水上驳船航线，实现了全港江海联运网络。

广州港、深圳港、香港港三足鼎立，虽然三个港口地理位置相对较近，货源竞争激烈，但三个港口的特点不同，形成互补。长江三角洲、珠江三角洲的经济发展速度超过京津冀区域，港口的国际物流发展对经济发展具有重要的支撑作用。

第三节 世界自由贸易港发展经验启示

高质量发展已经成为新时代港口发展的主旋律，数字化、智慧港口是海事行业的未来。目前，中国一些港口和码头已开始受益于在船舶入坞、停泊和系泊过程中使用数字技术收集关键事件的实时数据，以分析数据并做出基于数据的决策，提高安全性、效率和可持续性。中国正在赋予自由贸易试验区更大改革自主权，探索建设自由贸易港，这将成为我国或相关地区转变经济发展方式提供符合世界经济发展潮流的先进模式。

非洲应学习世界先进的自由贸易港的发展经验，在这个过程中，中国可根据自己的优势，寻找合作机遇，即中国与非洲港口经济发展进行深度合作。这将有利于中国提高航运的软实力，通过积极参与行业规则制定，提升中国航运业整体话语权。

一、自由贸易港

（一）自由贸易港的概念

自由贸易港是指设在国家与地区境内、海关管理关卡之外的，允许境外货物、资金自由进出的港口区。对进出港区的全部或大部分货物免征关税，并且准许在自由港内开展货物自由储存、展览、拆散、改装、重新包装、整理、加工和制造等业务活动。主要特点是：贸易自由、经营自由、资本进出自由、货币兑换自由。

自由港模式除要满足市场条件、硬件设施等一些最基本的硬件外，更需要软件的支持。实行自由港制度主要得益于积极扶持的政策和良好的法律环境。因此，自由贸易港的发展不仅在于硬件设施，更主要取决于法律、政策等软环境的完善。

中国香港是世界上最大的、功能最多的自由港。另外，新加坡、迪拜与德国的汉堡、荷兰的鹿特丹等，都发展出了符合本地特色的自贸港。目前新加坡港、香港港均实施自由港政策，吸引大量集装箱前去中转，奠定了其世界集装箱中心枢纽的地位。应总结这些自由贸易港的成功经验及发展特点。

新加坡港是自由贸易港模式。新加坡港是世界上最大规模的中转港，通关手续和程序都较为简单便捷。建立了高效的政府管理体制和完善的法律体系。其海关控制权被最小化，以促进进口贸易。

迪拜港是自由贸易港模式。迪拜自由贸易港执行自由经济政策，无外汇管制，基本没有税收。港口内对海关、交通运输、公安等部门实行统一管理、统一办公，取消了平行多头机构的设置。办理进出口手续、签证等，可在 24 小时内办妥，投资审批手续 7 天之内即可审批。

香港港是自由贸易港模式。香港自由贸易港一般进口或出口货物均无须缴付任何关税，也不设任何增值税和一般服务费。一般货物不受进口配额或其他进口许可证规定所限。

（二）自由贸易港管理的特点

1. 先进的电子数字化检疫监管

自由港区广泛采用线上"单一窗口"申报和线下一口受理、综合审批的"一站式"管理，进行全程电子数字化登记和无纸化管理。建设更加完善的信息化通关系统，实现大数据互联互通，实现通关放行信息的共享和交换。检疫业务通过区域化、网络化、电子化通关模式运作。

2. 港口的运行监管由事前监管向事中事后监管转变

在进出口货物的检验检疫监管中，国际通行规则的本质是"境内关外"，核心是"便捷自由"，这就要求检验检疫监管方式要从事前监管向事中事后监管转变，并依势调整监管组织形式，打破现有的单证与施检分离，批次检测与检测监管的现状，形成集约化的放行监管与统一的后监管方式。

3. 进出口商品质量安全风险预警和快速反应监管

以风险管理为主线，构建风险信息共享交换机制，实施风险预警分级，快速实施质量安全风险处置，一旦发现某产品有缺陷，可快速反应，启动快速预警系统，并采取终止或限制有问题产品的进口、销售、使用等紧急控制措施，保证进出口商品质量安全。

二、对非洲港口深入发展的启示

非洲可利用口岸开放形态的多样性促进了非洲港口经济的发展，可以选取特殊位置、具有发展潜力、能带动国家乃至非洲经济发展的数个港口，建成以自由贸易区为重要功能区的航运资源高度集聚、航运服务功能健全、航运市场交易活跃、国际物流服务高效，具有国际航运物流资源优化配置能力的国际航运中心。同时，非洲应当探讨如何避免港口间产生过多的相互竞争，促进更有效的相互合作。除自贸区和开放型经济新体制试点之外，还有跨境电商、服务贸易创新、服务业开放、市场采购、海关通关一体化、单一窗口等多项开放内容，应以试点的方式推进，具体如下。

（1）学习国际上先进的航运服务、发达的航运金融、创新的航运信息技术等软实力，利用人工智能、云计算技术等发展创新的航运信息技术发展航运金融。

（2）对自由贸易区和非洲国际航运中心的相互促进机制进行实践探讨，涉及航运基础设施、航运服务功能、航运产业集聚、航运信息化等多方面。

（3）具有国际航运物流资源优化配置能力，具有对国际物流服务高效性进行评定的能力。

（4）加大港口经济中的流量经济。港口的功能特点自然而然地为各类流量经济要素提供了交换的平台，巨大的物流、信息流、资金流、技术流在港口经过高效、规范、有序的处理和交易后，各类要素将到达能够最大限度发挥自身价值的地方。

（5）充分利用港口经济是开放经济的特点，带动区域的对外开放程度，扩大对外贸易范围。

（6）港口运营的事后监管。港口的运营管理应该采用科学的管理手段。

（7）引进"海关跨境贸易电子商务服务平台"，对接电商企业、支付企业和物流企业，实现海关与企业数据的互联互通。

（8）解决快件、邮件跨境电子商务中出现的通关、结汇、退税、产品安全及征信等一系列问题，包括中非之间相关业务中出现的问题。

（9）实现海关对跨境电子商务出口商品的有效监管。提供跨境电商在线申报、监管、物流、支付等全流程跟踪功能，协助海关、检验检疫、国税、外汇、外经贸等部门履行监管服务职能。

第四节　发达国家城镇化发展进程对非洲的启示

城镇化有助于一个国家的经济发展。世界上多国实现了较高的城镇化率，其中新加坡、摩纳哥和瑙鲁已经实现 100% 城镇化，2023 年美国、英国、法国、德国、日本五国的城镇化率分别达到 83.3%、84.6%、81.8%、77.8%、92.0%，中国达到 66.2%，世界城镇化率也达到了 57.7%。而非洲的城镇化率只有 44.9%。

非洲是一个拥有丰富资源和多元文化的大陆，非洲国家除塞舌尔、赤道几内亚、毛里求斯、加蓬、南非等少数富国外，其余基本都国力孱弱，一些地区的居民还面临着饥饿威胁，非洲经济急需提速发展，因此发达国家的发展经验值得借鉴。尤其是非洲一些国家对英国、法国等国家崇拜程度较重，中国应在非洲国家借鉴发达国家城镇化发展经验的过程中寻找与非洲的合作机遇。

美国、英国、法国、德国、日本五国，不仅经济发达，而且在文化教育、福利待遇上都位于全球前列。本节通过分析美国、英国、法国、德国、日本五个典型发达国家，探讨其特定年代城镇化发展速度快的促进因素和出现的问题及非洲可吸取的经验教训，以期防止非洲走西方发达国家城镇化进程中走过的弯路，同时促进非洲各个国家的区域均衡发展。

发达国家城镇化建设经验主要总结为市场化模式与政府调控模式，且在同一国家，也可能采用不同的模式组合；另外，即使同样是政府调控模式，不同国家也有各自不同的措施和经验。

一、英国城镇化发展的历程与特点

历史上英国对非洲的殖民国家有 21 个，英国的发展经验对这些国家影响较大：南非、尼日利亚、喀麦隆、莱索托、博茨瓦纳、加纳、马拉维、坦桑尼亚、津巴布韦、斯威士兰、赞比亚、乌干达、塞舌尔、毛里求斯、莫桑比克、纳米比亚、塞拉利昂、肯尼亚、冈比亚，因此英国城镇化的经验有一定的借鉴意义。

英国城市人口在 1850 年就超过 50%，英国城镇化经验可总结为市场运作、政府引导和公众参与的"三位一体"模式。英国的整个城镇化进程经历了 4 个阶段：第一个阶段是 16—18 世纪，称作农业发展时期；第二个阶段是 18 世纪 60 年代至 19 世纪 30 年代，可称作工业革命时期；第三个阶段是 19 世纪 30 年代至 20 世纪中期，属于新兴城市发展时期；第四个阶段是 20 世纪 70 年代至今，被称为逆城镇化时期。英国城镇化的特点如下。

（1）英国城镇化的基础是重视农业发展。英国的城镇化是在农业发展的基础之上发展起来的，从事农业的劳动力向非农产业转移。工业革命使英国的产业结构发生了调整。随着英国工业革命的结束，工业革命带来的巨大生产力推动了制造业、矿业和建筑业的发展。

（2）农业革命、商业革命和交通运输革命为英国城市化的发展营造了所需的环境。农业革命为工业革命提供原材料、市场和产业工人，促进了城市化的发展；商业革命通过海外贸易进行资本积累，进而促成工业革命的爆发和新兴城市在英国大规模的兴起；交通运输革命促进了商品和人员的流动，缩短了通勤距离，促进了郊区城市化，促进了大城市群向中小城镇发展的转变。

（3）法律体系的构建为英国城市化的发展提供了支持和保障。政府通过立法解决城镇化发展过程中出现的社会问题（如城市病等），有利于构建完善的社会保障体系，强化人们的环保意识，优化城市化秩序，提高城市化的质量。

（4）乡村工业和小城镇协调发展。乡村工业的发展使得部分农村劳动力从农业转移到工业，实现了农民的就地转化，促进了英国农村向小城镇的转化，加快了乡村的城镇化步伐。

二、法国城镇化发展特点

如今，法国在非洲仍然拥有巨大的影响力和利益。在非洲的 54 个国家中，有 29 个国家是法语国家，法语是非洲第二大通用语言，也是非洲联盟的官方语言之一。法国在非洲的贸易额占法国总贸易额的 5%，非洲是法国第三大出口市场和第四大进口来源地。法国在非洲的投资额占法国总投资额的 10%，非洲是法国第二大投资目的地。❶法国在非洲有 7 个军事基地，驻军 1 万多人，参与了非洲的多项维和行动和反恐行动。

以下非洲国家或地区曾为法国殖民地：阿尔及利亚、贝宁、布基纳法索、喀麦隆、中非、乍得、科摩罗、刚果（布）、吉布提、埃及、厄立特里亚、加蓬、几内亚、科特迪瓦、利比亚、马达加斯加、毛里塔尼亚、毛里求斯、马里、摩洛哥、尼日尔、圣多美和普林西比、塞内加尔、多哥、突尼斯，法国城镇化发展经验在这些国家相对容易推广。

可以在中部非洲国家经济与货币共同体（以下简称"中非经货共同体"）国家进行试点，因为与法国商务往来密切，法国 2022 年自中非经货共同体的进口总额达 19 亿欧元，同比增长 155%。法国 2022 年对中非经货共同体贸易逆差达 3 亿欧元，按国家划分，法国自喀麦隆进口最多，达到 6.41 亿欧元，其余依次为加蓬（5.37 亿欧元）、刚果（布）（3.29 亿欧元）、乍得（8 000 万欧元）、中非（3 100 万欧元）和赤道几内亚（2 300 万欧元）。❷

法国的城镇化起步（1830 年）比英国（1755 年）晚了半个多世纪。法国城镇化的特点如下。

---

❶ 数据来源：世界银行数据库（2025-02-16），https://data.worldbank.org/。

❷ 同❶。

（1）法国的城镇化发展速度比较平缓。法国的城镇化发展速度比较匀速，不追求速度，重视质量。法国城市化水平从10%上升到44.2%花了81年，再到超过50%则花了101年。法国小农经济特征突出，土地分散，使得农场发展缓慢；产业革命对法国传统的产业结构的冲击不明显，轻工业如手工业依然占据重要地位，工业发展缓慢。这些因素都制约着农村人口向城市迁移。

（2）农业现代化发挥着重要的作用。法国的城镇化进程中，农业现代化也发挥着重要的作用。"二战"后，政府通过借外债给予农民补贴与帮助，如提供长期低息贷款等，鼓励农户购买现代化农具设备，逐步提高农业现代化水平。除此之外，通过规划，形成专门的农作物区，使得农业专业化。这些措施节省了农村劳动力，为城市提供了充足的劳动力。

（3）注重基础设施建设。法国城镇化建设注重基础设施建设，在城市化推进的进程中，政府立足长远利益，采取合理的城市结构、便利的交通和保持生态的发展理念，合理规划老城区，保护古老建筑和文化遗迹；政府重视交通的发展，使城镇化的发展拥有了内在的动力；近年来，法国政府为解决城市污染，实行一系列措施，鼓励人们绿色出行，效果显著。

（4）市场主导，政府辅助。18世纪90年代到19世纪40年代，政府和农民通过市场自由配置交易农业土地和非农业土地，促使城市的市场化程度提高。20世纪50年代中期，法国政府为了增强小农进行技术改造的经济能力，推行土地集中制，促进规模经营，并出台一系列措施转移农村剩余劳动力，鼓励年轻人到城市企业做工。

三、美国城镇化发展的历程与经验

美国是一个拥有丰富资源的大国，不仅经济实力强大，同时也拥有许多发达的大城市。这些城市通常是经济、文化和政治中心，对整个国家都有着重要的影响力。纽约市是全美最大的经济中心，其GDP超过1.6万亿美元，超过了美国40个州的经济总量。旧金山是全美最繁荣的科技城市之一，拥有许多世界知名的科技公司。华盛顿特区是美国最大的政府中心，有大量的联邦机构和智库。

2023 年，美国城镇化率约为 83.3%，其中加州、新泽西、麻省位列前三名。人口密度最大的城市排名前 5：洛杉矶、旧金山、圣荷西、德拉诺、纽约。美国城镇化发展并不均衡，城市化率地区排名：西部（89.8%），东北部（85%），中西部（75.9%），南部（75.8%）。而且人口密度最大的城市并不一定和城市化程度最高相吻合。

美国的城镇化发展大概可以分为三个阶段：1860 年以前的农业现代化阶段；1860—1920 年的工业化阶段；1920 年至今的信息化阶段。

美国城镇化发展具有典型西方发达国家城镇化发展的特点。1800 年以前，美国居民主要生活在农村，当时的城镇化水平只有 6.1%。1830 年开始，工业革命的先进技术传入了美国，农业劳动生产率不断提高，导致农业劳动力向非农产业不断转移，19 世纪 40 年代末城镇化水平约 16% 时进入城镇化发展第二阶段。在"二战"结束后城镇化水平达 60% 左右时进入第三阶段，与美国 19 世纪 40 年代开始的交通剧变和蒸汽机、工厂制普遍使用引发城镇化加速发展，以及"二战"后的郊区化加速蔓延在时间上较为吻合。美国城镇化发展经验如下。

（1）农业现代化水平的提高是美国城镇化发展的前提。美国农民仅仅 200 多万，这在 3 亿多人口的国家里，占比还不到 2%，但他们却生产出了世界上约 20% 的粮食。主要农作物产品如小麦、玉米、大豆、棉花的产量和出口量均位于世界前列，其中玉米出口量占世界 70%、大豆占 85%，几乎处于垄断地位。

（2）当地政府在推进城镇化进程中的角色定位。在美国城镇化发展的初期和中期，主要是靠市场的主导作用，城镇化水平达到 50% 是政府政策介入的最佳切入点。通过实行有效的区域协调和管理，合并市县，加快城市规划和产业规划方面的法律法规制定；同时注重对环境的保护，强调土地、林地资源的集约利用，发展理念是以人为本。

（3）美国城市布局和城镇化发展齐头并进。美国主要城市位于整个国家的不同地区，分布广泛，每个城市都有着独特的特色和经济发展优势，并为整个国家带来更多的机遇和挑战。随着全球化和科技进步的推动，这些城市不断吸引人才和投资。

（4）美国许多大城市都有附属郊区。美国城镇化水平高度发达并不体现在超级大城市身上，而是体现在遍地开花的小城镇身上。在美国，共有 30 个人口超过 50 万的城市，其中 10 个城市人口超过 100 万，分布在整个国家的不同地区。❶ 10 万人以下的小城镇大约占城市总数的 99.3%，接近 35 000 个。这些小城镇围绕大城市布局，形成密集的城市群（带），通过重视城市郊区基础设施建设，美国城乡一体化的特征越来越明显，乡村和城镇的区别越来越小。

四、德国城镇化发展经验

德国有 8 300 多万人口，国土面积 357 376 平方公里，德国的城镇化发展走出了一条比较罕见的路，不是真正意义上的人口聚集在城市，工业化产业并不是集中在城市中，而是由大量主题鲜明的小城镇群作为城镇化的主要载体。德国作为世界主要发达经济体之一，早在 1910 年就达到了 62% 的城镇化率，但城镇化率如此之高的德国却没有一座超大城市。德国实行的是分散聚集型城市发展模式，人口没有都聚集在大城市，没有形成特大城市。德国的平均人口密度并不算低，只是德国的地形、人口分布、城市布局给人造成了一种地广人稀的感觉。

德国的城镇化发展特点如下。

（1）人口均匀分布。德国人大部分住在人口不过百万的中小城市，均匀分布在全国各地的中小城市，这些城市均匀分布在德国各地。德国超过 100 万人

---

❶ 数据来源：美国主要大城市分布图，美国主要城市分布情况概述 [EB/OL]. [2025-01-05]. https://www.jykxzz.cn/lxgh/wyjy/430543.html.

口的城市只有 4 个：柏林、汉堡、慕尼黑和科隆，首都柏林人口约为 360 万。另外还有 11 个城市人口超过 50 万但不足 100 万，其余城市的人口就在 50 万以下。

（2）每个城市设施完备。每个城市都有完善的市政系统和基础设施，而各邻近城市之间又建立有方便快捷的交通系统。

（3）德国各类中心分散布局。德国的政治中心、金融中心、工业中心、交通中心往往是分散在各城市的。如柏林是德国的政治、文化、交通及经济中心，法兰克福是欧洲的金融中心、交通枢纽，汉堡是德国最重要的海港和最大的外贸中心。德国从没有形成像中国北京、英国伦敦、法国巴黎、日本东京那样集政治、经济、科技、文化、交通中心于一体的超大型城市。

（4）德国的农村发展有自己的独特之处。德国的农业经营体系主要包括家庭农场和农业社会化服务体系两部分。德国的家庭农场是农业生产经营主体，政府会给予一系列农业扶持和补贴，以稳固其主体地位。农业社会化服务体系是农业经营体系的服务主体。德国的农业组织种类繁多，有行业和地区的农业组织，还有跨地区和全国性的农业组织，基本涵盖了农产品生产、加工、销售、服务等全部业务流程。

（5）大力发展农业现代化。德国农业高度机械化，当前农业从业人员约占总人口的 2%，这 2% 的劳动力管理和维护全国一半的农业用地，平均每个农民养活 120 人甚至更多，80% 以上的农产品能够自给。❶德国的一个家庭农场可视作一个农业企业，个体的高度现代化、专业化促进了德国农业整体的机械化和规模化。

（6）财政政策的倾斜。德国政府财政最大的三项支出，一是对农业的补贴，利于提高农业机械化及不断升级；二是对住房、租赁业、住房建筑业的补贴，有利于人口均衡分布；三是对交通业的补贴，有利于物流对经济发展

---

❶ 李卫波 . 德国交通运输促进城市协调发展的经验及启示 [J]. 宏观经济管理，2023（9）：86-92.

的支撑。德国的财政倾斜政策对于经济平衡发展尤其是城镇化均衡发展十分有利。

五、日本城镇化发展经验

作为亚洲的发达国家，2023年日本的城镇化率已经达到了惊人的93.5%，日本由于国土面积狭小、开发空间有限，走的是一条高度集约、大都市圈空间聚集模式的城镇化之路，在有限的空间内快速聚集无限的资源和生产、生活要素，很多经验值得借鉴。

1945年，日本的城镇化率仅为28%，1955年城镇化率就快速上升至56%，2011年这一数据已超过90%，在亚洲地区属于领先水平。

日本的城镇化发展经历了四步：工业化、大都市圈、交通体系、卫星城市。工业化是日本城镇化的第一推动力，大都市圈是日本高速城镇化的核心承载平台，立体便捷的交通体系和大量的卫星城则是日本城镇化的重要支撑。

日本在城镇化过程中为有效避免人为因素的主观偏差和放任自由的无序增长等问题，十分重视法律保障和规划先行，政府先后颁布《国土综合开发法》《三大都市圈发展规划》等一系列法律法规，通过科学规划和有效引导，发挥市场机制在城镇化进程中配置资源的作用。日本通过机场、高速公路、高速新干线、地铁、电车，再加上水上交通，构成了便捷、便利的海、陆、空加地下立体交通网络体系，成为日本城镇化发展的又一重要保障，不但强化了大都市的带动和辐射效应，而且促使大都市周边产生了大量为疏解大都市的各种压力发挥重要作用的功能性卫星城。

第五章　在非中资企业在非洲城镇化进程中的机遇

本章从进入非洲的中资企业是中国对非经济合作的先行军和晴雨表的角度，分析了在非中资企业的发展现状，探讨在非中资企业在对非经济合作中存在的作用和问题，结合非洲的特色，研究中国基于互联互通视角的对非经济合作，助力非洲城镇化进程的步伐，以期促进对非合作高质量可持续发展。

第一节　中资企业进入非洲

2023年，非洲人口总数达14.3亿人，且生育率全球最高。非洲大陆拥有仅次于亚洲的人口数量和年轻的人口结构，非洲在未来几十年将在世界人口规模和分布方面发挥核心作用。随着城镇化和工业化的推进，非洲正在逐渐成为一个巨大的增量市场。

非洲自然资源丰富，人口众多，随着非洲政局进一步稳定，区域经济一体化进程加快，尤其是随着全球产业转移和国内生产要素成本的上升，非洲低廉的人工成本和巨大的家电、汽车、电子产品蓝海为中国企业的投资及全球布局提供了新的视野，非洲大陆的经济前景和消费潜力也逐渐被人们所看到。近年来，非洲经济的结构性矛盾日益凸显，单一的经济结构使其过分依赖外部经济，且无法创造更多的就业岗位惠及民众，许多非洲国家开始谋求经济转型。

作为世界经济版图上仍待开发的土地，中国企业大有可为。"一带一路"倡议、中非合作论坛等合作框架为中非经济、商业和人才交流提供了广阔的平台，既为非洲经济的发展提供了强大动力，也为中国企业带来了增长空间。在国际政治经济大环境调整之际，有越来越多的企业关注到非洲的机遇，并通过实地调研评判进入非洲的可行性，使得这片古老的大陆逐渐进入到中国出海领域的主流话语体系中来。

中国企业的主要市场在亚洲、中东和非洲，占据中国企业全部营业额的79.3%。2023年度入榜全球最大250家国际承包商的81家中国企业，共完成营业额1179.3亿美元（2022年营业额），占据全球市场27.5%的份额，其中在非洲市场份额占63.0%。

随着中国对非投资持续增长，非洲现有的54个国家和6个地区中，中资企业已经基本覆盖，投资方式多样化且投资方向有偏向性，中非贸易火热背后是无数个中国企业在异乡他国的辛苦打拼，涉及基建、电信、金融、能源、制造等诸多领域。

随着中非合作走向深入，中国在非洲设立各类企业已超3500家，聘用非洲本地员工比例超80%，直接或间接创造了数百万个就业机会。2021—2023年，中国企业为当地创造超过110万个就业岗位，投资建设的经贸合作区覆盖农业、加工制造、商贸物流等行业，吸引超过千家企业入区，为当地纳税增收、出口创汇作出了重要贡献。中资企业对非洲的经济社会发展已然产生了较为深远的影响，成为展示中国形象、讲好中非合作故事的重要载体。

非洲是中国企业在海外的第二大承包工程市场和新兴投资目的地，目前在非洲有大量不同类型的中资企业，中国企业拥有资金、技术和经验优势，为当地经济发展作出了贡献，这些企业是中非深入合作的排头兵和晴雨表，应深入探讨这些企业与非洲城镇化进程的对接或为其所提供的服务。能源电力和交通运输两个行业占据了市场绝对比例，中国企业在非投资的加工、冶炼工业，能充分利用非洲廉价的劳动力和丰富的自然资源，满足当地市场需求的同时，创造共同的经济效益。尤其是制造企业正在非洲就地建厂，深度参与社区发展，转变为"源自中国、赢在本地"的新型全球化企业。目前在非洲投资发展的中资企业可分为 11 类。

（1）发展非洲农业，如农林牧渔、粮食仓储和加工等的相关企业。

（2）信息、通信技术企业，参与非洲国家信息网络建设、运营和服务。

（3）工程建设企业，主要从事公路、铁路、区域航空、路桥港口以及电力等基础设施建设。

（4）以中国广核集团有限公司为代表的能源类企业，致力于开拓非洲新能源市场。

（5）制造业企业，在非洲国家投资建厂。

（6）在服务贸易领域开展投资合作的相关企业。

（7）推动非洲文化发展的相关企业。

（8）在非洲从事药品研发和医疗卫生领域合作的相关企业。

（9）开发旅游业的相关企业。

（10）从事非洲国家国内与国际物流业的相关企业。

（11）推动非洲本地金融业发展，支持企业融资的金融机构；等等。

中国对非投资包括合资、跨国兼并、创建投资等多种方式，其中创建投资是中国在非洲直接投资的主要方式。中国对非投资更倾向于资源寻求型 OFDI❶，大多选择在非洲创办劳动密集型、资源密集型企业。

第二节　中国与非洲经济合作中先行的大型企业

早期进入非洲的大型企业，这些企业的经验值得借鉴。

---

❶ 高宇. 中国对非洲 OFDI 动因的贸易视角：基于引力模型的实证分析 [J]. 经济经纬，2016，33（1）：60-65.

1. 华为技术有限公司（以下简称"华为"）

作为综合通信解决方案提供商的华为于 1997 年开始开拓非洲市场，早在 1998 年，作为最早几家进入非洲的中国公司，华为长期深耕非洲，目前已与 200 多家非洲电信运营商合作，成为非洲电信领域的领头羊、1 500 余家非洲本地企业的数字化转型合作伙伴。

与后进入非洲的企业不同，华为在非洲的成长伴随着非洲互联网普及率和移动设备渗透率的提升、在弥补非洲的数字鸿沟中，华为发挥了重要的作用。历经数十年建设，华为在非洲推动数字经济发展、促进工业化和就业以及教育方面做出了重要的社会贡献。

2. 中兴通讯股份有限公司（以下简称"中兴通讯"）

作为华为的竞争对手，同样来自中国的中兴通讯也是 1997 年进入非洲市场，目前在肯尼亚、赞比亚、马里、埃及、突尼斯等 38 个国家设立了销售网点，已经为超过 48 个非洲国家建设了网络，并不断将通信网络向 3G 甚至 4G 提速，产品和服务遍布所有 54 个非洲国家。

3. 中国铁建股份有限公司（以下简称"中国铁建"）

中国铁建由中国铁道建筑总公司独家发起设立，成立于 2007 年，是目前中国最大的工程承包商，也是中国最大的海外工程承包商。非洲是中国铁建最大的海外市场。中国铁建旗下的中国土木工程集团，甚至被尼日利亚东南区的地区部落酋长称就像"自家"公司一样。中国铁建在非洲的项目主要分布在东部非洲、中部非洲和西部非洲。

4. 中国路桥工程有限责任公司（以下简称"中国路桥"）

中国路桥是建造多个"南南合作"的典范。中国路桥的前身是交通部援外办公室，从 1958 年开始走出国门，承担中国政府对外援助项目建设。其中，非洲地区一直以来都是高度关注并积极拓展的重点市场。中国路桥 1984 年进驻肯尼亚，进入非洲市场 40 多年，中国路桥在非洲 20 多个国家开展了工程业务，其

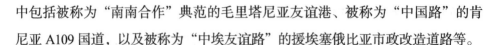

中包括被称为"南南合作"典范的毛里塔尼亚友谊港、被称为"中国路"的肯尼亚 A109 国道，以及被称为"中埃友谊路"的援埃塞俄比亚市政改造道路等。

2015 年 6 月，中国进出口银行与塞内加尔财政部签署贷款协议，捷斯—图巴收费高速公路项目自此正式进入建设快车道，中国路桥承建了这一工程，这是中国公司在非洲修建的第一条高标准、高等级收费高速公路。

5. 中国中车股份有限公司（以下简称"中国中车"）

中国中车是由中国南车集团公司和中国北车集团公司重组合并而成，装备出口覆盖多个国家，目前中国中车的内燃动车组、机车、客车、货车、城轨等铁路车辆已经覆盖非洲 29 个国家，其中南非目前是中国中车最大的产品出口国，也是中国中车出口模式最丰富的市场之一，实现了"整车＋核心部件"的全产业链输出。

6. 中国机械设备工程股份有限公司（以下简称"中国机械工程"）

中国机械工程成立于 1978 年，是中国第一家大型工贸公司，隶属中国机械工业集团公司，核心业务是工程承包。在非洲，中国机械工程是资源开发工程承包者。2005 年中国机械与非洲加蓬政府签订加蓬贝林加铁矿项目矿权协议，双方将合作进行加蓬贝林加地区铁矿山和配套铁路、港口、水电站的建设，该项目是非洲最大的资源类投资项目之一。

7. 中国石油天然气集团（以下简称"中石油"）

中石油于 1995 年 9 月与苏丹政府签订穆格莱德盆地 6 区石油合作开发协议，开启了中非石油合作的序幕。1996 年 11 月，经过与 10 余家国际石油公司的激烈竞标，中石油获得苏丹穆格莱德盆地 1/2/4 区石油项目。2003 年 5 月，中石油与苏丹联合投资 10 亿美元（约合人民币 64 亿元）在喀土穆建立非洲最大的炼油厂，这也是中国在非洲的第一个炼油厂。中石油先后帮助苏丹、乍得、尼日尔等国家建立了上游油田、中游输送管道、下游炼油化工的一体化完整的石油工业体系。

8. 中国建筑工程总公司（以下简称"中国建筑"）

中国建筑组建于 1982 年，是国务院国有资产监督管理委员会直接管理的大型建筑房地产综合企业集团，截至 2017 年已经和非洲的 49 个国家展开业务合作，几乎涵盖非洲所有地区。这些项目不仅展示了中国建筑的技术实力和工程质量，也促进了中非之间的经济合作和文化交流。

2010 年 5 月，中国建筑与尼日利亚国家石油公司就三家未开发地区的炼油厂和石化厂项目融资和建造签署谅解备忘录。中国建筑作为 EPC 总承包商承建上述炼油厂和石化厂项目，项目涉及金额约为 238 亿美元（约合人民币 1 522 亿元）。

中国建筑股份有限公司埃及分公司承建了埃及新行政首都中央商务区项目，其中包括被誉为"非洲第一高楼"的"标志塔"（Iconic Tower），大楼高达 385.8 米，77 层，是埃及新首都中最引人注目的建筑之一。中国建筑在阿尔及利亚承建了嘉玛大清真寺，这是非洲最大、世界第三大的清真寺，占地面积超过 40 万平方米，其中 265 米高的部分尤为壮观；中国建筑在肯尼亚也有多个项目，如在肯尼亚首都内罗毕，承建了多个基础设施项目；中国建筑在刚果（金）也有多个项目，展示了中国建筑在非洲大陆的广泛影响力。

9. 中国中材国际工程股份有限公司（以下简称"中材国际"）

中材国际隶属中国中材集团有限公司，是国务院国有资产监督管理委员会直管企业，主营业务是水泥技术装备和工程业，是全球最大的水泥工程系统集成服务商之一。

在非洲涉及业务领域广，生产制造、工程服务、商贸物流、地质勘探等业务全面开花。投资玻璃纤维、水泥、商混等项目，承揽 99 条水泥生产线、30 个粉磨站项目和 14 个余热发电相关项目。❶ 坚持"科技＋产业＋服务"的国际化思路，先后建成中国 - 埃及高性能玻璃纤维及复合材料联合实验室、中国 -

---

❶ 中国建材集团为非洲加快实现现代化添砖加瓦 [J]. 中国建材，2024（9）.

埃塞俄比亚建材联合实验室，开发出埃及本土化的玻璃纤维配方及工艺技术，实现原料供应 100% 本地化，并申请国际专利 32 件。

10. 中国电力建设股份有限公司（以下简称"中国电建"）

中国电建前身是中国水利水电建设有限公司，是一家涉足能源电力、基础设施、水资源与环境行业的世界 500 强企业，也是全球最大的 250 家国际工程承包商之一。中国电建是中国企业走进非洲的积极践行者，中国电建成员企业业务范围涵盖东部和南部非洲的肯尼亚、埃塞俄比亚、乌干达、坦桑尼亚、赞比亚、津巴布韦、南非等多个国家。

走进非洲市场的时间最早可追溯到 1964 年，中国水利水电工程总公司承建了几内亚金康水电站工程，该水电站位于科库罗河上，总装机 3 200 千瓦，是中国早期对几内亚的援建项目。2002 年 6 月，中国电建签署首个在非洲具有重大影响力的水电站项目——埃塞俄比亚泰克泽水电站工程，该项目最大坝高 185 米，是非洲最高的混凝土双曲拱坝，电站发电量相当于埃塞俄比亚全国总发电量的 40%。还建成了一大批标志性工程，其中肯尼亚内罗毕至锡卡公路被称为"中国路"，赞比亚卡里巴水电站北岸扩机项目荣获 2016 年度中国境外工程最高奖。即使在新冠疫情严重的 2020 年，仍然和非洲签约了两个重要项目：加纳年产 500 万吨炼油一期项目和肯尼亚锡卡高速走廊快速公交（BRT）设计施工项目。BRT 这个项目位于肯尼亚首都内罗毕，包括快速公交车道、车站及其他附属设施的设计和建设。项目线路总长度约 27 公里，专用道长度约 20.18 公里，全线共设中途站 13 组 25 个，包括改建天桥 10 个、建设停保场 2 个及首末站及相关配套设施，项目内容惠及民生。

中国电建成为"南南合作"的典范，同时为非洲发展和改善当地人民生活作出了积极贡献。承建的项目产生了良好的经济和社会效益，同时在非各企业还积极履行社会责任，特别是多次组织开展捐资助学、捐粮抗旱、保护生态等活动，树立了在非中资企业良好形象，受到当地民众欢迎。

第三节　现阶段在非中资企业中的佼佼者

随着"一带一路"倡议的实施落实，越来越多的企业涌向非洲，出海非洲，以下分析深耕非洲的中国企业中的佼佼者，这些企业代表着不同行业出海非洲的探索实践，它们分属于科技消费品、日常消费品、汽车出行和医药四大领域。

一、科技消费品领域企业

1.深圳传音控股股份有限公司（以下简称"传音控股"）

2013年，传音控股成立于深圳，主营业务是手机的研发和销售，成立第二年就开始布局非洲市场。目前，这家在国内并不太出名的手机公司已经成了非洲市场的领先品牌，传音手机在非洲市场占有率高达48.7%，2022年非洲地区营收206.33亿元人民币。传音手机被非洲市场所欢迎主要是因为其在本地化、价格及电池续航等上下功夫，让非洲用户满意。

目前，传音控股旗下在非洲等新兴市场具有极高知名度的手机品牌包括TECNO、itel及Infinix，此外还有数码配件品牌oraimo、家用电器品牌Syinix。同时，传音控股基于安卓系统二次开发的"传音OS"已成为非洲主流操作系统之一。围绕传音OS，传音控股还开发了应用商店、广告分发平台及手机管家等诸多的工具类应用程序。

同时，传音控股与网易、腾讯等公司合作开发和孵化移动互联网产品。包括非洲音乐流媒体平台Boomplay、新闻聚合应用Scooper、综合内容分发应用Phoenix等。

2.创维数字股份有限公司（以下简称"创维数字"）

创维数字成立于2002年，隶属于创维集团，主要从事多媒体业务和电器业务等，是中国知名的电器制造商。2014 年，创维数字在深圳上市，次年开始进入非洲，除了销售电视、机顶盒等家电产品，还涵盖冰箱、冰柜、空调、洗衣机、燃气灶等，逐渐取代了三星、LG 等韩系品牌，成为非洲家电市场的主导者。目前，创维数字掌握着非洲顶级运营商、腾讯前第一大股东 Multichoice 的独家供应权，在非洲市场占有率超 80%，还与当地 Top6 运营商中的 4 个维持着良好的合作关系。目前，创维数字还在南非设立了自有工厂，进一步提高供应链本地化水平。

3. 美的集团股份有限公司（以下简称"美的"）

美的成立于 1968 年，总部位于广东顺德，主营业务是家电制造。2010 年美的集团收购了开利的子公司 Miraco 在埃及的部分股权，建立美的埃及生产基地，是美的辐射非洲、中东和南欧、布局中东非的重要战略部署。2020 年，美的（埃及）厨房和热水电器有限公司在中埃·泰达苏伊士经贸合作区正式揭牌。此后美的在埃及陆续新建了冰箱、洗衣机和热水器的生产基地。

生产制造的本地化对开拓市场的作用是非常显著的。2012 年，美的暖通产品风机盘管项目开始在埃及本地生产，之后，该品类的市场份额由 2012 年的 2% 跃升到 2015 年的 15%。2023 年，依靠本地供应链和美的强大的制造能力，美的埃及工厂的零部件本地化比例达到 60%。

4. 海尔

海尔成立于 1984 年，和美的等其他中国家电品牌一样，海尔也在积极布局非洲市场，输出产能。但不同于近年来的跟随出海潮，海尔在非洲的布局可以追溯到 20 世纪 90 年代。

1998 年，海尔正式进入非洲市场。通过本土化研发—制造—营销的"三位一体"战略，短短两年，海尔以用户需求为出发点的原创产品就打开了尼日利亚的家电市场，并将影响力辐射到周边。

随着知名度不断扩大，2001 年，海尔在阿尔及利亚、尼日利亚、突尼斯建设了海外空调制造基地。2019 年，海尔正式在埃及成立贸易公司，并于 2020

年向高端本土化创牌转型。

根据 2020 年数据，海尔在非洲市场占有率排名第六，中东及非洲地区白色家电和厨房家电销售占海尔全球销售比重为 4.5%，销售额达 2 亿美元。

二、日常消费品领域企业

1. 新希望集团有限公司（以下简称"新希望"）

新希望是一家以现代农牧与食品产业为主营业务的企业，于 1982 年创立，总部位于四川成都，1998 年在深交所上市。2011 年 6 月，新希望埃及有限公司注册成立，这是新希望在非洲投资的第一家海外饲料企业，占地面积 22 932 平方米，专业生产畜、禽高档饲料。

农业是埃及经济的主要组成部分，新希望为满足埃及农业转型升级的迫切需要，从中国引进先进配方技术、生产管理体系和养殖服务体系，从全球采购优质原料，进入埃及后已陆续成立了 4 家饲料工厂和 1 家种禽公司，目前业务涵盖鸡苗孵化、鱼苗孵化、饲料生产销售、养殖、动保、疫苗兽药、食品、国际贸易。

当前，新希望埃及有限公司通过优质产品、专业服务、产业配套、金融支持等体系化能力为埃及养殖户增加创造养殖效益超 1.5 亿元人民币 / 年。

2. 安琪酵母股份有限公司（以下简称"安琪酵母"）

安琪酵母是一家中国食品企业，2000 年在上交所上市，主要生产酵母和酵母衍生品。中东、北部非洲是全球重要的酵母消费市场，每年需进口酵母总量近 6 万吨，并仍有巨大的增长潜力。2013 年，安琪酵母通过在埃及建厂的方式进入非洲，2021 年其非洲业务收入已达 7.1 亿元，净利润 1.25 亿元。目前，安琪酵母（埃及）有限公司雇佣当地员工 900 多人，其中埃籍主管员工 56 人，片区负责人埃及骨干员工 14 人，实现了公司日常管理运营的高度本地化。年产 2 万吨酵母制品扩建项目投产后，雇佣的当地员工将超过 1 000 名。埃及工厂既满足了埃及国内市场需求，还能大量出口周边国家。

3. C&D 服饰

C&D 服饰是中国服装企业，主营业务是向欧美国家出口服装产品。受制于人力、租金、税收及关税的成本压力，C&D 服饰于 2019 年在非洲卢旺达建厂，逐渐成长为卢旺达最大的服装工厂，以及非洲最大的夹克工厂。在非洲建厂的优势是显而易见的，卢旺达政治局势稳定，本地员工职业素养更高，此外，C&D 服饰在非洲建厂只需要支付给工人远低于国内的工资和厂房租金，还能够获得出口欧美地区全免税的待遇。关税壁垒在国际贸易摩擦背景下越来越高，C&D 服饰在非洲建厂也反映了国内服装企业的"出海"脚步。从长远来看，依托国内产业链和经验支撑，在东南亚、非洲等低成本国家建厂，面向欧美市场销售，将是纺织服装企业的一个重要出路。

4. 中非棉业发展有限公司（以下简称"中非棉业"）

中非棉业一直致力非洲棉花产业的发展，通过兼并成熟企业的方式促进公司跨越式发展。棉花作为津巴布韦最重要的农副产品，是津巴布韦数百万农民最主要的经济来源之一。2014 年，中非棉业利用自身优势，整合资源，并购了津巴布韦的 2 个棉花公司，成立了中非棉业津巴布韦棉花有限公司，正式进入津巴布韦棉花市场，一举成为津巴布韦的第二大棉花企业。

2014 年公司已在津巴布韦设有 2 个轧花厂，合计年产能力 8 万余吨，雇佣当地员工 600 余人，约有 7 万多农户为公司提供服务，涉及种植面积达 10 万多公顷。公司与津巴布韦棉花公司（COTTCO）合作建立 1 个种子繁育基地，进一步占领棉花种子在南部非洲的市场。同时，拓展销售渠道，形成完整棉花产业链，提高棉产品附加值。作为津巴布韦的第二大棉花公司，公司将继续为改善当地人民生活条件、为中津两国的友谊、交流、合作共赢贡献力量。

中非棉业也在赞比亚、莫桑比克、马拉维等国家进行实践。中非棉业赞比亚棉花有限公司，是公司在赞比亚投资成立的全资子公司，棉籽榨油、气流纺纱、物流为一体的综合企业，带动赞比亚棉花产业的发展；中非棉业莫桑比克棉花有限公司是中非棉业在莫桑比克投资成立的全资子公司，是集棉花种植、加工、棉籽榨油、气流纺纱、物流为一体的综合企业。在马拉维，充分利用当地的农业条件和人力资源，引进了中国先进的技术及一流的设备，开展育种、棉种发放，棉花种植收购、加工和销售，棉籽榨油及食用棉籽油的销售，棉副产品的销售，低等级棉花纺纱及销售等多项业务。

三、汽车出行领域企业

1. 比亚迪股份有限公司（以下简称"比亚迪"）

新能源汽车在非洲有广阔的发展空间，尽管中国汽车在大多数非洲市场占据主导地位，但当地电动汽车普及率并不高。成立于1995年的比亚迪近年来依靠新能源电池技术和汽车产能发展迅速。自2021年5月宣布"乘用车出海"战略以来，比亚迪在乘用车出口上的前期布局迅速铺开，已落地日本、新加坡、德国、法国、挪威、澳大利亚等国家和地区。

从前几年起，比亚迪就将目光投入发达国家以外的新兴市场。2022年11月，比亚迪官方宣布与摩洛哥领先的经销商集团Hakam Family Group达成合作，携手为摩洛哥消费者提供新能源乘用车。这是比亚迪宣布出海战略以来进入的首个非洲国家，意味着比亚迪新能源汽车的全球化又迈出了重要的一步。比亚迪已经在南非推出了电动SUV——ATTO 3，售价在45 000美元以内，远低于欧美高端汽车品牌。未来，性价比更高的中国汽车品牌可能将会为非洲电动汽车买家提供更多选择。

2. 奇瑞汽车股份有限公司（以下简称"奇瑞"）

奇瑞成立于1997年，产品覆盖乘用车、商用车、微型车等领域。2012年，奇瑞开始进入肯尼亚，在非洲市场推广奇瑞汽车，并建立了销售和服务网络。

进入非洲市场之初，奇瑞就开始采用本地化战略。2014年，奇瑞与埃及的一家汽车制造公司签订了合作协议，将奇瑞汽车的组装工厂引入埃及。这个举措大大降低了关税和物流成本，使奇瑞汽车的价格更具竞争力。

此外，奇瑞还在当地举行了多场营销活动，以提高消费者对品牌的认知度。到 2016 年，奇瑞汽车在非洲的销售额同比增长了 180%，成功在南非、埃及、肯尼亚、加纳、突尼斯等 10 个非洲国家建立了奇瑞汽车网络。

3. 滴滴出行科技有限公司（以下简称"滴滴出行"）

滴滴出行成立于 2015 年，2021 年在纽交所上市（2022 年 6 月已退市），是一家全球移动出行科技平台。在中国市场取得龙头地位之后，滴滴 2021 年开始加快了国际化的步伐。

2021 年 3 月 1 日，滴滴进入南非和埃及。作为非洲最发达的经济体，南非的经济水平催生了不少用车、打车需求，市场潜力受到关注。但在开通运行的 13 个月后，滴滴于 2022 年 4 月关闭了在南非的出行业务。当时市场分析称，滴滴在南非的退市与对手的强势竞争、国内监管的压力及当年疫情反复有关。

滴滴在埃及提供 Waslny、Waslny Plus 和滴滴 Express 服务。2022 年第一季度，埃及互联网普及率达 71.9%，是整个中东、北部非洲版图中互联网经济最活跃的国家。进入埃及市场之初，为了吸引更多司机加入，滴滴提出亚历山大市通过注册的司机都能享受 28 天的零抽成，并且在完成 10 次旅程后将获得 150 埃镑的奖金。在埃及站稳脚跟后，滴滴开始逐渐将补贴力度调整至与优步（Uber）同一水平，并通过改进支付方式、加大安全设置等更加精细化和本地化的运营手段深耕市场。

四、医药领域企业

复星医药（集团）股份有限公司（以下简称"复星医药"）

长期以来，非洲大部分药品依赖进口，对药品巨大的需求也预示着非洲医药业发展潜力巨大。非洲制药市场在 2022 年达到 250 亿美元，到 2027 年将达到 340 亿美元，预计年复合增长率达 6%。

自 2009 年起，复星医药开始在非洲自建营销队伍和网络，在加纳、科特迪瓦、尼日利亚和坦桑尼亚设立了 4 个子公司，并在肯尼亚、乌干达、马拉维和赞比亚设立了 4 个办事处，拥有近 150 人的专业销售队伍，覆盖了部分法语和英语区国家，在非洲市场站住了脚。后又通过收购桂林南药和 Tridem Pharma 的非洲业务，进一步扩大了销售网络。

在非洲市场，复星医药已建立 5 个区域性分销中心，并启动建设集药品研发、制造及物流配送于一体的科特迪瓦园区，未来将实现非洲本地化药品制造及供应。

第四节　致力于非洲数字经济发展的中资企业

传统行业和数字经济是企业出海非洲的两大方向，在非洲的互联网及数字经济型企业，助力于非洲数字经济发展。除了 20 世纪 90 年代到 21 世纪前十年早已开始布局非洲的家电、通信、食品等传统行业之外，越来越多的游戏企业、电商企业及数字供应链企业在 2014 年前后，乘着非洲数字经济的东风进入市场。

非洲的互联网经济发展水平较低，在 2023 年，非洲仅占全球数字经济的 1%，但其人口体量和发展速度使该领域对世界有着吸引力。金融科技、电子商务、媒体娱乐、移动手机应用和供应链是当前推动非洲数字经济快速发展的主要赛道。

数字经济在肯尼亚、尼日利亚等相对发达的国家兴起。2018 年 4 月，世界银行发起非洲数字经济倡议，旨在确保非洲每个人、企业和政府在 2030 年前实现数字化，以支持非盟《非洲数字化转型战略（2020—2030）》。根据全球移动通信系统协会（GSMA）的数据，2022 年，移动技术和服务为撒哈拉以南的非洲贡献了 8% 的 GDP，直接和间接创造了 320 多万个就业岗位。截至 2023 年，非洲已经拥有超过 6 亿个移动货币账户，也为互联网经济的发展提供了基础条件。此外，中产阶级的兴起、电子商务和移动支付的发展也为在非洲寻找机会的出海企业创造了机会。

基于数字技术的变革与应用，我国越来越多的数字企业进入国际市场寻求发展，阿里巴巴等企业不断扩大海外投入。中国互联网公司能够复用国内成熟的运营经验和管理手段，迅速获取用户和打开市场。波克城市、滴滴出行、昆仑万维等互联网公司率先进入南非、埃及、肯尼亚等经济相对发达、基础设施较为成熟的国家。

借助数字技术优势，数字企业能够通过互联网直接接触用户，以建立网络关系助力其国际化。电商也是非洲数字经济另一重要赛道。2022 年非洲的电商市场规模达到了 248 亿美元。BUFFALO、Kilimall、Egatee、SHEIN 等电商生态企业在 2015 年前后进入非洲市场，迅速成长为区域性的代表企业。但该类企业若要进一步提高辐射能力，布局泛非市场，还需要面对基础设施不发达带来的物流阻塞以及线上付款普及率低等问题，解决交付挑战。

一、开拓非洲多国市场的中资数字企业

1. 希音（SHEIN）

作为快时尚电商的代表，SHEIN 的全球发展轨迹遍及欧美成熟市场和广大新兴市场。自 2022 年 5 月进入非洲首站摩洛哥以来，SHEIN 一直稳居非洲大陆购物类应用排行前列，月人均使用时长持续领先。其中，SHEIN 在南非的表现尤其不俗。2023 年 8 月，根据彭博社报道，SHEIN 已经超越沃尔玛和亚马逊，成为南非 Google Play 下载次数最多的购物类应用。

据数字经济咨询公司 TechCabal Insights 于 2024 年 10 月 10 日发布的报告称，非洲电商市场的规模将从 2024 年的 550 亿美元增长到 2029 年的 1 127.3 亿美元，五年内增长 105%。到 2025 年，电子商务用户数量预计将达到 5.18 亿。❶

---

❶ 非洲电商市场规模将在 5 年内翻一番，达到 1130 亿美元 [EB/OL].（2024-11-01）[2025-03-25]. https://cm.mofcom.gov.cn/sqfb/art/2024/art_db6333cc46f24483b746d99474d78bb2.html.

2. 波克城市

波克城市是一家位于上海的手游公司，成立于 2010 年，擅长在全球根据各国的文化特点开发针对性的小游戏。目前，波克城市的全球注册用户超过 5 亿，月活 6 000 万，其中 70% 来源于海外，产品发行范围覆盖全球 200 多个国家和地区。

波克城市 2022 年 8 月在埃及发行手游 Domino Cafe，这款在现实生活中经常出现在埃及咖啡馆中的游戏在 2023 年一度连续两个月位于安卓下载总榜和游戏类别第一。

3. 昆仑万维

昆仑万维旗下的 Opay 是专门为了服务非洲移动支付市场在 2018 年成立的企业，目标是打造非洲的"支付宝"，为非洲市场提供数字支付、打车和外卖等服务，并在当年在尼日利亚发布了移动钱包。

在尼日利亚获得成功的 Opay 又把目光放到了肯尼亚和埃及，将进一步深度布局非洲。成立短短 5 年，OPay 迅速成为非洲最具竞争力的金融科技独角兽之一。至 2023 年 8 月，OPay 总注册用户近 4 000 万，2022 年交易额达到 500 亿美元，2023 年 5 月 OPay 钱包业务交易 MAU 破千万，成绩斐然。

4. Buffalo

随着智能手机和互联网在非洲的普及率越来越高，非洲的电子商务也在迅速发展，非洲大陆已成为全球电子商务行业重点关注的新兴市场。

2017 年，中非跨境电商物流企业 Buffalo 在上海创立。Buffalo 为中非跨境线上贸易及非洲本地线上零售贸易提供高性价比的服务，并为非洲及中国的消费者提供直接快速的商品销售渠道。

创立当年，Buffalo 就获得了大观资本、深圳城蓝资产、原子创投等三家基金机构的投资。目前，Buffalo 已经拥有独立的近万平保税仓、近万平海外仓和近万平分拣仓，自有配送车队，建立了全自营的中国到南非的跨境电商物流配送全链路服务。

Buffalo 不仅专注于物流，还计划成为中非之间最大的贸易服务商，覆盖物流、供应链、金融三大赛道。目前，Buffalo 已成为中非跨境线上贸易的 B2C 最大物流服务商和中非规模第一的线上零售渠道服务商，Buffalo 年营收达数亿元人民币。

5. Kilimall

2014 年 7 月 Kilimall 进入非洲市场，是第一家进入非洲互联网行业的亚洲企业，也是中国唯一一家海外本土＋中国跨境电商平台，致力于打造一个集多国订单、交易、支付、配送等功能于一体的一站式国际线上交易服务平台。

2012 年，在非洲协助当地电信公司建立移动支付平台的华为员工杨涛，看到当地消费者电商购物的诸多不便后，于 2014 年在肯尼亚创办了电商平台 Kilimall，迅速发展成为肯尼亚最大的电子商务网站。至 2023 年底已有 8 000 多个中非企业和个人在平台上创业，开通了 12 000 多家店铺，销售商品约 100 万种。

发展迅猛的 Kilimall 还将商业版图扩展到了乌干达和尼日利亚。面对非洲基建欠缺的状况，Kilimall 还提供在线支付系统 Lipapay 和物流系统 KiliExpress，旨在推动非洲数字经济发展，进一步加强中非电商和数字经济合作。

如今，Kilimall 已经成为非洲最大 B2C 出口平台，月销售额 30 万卖家数年增长 300%，复购率达 60%，平均客单价为 30 美元，是非洲消费者信赖和喜爱的购物渠道。

6. 易得科技

易得科技（Egatee）是致力于为非洲等新兴市场零售终端和全球品牌商提供一站式在线交易、品牌运营、本土城配、支付结算等服务的 B2B 电商平台，成立于 2022 年 1 月。目前，Egatee 已开通尼日利亚、乌干达、坦桑尼亚、津巴布韦等国家站和城市云仓，累计服务海外超 10 万家商户，涵盖快消、3C、时尚百货、汽车配件、医药等多个领域。

2023 年，Egatee 陆续开通撒哈拉以南 15 个国家业务，通过数字化赋能本土市场，深耕本地供应链渠道建设，积极帮助全球品牌在非洲市场落地，让非洲人民享受质优价廉、选择多样的"一盘好货"。

二、特定国家发展的中资数字企业

1. 肯尼亚市场中的阿里巴巴（Alibaba）

肯尼亚拥有开放的政治经济环境、高度移动支付渗透率和浓厚的创业氛围，促进了金融科技、出行物流和本地生活等领域的发展，但法治建设的不足和金融滥用、贪污、欺诈等问题却对营商环境和经济潜力构成了挑战。

阿里巴巴进入当地市场时，不仅面临同行业间的恶性竞争，还遭遇用户对企业和政府信任度低的问题。阿里巴巴认为虽然当地市场缺乏灵活性，但企业自身的成熟运作模式依然能在电商领域获取竞争优势。在运营过程中阿里巴巴坚持提供透明、可靠、稳定的电商服务，借助电子钱包（MPesa）与全球速卖通（AliEpress）的整合扩大其客户群，专注于普通民众的电商购买需求并充分利用当地开放的环境推动跨境贸易发展，依靠庞大的用户数量建立起品牌的信誉，保持了较高的用户认可度与忠诚度，获得了持续的收益。

2. 乌干达市场中的快牙（Zapya）

乌干达是中非合作论坛成员，也是丝绸之路的落脚点。Zapya 作为一种跨平台的文件传输工具，针对制度不灵活环境下的市场环境与企业自身构建用户网络的困境，该企业在乌干达当地市场与多数企业和政府部门开展寻租活动，通过交换企业后台数据、推动部分政府部门使用该软件并向其他企业推广等方式来获取支撑发展的相关资源与便利。企业通过增加产品更新频率为用户提供更好的服务，通过丰富的功能和服务或保持持续的更新迭代，提升自身竞争力，以高质量的产品在东道国市场中获取用户与资源，提升绩效表现。

3. 南非市场中的小影（VivaVideo）

南非政府制定实施了一系列科技发展战略、规划和政策，有力地推动了南非经济发展，并积极欢迎外商进入、投资。VivaVideo进入南非市场后，不断在与用户的交互与市场的对接中明确产品的发展方式。该企业与大量的用户建立网络联结，从而进一步获取更多元的需求与建议，通过建立用户网络规模来更新自身产品。根据网络联结所反馈的南非人热爱摄影、喜欢社交和娱乐的特点，企业参照南非用户的使用需求与人群特性快速对产品进行迭代升级，如根据皮肤颜色调整滤镜推荐系统等。企业针对东道国用户实际情况优化具体服务与功能以满足用户需求，不断提高用户认可度并获得持续的效益，最终实现高市场绩效。

4. 坦桑尼亚市场中的AirBrush

坦桑尼亚是非洲经济增长最快的国家之一，且政局长期稳定。AirBrush在当地市场持续获得高绩效也得益于坦桑尼亚当地的稳定环境，促使企业在发展过程中关注于技术研发和 产品创新，从2018年下半年起开始采取订阅模式，主要关注核心会员用户的使用体验与交互。AirBrush随着用户的不断汇集持续进行深入的产品升级，包括针对非洲市场审美偏好的妆容体验升级、基于人脸的个性化修图配置、定期推出新妆容与个性化定制妆容、通过人脸识别技术根据用户修容偏好建立用户档案等，触及和激励用户的生活方式升级。在这些条件的共同作用下，AirBrush已经成为当地应用软件市场的领先企业。

第五节　在非中资企业助力非洲城镇化发展

一、中资企业应根据非洲区域优势寻找机遇

中国与非洲合作，面临不同国家、不同地区，地理自然条件、经济发展的局限性及对经济合作的要求等差异大，因此企业先行、实践先行、摸石头过

河、缺乏理论指导的现象较普遍，中资企业应根据非洲区域优势寻找机遇，如分析北部非洲和东部非洲经济增长率在非洲地区最高的原因，西部非洲、中部非洲和南部非洲增长较慢的影响因素，寻找投资合作机遇。

中资企业投资选址最重要的是风险防控，可根据国内较权威的投资国家风险评估报告，结合优化理论进行系统分析和可行性分析。如中国出口信用保险公司发布的 2019 年《国家风险分析报告》，给出了 17 个非洲主权国家的国家风险评价，加蓬、加纳、肯尼亚、纳米比亚、尼日利亚和赞比亚的国别风险最低，刚果（金）、莫桑比克、苏丹、乌干达和津巴布韦的国别风险最高，可作为初始选择的考虑因素。

二、助力"一带一路"倡议在非洲的实施

"一带一路"建设关注的是实战和实战的效果，会经常遇到没有预期、没有经验、必须快速解决而且不能有大尺度的失误，容错率低，应探讨操作性强的策略，因此应从总结多年来中非合作发展存在的问题和经验教训、我国"一带一路"在风险防控方面取得的经验和教训进行入手研究。❶

国内政府职能部门应和企业界共同加强非洲目的国政府部门的沟通和磋商，积极推动企业更深入走入，同时为加强中非标准相通创造条件，为推动中非产业链供应链相融奠定基础，助力相关国家落实 2030 年可持续发展倡议。

三、在非中资企业应关注社会责任

虽然中国为众多非洲国家的基础设施建设、经济发展和民生建设注入了巨大的能量，但是国际社会中仍存在部分不和谐的论调，对"一带一路"倡议的实施和中国国家形象产生负面影响。中国政府采取了一系列降低负面评价的措

---

❶ 王克，张茂庆．中国国际工程企业非洲本土化人才培养模式与对策研究 [J]. 大连大学学报，2024（6）：39-45.

施，如推行"五通"发展、加强高层对话、主办国际论坛等，同时扩大发展合作规模、增加媒体宣传，已然取得了不菲的成绩。但是仍然存在的负面论调，如何拓宽沟通渠道以增进国家间的相互了解，获得更多正面评价，在非中资企业通过有效提高对所在国的社会责任是有效的方式之一。如中国建材赞比亚工业园为当地村民修建了学校、医院，对村道进行修缮，为周边村民义务打井，努力提高当地居民的医疗和文化教育水平。

四、充分运用公共外交

公共外交指一国政府与非政府行为体为改变外国民众对本国态度、塑造本国良好的国际形象而开展的一系列信息、知识和价值的传播活动。公共外交是间接的、面向外国公众的互动。与政府和其他行动主体相比，跨国企业直接面向东道国政府、公众且目标指向更为明确，因而在公共外交活动中具有更好的便利条件和影响能力。切实有效的企业公共外交不仅能够从观念认同等层面规避其生产经营的风险，而且间接影响东道国公众对该企业母国的形象认知。

中资企业的公共外交意识逐渐增强，并且开展了多方面的公共外交活动，如建立企业宣传专业化部门、完善属地化管理、积极承担企业社会责任等。进一步应更重视寻找中资企业公共外交短板，提升其开展公共外交的意识和能力，以期获得东道国民众对于中资企业和中国国家形象的正面评价。

五、推广差异性管理

中资企业在海外发展面临的直接挑战就是如何实现"本土化"。所谓"本土化"，指的是在全球化背景下，跨国公司为了更好地在海外生存和发展，采取适应东道国的政治、经济、法律、文化环境的举措，其实质是跨国公司融入当地社会的过程。

中资企业的中外员工应进行差异性管理，中资企业为能更好地融入非洲当地社会，应在实践探索过程中不断调整策略。中资企业在非洲运营过程中，不管是理念还是实践，都需要开辟一条异于西方的道路，尤其是在人力资源管理方面。文化本身具有流动性和传播性，纵使中非在社会、文化、制度、价值观等方面存在较大差异，但依然有相当一部分中资企业能够成功地扎根当地社会。

六、关注帮助发展非洲的医疗行业

非洲的医疗水平普遍较低，应关注帮助发展非洲的医疗行业发展，建医院，培养医生，提高药品的质量和数量，非洲年轻人居多，生育率高，关注提高出生婴儿的先天缺陷的排查率等都非常重要。在非洲国家建设医疗行业企业，关注地域的普及性，并结合医疗援助，是最实际且易被非洲民众接受的。

七、发挥样板的作用

应充分利用已成功的在非企业及中非合作大工程进行宣传。让非洲人讲自己的故事，容易推广，容易接受，容易形成非洲人眼中的规范，间接形成政策沟通。企业如中国电建、中国铁建等，中非合作大工程如非洲首条全套采用中国标准和中国装备建造的现代电气化铁路亚吉铁路通车，东非最大斜拉式跨海大桥基甘博尼在坦桑尼亚正式通车等，这些企业和重要基础设施促进了当地经济的发展，可以作为典型样板进行推广。

八、资金融通中关注绿色信贷

绿色信贷的实质就是在金融业核算及决策中纳入环境因素，通过信贷手段调控信贷供给。面对单边主义、贸易保护主义的影响，非洲对于外部发展资金的需求进一步攀升，中国应在非洲的资金融通中支持扩大绿色信贷，将支持非洲增强绿色、低碳、可持续发展能力落实在制约中，全盘考虑不牺牲非洲生态环境和长远利益，减少非洲民众对中国在非洲的投资会破坏非洲的环境的担心。

九、在非洲推广新能源技术

非洲作为拥有丰富可再生能源资源的大陆，正成为全球能源转型的重要一环。而中国作为全球新能源技术和投资的领先者，在非洲推进新能源项目布局，不仅是对非洲经济发展的支持，也是中国推动全球绿色发展战略的重要组成部分，共同应对气候变化。

十、投资非洲轻工业市场和零售业市场

非洲地区普遍存在着轻工产业配套不完善、产能有限及生产成本较高等情况，中国的轻工业产品正好满足了非洲市场的需求。同时非洲零售业市场增长快速，中资企业已建造大型购物中心，通过在非洲开设电商来促进零售业的发展。

十一、发展促进非洲旅游业的服务型企业

非洲有很多自然旅游景点，如肯尼亚、南非、埃及、摩洛哥、纳米比亚等国家，不但有著名的景点，而且安全实惠。中国应大力发展对非洲的旅游业，发展促进非洲旅游业的中资服务性企业，不但可以为民心相通创造条件，而且可以让中国和世界更加了解非洲，同时让非洲人受益。尽快支持开通国内某些省市的中非直航航班试点，促进中非旅游合作。先从非洲环境安全的国家开始，可利用个人安全、法律法规、国家安全，以及问责制度四大类为非洲各国进行评分的易卜拉欣非洲国家治理指数进行合作旅游国家选择。

十二、在非中资企业助力于中非民心相通

民心相通，相互理解与包容是中非经济合作的前提，是"一带一路"倡议在非洲推进的基础。在非中资企业应助力中非民心相通，助力国家间文化、教育往来以加强民心相通，加强媒体合作，推动中国的影视剧在当地国家展播，传播文化。如中国电建进行的捐资助学、捐粮抗旱等活动对民心相通起着不可忽视的作用。

关注非洲教育援助，发展对非洲人才进行培训的中资企业，促进非洲学术界及高校和中国的交往和交流。现在中非学术界的国际会议、访问学者等学术往来仍有限。另外，在非洲一些国家，已经有中国留学生在大学毕业后留在这些国家工作，这对民心相通起着积极的作用。

中国美食对向世界宣传中国的作用有目共睹，应重视在非洲进行餐饮业的发展。如学习西部非洲中铁十四局推行海外厨师属地化用工，不仅为中资企业大大降低了用人成本，还让当地妇女掌握了一技之长，同时还使中国饮食文化在当地得到深入传播。

第六章 基于非洲城镇化发展的中非农业合作

城镇化发展第一阶段一般是农业现代化阶段，中国以精耕细作的农耕文化著称，在农业科学技术、农业科技人才、农业生产经营管理、农业技术推广、扶贫经验等方面具有优势。本章探讨中非农业合作机遇，借鉴中国利用农业的传统优势带动局部区域发展的作法进行深入合作，在加大农产品贸易、提高农业机械化、建设农业产业园、进行农业技术推广及农业技术人才培育等方面寻找合作机遇，助力非洲农业发展。

第一节 中非农业深入合作的必要性

非洲的人口增长速度非常快，预计到 2050 年，非洲人口将占世界总人口的 22%，高于目前的 14%，据估计到 2100 年撒哈拉非洲人口将达到 31 亿人，为现在的 2.5 倍。❶ 这种快速增长主要是由于高出生率和相对较低的避孕知识普及率。然而，快速的人口增长也给非洲国家带来了家庭养育压力、粮食危机和医疗挑战。因此非洲国家增加粮食产量、提高粮食安全保障能力的压力将长期存在。

---

❶ 数据来源：联合国经济和社会事务部人口司 . 2022 年世界人口展望 [R/OL].（2022-07-11）[2024-11-16]. https://population.un.org/wpp/.

一、非洲农业发展落后

非洲的总面积约为 3020 万平方公里，占全球陆地面积的 20.4%，根据联合国粮食及农业组织（FAO）的估计，全球尚有约 39 亿公顷的宜耕土地未开垦，扣除约 4 亿公顷的保护性用地后，全球未来可开发的耕地面积预计为 35 亿公顷，其中非洲的未开垦耕地面积最多，达到 8.3 亿公顷。《2023 年全球粮食危机报告》显示，2022 年共有 36 个国家面临严重的粮食危机，遍布非洲的东部、中部、西部，处于粮食危机及以上等级的人口占分析总人口的 17.78%。

《2023 年世界粮食安全和营养状况》报告显示，2021—2022 年全球饥饿状况相对没有发生变化，亚洲和拉丁美洲在减少饥饿方面取得了进展，但是非洲各区域的饥饿水平仍在攀升。从粮食危机人口比例看，2022 年非洲处于重度粮食不安全和中度粮食不安全的人口比例达到 60.9%，饥饿人口比例接近 20%，是全球平均饥饿人口比例的两倍多。与其他区域相比较，非洲国家粮食安全韧性不足的问题凸显。

农业发展滞后与粮食安全问题是非洲最棘手的问题，非洲国家大多数为农业国家，虽然拥有丰富的土地资源，但非洲国家粮食长期不能自给，存在农业基础设施落后、普遍农产品结构单一、产业结构趋同，化肥农药投入过低、优良种子过少、灌溉面积不足和自然灾害频发等问题。非洲国家主要以初级农产品生产和加工为主，但是农业生产效率不高，农业组织化程度不强、技术基础薄弱。非洲大多数地区天然土质不太好，优良土壤面积占比少。非洲气候多为高温、少雨，水资源总量丰富，但是局部缺水严重，水管理问题比较大。

非洲是世界上较贫困的大陆，集聚着世界上最多的贫穷国家和贫困人口，目前仍有 17 国年人均 GDP 不足 1000 美元，31 国不足 2 000 美元。

目前非洲 80% 以上的国家为中低收入国家，世界上一半以上的极端贫困人口生活在撒哈拉以南的非洲地区，这些国家 70% 以上的人口每日收入达不到最低国际贫困线标准。他们大多生活在农村，主要从事粮食生产。与种植可可、烟草、甘蔗等经济作物相比，粮食种植经济收益更小。非洲农田水利设施建设滞后，灌溉覆盖面不到耕地面积的 5%，其农业依然处于靠天吃饭的状况。

二、中非农业合作结构分析

中国和非洲有着深厚的友谊和合作关系，中国一直致力于帮助非洲实现自主可持续的发展，特别是在农业领域，中国提供了大量的技术、资金、人才、物资等支持，为非洲的粮食安全和农业现代化作出了重要贡献。截至 2020 年年底，中国已经在非洲建立了 23 个示范中心，覆盖了非洲的大部分国家和地区，涵盖了种植、养殖、加工、灌溉、机械等多个农业领域，为非洲提供了全方位的农业技术服务，双方农业和减贫合作成效显著。

中国作为世界农业大国，农产品贸易是对外经贸合作的重要领域。随着 2010 年中非合作论坛成立，以及 2013 年"一带一路"倡议的推进，中国作为非洲最大的贸易伙伴，与非洲各国的农产品贸易迎来新的发展机遇。由于农业发展是加快城镇化发展的第一步，中国助力非洲农业可持续发展，并且合作前景喜人。中非农业产能合作通过农产品贸易、农业投资、农业产业园建设、农业技术推广及农业技术人才培育等方式系统推进中非命运共同体建设。

全面分析中非农产品贸易特征及农产品贸易的竞争性、互补性和贸易潜力，深化中非在农产品领域的合作和交流，促进中非农产品贸易合作方式和内容的多元化，对应对不稳定的国际市场及加强"南南合作"有重要的意义。

（一）农产品贸易总量结构❶

2022 年中非农产品贸易额为 89.2 亿美元，相比 2020 年增长了 12.5 亿美元，年均增长率为 7.8%。其中，出口额年均增长 4.4%，进口额年均增长 10.4%。

中国对非洲的农产品进口额在 2022 年达到了 53.8 亿美元，主要进口产品包括坚果、蔬菜、花卉和水果等，贸易增长得益于能矿类和农产品领域的合作。

2023 年中国与非洲地区国家农产品进、出口额实现双增长，2023 年，中国与非洲地区国家农产品贸易总额为 93.5 亿美元，比 2022 年同期增长 4.8%，占中国农产品进出口总额 2.8%。其中，出口 40.3 亿美元，比上年同期增长 11.4%，占中国农产品出口总额 4.1%；进口 53.2 亿美元，比上年同期增长 2.4%，占中国农产品进口总额 2.3%。贸易逆差 13 亿美元，比上年同期收窄 18.1%。中国已成为非洲第二大农产品出口目的地。此外，中国自非洲地区国家农产品进口额在 2019—2023 年间实现了"五连涨"。

2024 年 1 月至 7 月，中国自非洲进口总额为 4 908.9 亿元，增长 15.5%。其中，农产品进口成为双边贸易的新亮点，更多非洲优质特色农食产品进入中国市场。2024 年 1 月至 7 月，中国自非洲进口农产品 253.5 亿元，同比增长 7.2%，高于中国农产品进口整体增速。

（二）中非农产品贸易产品结构

中非农产品贸易涉及多种产品，如玉米、小麦、稻米等粮食作物，棉花、咖啡、茶叶等经济作物，肉类、奶制品等畜牧业产品，木材、纸浆等林业产品，双边农产品贸易以中国顺差为主。整体来看，中国对非洲出口农产品贸易额整体呈上升趋势，进口农产品贸易额呈波动式增长，从贸易产品结构看，中非农产品贸易有一定的互补性。

---

❶ 数据来源：中国食品土畜进出口食品安全信息平台，2023 年中国与非洲地区国家农产品贸易概况，http://exim.foodmate.net/。

2023 年，中国自非洲进口的坚果、蔬菜、花卉和水果分别增长了 130%、32%、14% 和 7%。2024 年前 7 个月，中国自非洲进口的农产品还包括芝麻、烤烟、夏威夷果等特色农产品，这些产品的进口量分别增长了 38.8%、32.7% 和 106.2%。❶

2023 年，自非洲地区进口的主要农产品包括芝麻、花生、柑橘属水果、饲料用鱼粉等，进口坚果及制品 3 亿美元，比 2022 年同期增长 5%，其中，夏威夷果 1.6 亿美元，同比增长 29%。进口水海产品及制品 2.6 亿美元，比上年同期增长 67.9%，其中，鱼、虾、蟹类产品同比分别增长 154.7%、6.8%、58.8%。

鱼类产品、绿茶、番茄制品、大蒜及制品等是中国对非洲地区出口的主要农产品，2023 年出口稻谷和大米 2.9 亿美元，比 2022 年同期下降 16.5%，调味品 1.8 亿美元，比 2022 年同期增长 10.2%，口香糖及糖果 1 亿美元，比 2022 年同期增长 36.2%。

（三）中非农产品贸易市场结构

从贸易市场结构看，以 2023 年为例，中国向非洲出口贸易额前三位分别是南非、加纳和尼日利亚，出口额分别为 5.2 亿美元、4.2 亿美元和 3.5 亿美元，分别占中国向非洲出口农产品总额的 13%、10% 和 8.6%；分别比 2022 年同期增长 8.6%、16.4%、53.9%。出口额排名前十位的非洲地区国家中，除埃及外，其余国别地区出口额均有不同幅度增长，出口额增幅最高的是利比亚，比上年同期增长 94.3%。❷

进口额前三位的国家分别为南非、苏丹和津巴布韦，进口额分别为 10 亿美元、7.7 亿美元和 6.8 亿美元，分别占中国向非洲进口农产品总额的 18.7%、14.5% 和 12.8%，分别比上年同期增长 16.2%，下降 4.9%，增长 3.8%，在进

---

❶ 数据来源：这样的非洲好物谁不爱 [EB/OL].（2024-11-29）[2025-04-02]. https://www.comnews.cn/m/content/2024-11/29/content_47403.html.

❷ 数据来源：2023 年中国与非洲地区国家农产品贸易概况 [EB/OL].（2024-03-24）[2025-01-02]. https://mp.weixin.qq.com/s?__biz=MzU2NzI1NjkzNw==&mid=2247612955&idx=4&sn=ee4c7da8d8c5119a3bcd7a6e5c9916e7&chksm=fc9c881dcbeb010b94770edc9928c626042198d61847ecbfab2c63aa2e8388c29438830b55ac&scene=27.

口额排名前十位国家或地区中，增幅最高的是排名第四位的坦桑尼亚，进口额3.8亿美元，比上年同期增长73.8%，占自非洲地区农产品进口总额7.1%。❶

可以看出，中非农产品贸易国分布差异性较为明显，中国进口农产品区域主要以南部非洲为主，而出口农产品区域则主要以西部非洲为主。

第二节 中非农业合作遍地开花

中国以精耕细作的农耕文化著称，在农业科学技术、农业科技人才、农业生产经营管理、农业技术推广、扶贫经验等方面具有优势，粮食安全和农业发展是中非最关注的领域之一，也是双方合作的优先方向。❷2024年8月中非领导人对话会后，中方发布《中国助力非洲农业现代化计划》，为中非农业务实合作再添新动能。

中非粮食安全合作秉持共建粮食安全共同体的理念，不断创新合作的模式以追求更好的合作效果，为非洲国家粮食安全韧性建设作出了独特贡献，中非粮食安全合作的经验或许能够为非洲国家粮食安全韧性建设提供切实可行的思路和方案。因此，总结中非粮食安全合作在非洲粮食安全韧性建设中的独特贡献和经验做法，可以推动合作更好地发展，同时可以为国际组织开展非洲粮食安全韧性建设活动提供借鉴。

一、搭建合作平台

近十年来，中非在共建"一带一路"倡议和中非合作论坛等机制平台上不

---

❶ 数据来源：2023年中国与非洲地区国家农产品贸易概况 [EB/OL]．（2024-03-25）[2024-10-16]. https://mp.weixin.qq.com/s?__biz=MzkzNjI0OTA1MQ==&mid=2247536148&idx=2&sn=dc826034447b0f0defd68fab5af0e09a&chksm=c2a39da0f5d414b673f3f2f319180ba682f4c6ce21292d1110d974f0c5ff9928a00accde1bbe&scene=27.

❷ 共建"一带一路"十年间 中非合作助力非洲农民端稳饭碗 [EB/OL]．（2023-10-17）[2024-10-16]. https://www.iprcc.org.cn/article/4Eyls6YTGNS.

断深化农业务实合作，硕果累累。通过搭建中国国际进口博览会、中非经贸博览会、非洲好物网购节等平台，中国积极为非洲农产品提供展示窗口。而随着非洲农产品输华"绿色通道"等贸易便利化措施落地，非洲农产品进入中国市场，为非洲农业现代化发展注入动能。

为进一步加强中国与非洲国家的友好合作，共同应对经济全球化挑战，谋求共同发展，在中非双方共同倡议下，中非合作论坛——北京2000年部长级会议于2000年10月10日—12日在北京召开，中非合作论坛正式成立。来自45个非洲国家的外交部长、主管对外合作或经济事务的部长及部分国际机构和地区组织的代表出席了会议。中非合作论坛第一届部长级会议的宗旨是：平等磋商、扩大共识、增进了解、加强友谊、促进合作。中非双方先后于2006年11月、2015年12月、2018年9月举行中非合作论坛北京峰会、2015年中非合作论坛约翰内斯堡峰会、2018年中非合作论坛北京峰会。

2024年中非合作论坛北京峰会，中方提出将深入贯彻落实中共二十届三中全会精神，扩大对非制度型开放，深化产业链供应链合作，更好实现中非经济融合、发展联动和成果共享，为巩固中非全面战略合作伙伴关系和共筑高水平中非命运共同体作出更大贡献。

此外，随着中非合作不断拓展和深化，中非青年领导人论坛、中非智库论坛、中非民间论坛、中非地方政府合作论坛、中非媒体合作论坛、中非部长级卫生合作发展研讨会、中非减贫与发展会议、中非民营经济合作论坛、中非农业合作论坛、中非和平安全论坛等中非合作论坛分论坛陆续成立。

农业和农村发展在非洲减贫与发展中的重要性开始受到各方重视，包括"非洲发展新伙伴关系"（NEPAD）、非洲农业综合发展计划（CAADP）及中非农业合作论坛等在内的各种机制的兴起即当前这种认知的一种具体体现，这些制度架构与设置为中国农业发展经验在非洲的扩散和探索提供了各种平台，并为当地农业发展及更广泛意义上的经济增长和减贫提供机遇和挑战。

作为2024年中非合作论坛峰会的重要配套活动，中国贸促会、商务部于

9月6日在北京共同举办第八届中非企业家大会。来自非洲40多个国家的400多名工商界代表应邀参会。中非企业家大会是中非合作论坛框架下中非工商界最高级别的经贸盛会。自2003年创办以来，中非企业家大会每三年在中国与非洲国家轮流举办，迄今已成功举办七届。

中非环境合作中心这一平台已成为推动双方环境政策交流和联合研究的重要桥梁。通过"中非绿色使者计划"和"中非绿色创新计划"等项目的实施，中非合作正从政策层面深入到实质性的项目合作，标志着双方在生态保护领域的合作进入了一个全新阶段。

二、助力非洲农业现代化发展

中方实施的中非农业贸易便利化措施，助力非洲农业现代化计划对非洲国家政府和农民来说意义重大，可以助力非洲农业释放潜力，将资源禀赋转化为实实在在的发展成果。从杂交水稻到玉米大豆，从热带农业技术到旱作农业技术，从农业技术示范中心到减贫示范村等等，中国农作物品种和中国农科技术，在非洲大陆生根发芽，把沃土变良田。一座座农业合作园区和农产品加工厂拔地而起，一项项中非农业贸易便利化措施陆续落地，打通从田间到市场的通道，助力非洲农业现代化发展。

（一）对非农业合作模式理念的改变

中国农业技术的在非进行试点推广，推动农业产业链发展和提升产品附加值是关键环节，主要包括技术与制度两套机制：技术机制是进行农业种植技术的试验、示范与推广，以实现增产增收；制度机制是通过农技推广的合作与分享执行经验，以调动非洲基层政府的积极性，实现技术的可持续推广。如从莫桑比克的万宝莫桑农业园到西部非洲科特迪瓦橡胶厂，中企在非洲多国建立农业合作园区和农产品加工厂，打通田间市场，赋能当地经济社会可持续发展。

不断探讨对非农业合作模式，给整个非洲农业发展带来新活力，不仅促进了中非农产品贸易的繁荣，也为非洲人民带来了实实在在的收益。

如湖南粮油进出口集团是湖南农业发展投资集团有限责任公司全资子公司，已在非洲布局多个重点农业合作项目，包括在卢旺达建立辣椒基地，从坦桑尼亚进口非转基因大豆、玉米、高粱等农作物，在肯尼亚建设海外仓等。目前湖南粮油进出口集团正在构建"国际贸易先行、产业项目跟进、优势单品突破、形成产贸闭环"的产贸一体化对非农业合作新模式。

（二）培养技术人员

在联合国粮农组织框架下，自 1996 年以来，中国在联合国粮农组织南南合作和三方合作框架下，中国专家向东道国示范推广农业技术。从农业技术示范中心到减贫示范村建设，中非农业合作始终致力于培养农技人才，为当地农业发展注入人才"活水"。非洲国家与中国农业专家组的合作提升了本地技术人员能力，合作是双赢得到一定范围的共识，非洲愿意与中国继续加强合作，在农业领域取得更多进步，实现可持续发展，这是用事实对西方国家对中国援助是"新殖民主义""加重债务危机"等论调的驳斥。

合作渠道各式各样。在布隆迪，经过中国专家培训的数十名青年骨干运用所学技术，带领当地民众走上致富路，还被聘请带队前往邻国传授经验；中国沼气专家在乌干达举办沼气实用技术培训；在埃塞俄比亚，重现中国农民靠发展养殖业摆脱贫困的场景，来自中国广西的兽医专家向德卜勒马科斯的养鸡户传授了降低鸡苗死亡率的技术；在布基纳法索，中国农业专家从改善水利基础设施入手，为了扩大当地水稻种植范围。

（三）扩大非洲国家农产品进入中国市场

一直以来，中国高度重视扩大从非洲的进口，充分发挥中国自身超大规模的市场优势，为非洲的各国企业提供广阔市场空间、合作机遇。非洲拥有丰富的自然资源和劳动力，为中国提供了稳定的农产品供应来源，非洲一些国家将农产品大量出口中国市场作为目标。2023 年，自非洲地区进口农产品排名前三位的省市依次是北京、山东和浙江。北京市自非洲地区进口农产品 12.5 亿美元，比 2022 年同期增长 10.5%，占自非洲地区农产品进口总额的 23.4%；山东省进口额为 8.3 亿美元，比 2022 年同期增长 3.9%，占自非洲地区农产品进口总额的 15.6%；浙江省进口额为 5.3 亿美元，比 2022 年同期增长 17.9%，占自非洲地区农产品进口总额的 10%。在前十位进口省市中，增幅最大的是福建省，比 2022 年同期增长 56.4%。

为了进一步挖掘自非进口增长潜力，中方采取了一系列贸易便利化措施，成效明显。中方尤其重视推动非洲优质特色产品输华，自非进口农产品金额已经实现连续 7 年正增长，有助于满足中国消费者的多元需求，同时非洲农业从业者也从中国市场获得了实实在在的收益，近年来，获得输华准入的非洲农产品进口快速增长。2023 年，中国从南非进口鲜梨同比增长 1733%，从肯尼亚进口牛油果金额同比增长 624%。非洲的特色农产品走俏中国市场，过去 30 年，坦桑尼亚农产品大量出口中国市场，年均出口额达 1.45 亿美元。

在培育非洲出口能力方面，为了帮助非洲提升检验检疫能力，中方邀请非洲国家政府官员和技术人员来中国参加培训。同时，积极发挥援非农业技术示范中心和农业专家作用，帮助非洲提升产品竞争力。中方还利用三方合作等多种模式支持非洲对华出口，部分地方省市还联合国际贸易中心协助非方企业了解中国海关相关技术程序，让更多优质、绿色的非洲农产品走上中国百姓的餐桌。

在扩大进口准入方面，中方积极落实"九项工程"提出的进一步扩大最不发达国家输华零关税待遇的产品，已达到 98% 税目，对最不发达国家输华零关税待遇的产品，建立非洲农产品输华"绿色通道"，与 14 个非洲国家签署了22 项农产品输华准入议定书。

三、农业合作领域的拓展

（一）粮食作物的合作

在非洲多国，中国作物品种和中国农科技术显著提升了当地水稻、谷子、玉米等农作物产量，从更高产到更营养，帮助非洲民众在农业发展中端稳饭碗。水稻、小米是中国主要粮食作物，如今也扎根在非洲大地上。

水稻是中国的主要粮食作物，也是世界上最重要的粮食作物之一，但在非洲，水稻的种植面积和产量却很低，非洲每年要进口大量的水稻，造成了巨大的经济负担。在中国的帮助下，非洲大力推广水稻种植，引进了中国的耐旱、抗病、高产的水稻品种，同时采用了中国的节水、省工、高效的水稻种植技术，利用非洲的沼泽、湖泊、河流等水资源，使水稻在非洲得到了快速的发展，不仅提高了非洲的粮食自给率，还带动了非洲的水稻加工和贸易产业。

2019年3月30日，在布基纳法索的巴格雷垦区，为发展水稻，由中国农业专家援助的巴格雷土地整治项目正式竣工。从改善水利基础设施入手，扩大水稻种植范围，并修建水渠保证灌溉。

在布隆迪布班扎省吉汉加县，田垄间常年看到中国农业专家和当地稻农共同劳作的身影。自从中国农业专家组2018年在此设立首个水稻减贫示范村，效果明显。

在东非坦桑尼亚莫罗戈罗省，中国风味的豆浆凭借浓郁口感和丰富营养悄然流行。农户奥马里·哈约靠种大豆、做豆浆的收入成功开起了一家小餐厅，成为"小豆子、大营养"项目的示范户之一。该项目是中国农业大学与莫罗戈罗省政府继"小技术、大丰收"玉米密植增产项目后于2021年启动的玉米套种大豆项目。

在刚果（布），中国热带农业科学院专家积极探索当地热带作物资源，已在当地筛选出56个蔬菜品种、3个水果玉米品种和3个木薯品种，举办各类培训班分享热带农业实践经验。

在肯尼亚，来自兰州大学的专家们耐心指导当地农民用中国研发的垄沟地膜覆盖技术种植玉米，推动旱作农业技术走向非洲国家。

（二）渔业合作

2023 年 9 月初，产自肯尼亚的 52 吨鳀鱼干运抵湖南，在这里被深加工成湖湘风味的海鲜零食并投向市场。这标志着中国开始实现该项产品常态化进口。肯尼亚水产品资源丰富，但长期受到产业链建设相对薄弱的制约，水产品无法走向世界。中国企业劲仔食品集团股份有限公司于 2018 年在肯尼亚东部沿海地区夸莱郡希莫尼镇投资建厂，组织当地渔民捕捞并集中采购，再加工成小鱼干出口到中国，当地渔民与这家企业合作后获得持续稳定的收入。

（三）棉花行业合作

通过引进中国先进的技术及一流的设备，中国企业利用当地的农业条件和人力资源，以及非洲优越的棉花生产条件为依托，开展育种、棉种发放，棉花种植收购、加工和销售，棉籽榨油及食用棉籽油的销售，棉副产品的销售，低等级棉花纺纱及销售等多项业务，带动非洲当地棉花产业的发展。如中非棉业公司，是集棉花种植、加工、销售以及棉油提炼为一体的大型企业，采用中国实用育种技术将非洲已退化的棉花品种进行提纯扶壮，培育出了高抗性、高产量、更适合在非洲自然条件下生长的优质棉花品种，在津巴布韦、赞比亚、莫桑比克、马拉维等国家进行实践。❶

第三节　非洲农业发展存在的困难

农产品在中非贸易中占有重要地位，并且受到政策支持、市场需求和地理优势等多方面因素的影响。

---

❶ 孟雷，于浩淼，庞祯敬．非洲中资涉农企业社会责任实践路径及其启示：以赞比亚中非棉业公司为例，世界农业，2023（2）：60-69；丝路印象海外事业部，非洲"棉花四国"棉业发展分析与开发合作建议 [EB/OL]．（2024-07-19）[2024-12-07]．https://www.zcqtz.com/news/205773.html．

一、非洲农业生产存在的问题

（一）非洲最为贫困的群体在农村

非洲国家对粮食供应系统中的缺陷缺乏警醒意识，突出表现在粮食供应依赖进口、对农业投资严重不足，生产潜力难以发挥。非洲大陆粮食自给率持续降低，并且波动性变大，联合国多家机构联合发布的 2024 年《世界粮食安全和营养状况》和《2024 全球粮食危机报告》显示，全球约有 35.4% 的人口无力负担健康膳食，这一比例在非洲高达 64.8%。

（二）对粮食危机可供应性的风险意识不足

气候变化、经济危机、战乱频发、疫病肆虐等外部冲击不断，与人口增长、利益割据、两极分化等内部治理失效叠加，粮食安全韧性缺失，粮食危机在非洲愈演愈烈。

非洲国家对粮食供应系统中的缺陷缺乏警醒意识，粮食供应依赖进口、对农业投资严重不足，生产潜力难以发挥。非洲大陆 2020—2023 年每年进口粮食的支出在 350 亿~500 亿美元，粮食自给率持续降低，并且波动性变大，已有一些关于非洲农业向绿色农业及气候变化适应性农业转型的研究，但是由于技术资源配套不足进展缓慢。

非洲有些国家的粮食等作物虽然种类丰富，有玉米、高粱、水稻、小麦、小米、马铃薯、咖啡、木薯、可可、大蕉、薯芋、椰枣、食用芭蕉等，但单产面积远低于世界平均水平。如尼日利亚是世界上最大的木薯生产国，每年生产 5 000 万吨，但是其单产只有 16.63 吨 / 公顷，只有潜在产量的 34%。❶

（三）妇女文化程度低

在非洲由于传统观念和条件束缚，妇女是非洲农业劳动和粮食生产的主要

---

❶ 中国农业科学家助力尼日利亚木薯产业发展 [EB/OL].（2024-08-23）[2025-04-20]. https://baijiahao. baidu.com/s?id=1808184258391226165&wfr=spider&for=pc.

承担者，占整个劳动力的 50% 以上，撒哈拉非洲 80% 的粮食由妇女生产，而且随着城市化进程的加快和男性进城务工的人数越来越多，这一比例还在持续增长。但是在撒哈拉非洲文盲率偏高，而其中大部分为妇女，过低的文化程度限制了女性劳动者较快掌握大型农业机械的可能。❶

（四）农机租赁市场发育不充分

农机租赁是缺乏经济能力购买农业机械情况下实现农业机械化的又一出路，然而在撒哈拉以南非洲国家有超过 1/3 的非洲农村人口在地理上和经济上基本与集镇隔绝，居住偏远而且过于分散，这无形中加大了农机租赁的经营成本；土地是非洲贫困农民的主要财产，但土地确权不明晰导致农民抵押物缺失也从客观上限制了农机租赁市场的发展。

（五）电力短缺

非洲的电力设施相对匮乏，许多地区的电网建设不完善，导致电力供应不足。能源短缺是非洲国家面临的普遍问题，国际可再生能源署发布的统计数据显示，截至 2024 年，撒哈拉以南非洲地区无电人口达 5.7 亿，占全球无电人口的 80% 以上。预测到 2030 年，非洲仍有数亿人口用不上电❷；非洲的新能源开发相对滞后，许多地区的电力供应仍然依赖传统的化石燃料，如煤炭，这导致了高昂的发电成本和环境污染问题；非洲的发电成本较高，主要是由于高昂的燃料成本和输电与配电损耗大；投资资源的稀缺导致电力基础设施与服务的匮乏，进一步加剧了电力短缺问题；非洲的输电与配电损耗问题严重，这导致了大量电力的浪费，减少了实际可用的电力供应；一些非洲国家的电力公司管理不善，导致电力设施维护不足，供电设施老化而得不到及时维修。

---

❶ 曹宁 . 甘肃中小型农业机械服务非洲研究 [J]. 现代化农业，2024（3）：83-87.

❷ 非洲光伏产业稳步发展 [N]. 人民日报，2025-01-14.

二、非洲农业机械化进程中存在的困境

（一）农业机械化水平低

许多非洲国家的农业机械化水平已经远远落后于昔日不如他们的亚洲和拉美国家。非洲农民农业机械工具数量是其他发展中国家和地区农民的十分之一，而且，非洲农业机械化的发展速度也远落后于其他地区，如何使农民获得动力机械和农业生产设备仍然是非洲面临的重大挑战。

2021年，撒哈拉以南非洲60%的土地依旧依靠人力耕种，25%为畜力耕作，农业机械的使用只占15%。如果将南非排除在外，则该区域人力耕作的比例将高达80%，农业机械化率仅仅只有5%左右。[1]撒哈拉以南非洲国家大多处于赤道与南回归线之间，常年气温偏高，且降水相对集中，而雨季又是非洲农业生产的主要季节，此时高温高湿的气候环境使得牲畜极容易疲劳，直接拖累和降低了牲畜的工作时长及劳动效能。

非洲目前农业机械化程度全世界最低。以国际普遍公认的农业机械化的标志和象征——拖拉机的使用为例，学者对尼日利亚、埃塞俄比亚、坦桑尼亚、马拉维、尼日尔、乌干达 等6个非洲国家的调查显示，只有1%的受调查农民拥有自己的拖拉机，使用过农业机械服务的只占受调查对象的12%。[2]

（二）大量土地尚未开垦

目前，非洲是世界上未开垦耕地资源最为富集的地区，但由于缺乏技术、资金、水利等条件，这些土地大多处于荒芜或低效的状态，无法满足非洲人民的粮食需求，导致非洲每年要进口大量的粮食，甚至依赖国际援助才能免于饥饿。南非、尼日利亚、津巴布韦、肯尼亚、赞比亚、坦桑尼亚、埃塞俄比亚、

❶ 张梦颖.俄乌冲突背景下非洲粮食安全的困境 [J].西亚非洲，2022（4）：51-66，157.

❷ 转引自林姗，崔静波.南南合作与粮食安全：来自中国援非农业技术示范中心的实证 [J].经济学（季刊），2023，23（5）：1758-1775.

苏丹、阿尔及利亚、马拉维及北部的埃及、利比亚、突尼斯、摩洛哥等国家，有大量土地尚未开垦。一旦这些土地得以耕种，大多数非洲人将会因此摆脱饥饿，但是大量土地的开垦需要农业机械化。

（三）技术服务体系不健全

欧美发达国家曾给予非洲国家农业机械化援助，但当这些发达国家的公司或技术在到期撤出以后，非洲国家依靠自身的技术力量根本无力维系这些大型农业机械的操作和维护，农机手培训滞后、保养维修站点过少、人员不足，农村农业技术推广中心缺乏熟悉农机相关专业知识的工作人员，或干脆没有维修人员、农机配件不齐全等农机维修保养力量薄弱和售后服务有名无实的问题在非洲极为普遍，直接拖累拉低了个别有实力的农户购买农业机械的积极意愿。国家对农机制造商、经销商、销售商都缺乏足够的支持。

（四）大型农业机械在非洲不能有效利用

历史上，以西方国家为代表的非洲殖民宗主国曾将大型农业机械作为对非洲农业援助的重点，这使得相当一部分非洲国家在独立后的一段时期，其农业机械化水平远远高于中国、印度、巴西等亚洲和拉美国家，但由于农业机械价格昂贵，非洲农民较低的经济购买能力，以家庭为主的小农户是大部分非洲国家粮食生产的主要承担者，户均耕地少，耕地面积偏小、地形陡峭复杂，都使得大型农业机械根本无法使用或使用成本过于高昂，这种大型农业机械援助最终却惨淡收场。

对类似于撒哈拉非洲这种靠天吃饭的半干旱地区来说，农机共享只适用于一些对农时要求不太紧迫的生产活动，使得大型农业机械至今依旧迟迟不能走入寻常百姓家。

（五）银行贷款困难

对于大多数农户来说，购买拖拉机等大型农业机械会收支失衡，有时甚至连运营和保养维修等基本费用都无力承担。撒哈拉非洲农村人口居住分散且部族语言众多，造成银行与客户相距遥远，沟通交流不畅，因而30%~60%的农村人口根本无法获得购买大型农业机械所需的金融贷款支持。与农业对GDP的贡献和解决就业的重要作用相比，撒哈拉非洲国家农业贷款在银行总贷款金额中所占的比例还不到1%。

第四节　中非农业可持续合作的措施

目前非洲相当一部分国家仍存在较为严重的粮食安全问题，中非农业合作在较长时间内仍应将重点放在农业基础设施建设、粮食生产和农业技术交流及农业产业链建设等领域。

非洲市场是一个很特殊的市场，中国的企业在开拓非洲市场的过程中，要关注非洲人民关注的问题，例如环保、食品安全等，不仅要给非洲人民带去收入、就业、税收，更重要的是要授人以渔，带给他们技术、市场思维和品牌渠道模式。为促进中非农产品贸易的优势互补和健康发展，助力非洲解决粮食问题，应采取多种措施。

一、推广中国农业发展经验

中国是世界第二大经济体，1983年中国经济总量超过了非洲，1993年人均GDP也超过了非洲人均GDP。在减贫方面，在20世纪80年代初，中国的贫困发生率为近80%，但到了2004年，这一比例下降到9.9%;《人类减贫的中国实践》白皮书指出，改革开放以来，按照现行贫困标准计算，中国7.7亿农村贫困人口摆脱贫困;按照世界银行国际贫困标准，中国减贫人口占同期全

球减贫人口 70% 以上，大大加快了全球减贫进程。❶

相反，非洲大陆绝对贫困人口数量却从 1981 年的 1.68 亿上升到 2004 年的 2.98 亿，贫困发生率仍旧高达 40% 以上，非洲成为全球唯一的贫困人口数量不断增加的地区。在过去 25 年中，非洲的贫困人口从 2.78 亿增加到 4.13 亿。

非洲农业发展应学习中国经验。中国的改革开放走过了 40 年，同期农业的发展取得了令世界瞩目的成就。

（一）政府主导农业发展

农业是风险性较高的产业，中国以政府为主导，通过土地制度、农业基础设施建设、农业技术推广、农产品价格机制、农业补贴等多方面的顶层设计建设了一套相对完备的政策与制度体系，确保农业生产的有效性与可持续性。

（二）发展特色农业

由于中国幅员辽阔，地区自然资源禀赋、气候条件、种植历史传统、生活消费习惯等在不同地区都存在明显差异，这些因素共同作用于当地的农业生产，成就了区域特色农业。特色农业发展的基本经验可归纳为以特色资源为基础、以市场容量为边界、以保护开发为基石。

在发展过程中，特色农业呈现出三个特征：在区域层面是产业布局不断优化，区域特色基本形成；在产业层面是产业化、市场化水平提升，品牌化趋势明显；在主体层面是经营主体多元化发展，合作模式多样化。

选择哪一类特色农产品去发展成为一个特色产业，不仅要考虑区域的资源环境承载力，更要考虑特色产业的产品去向，考虑消费群体的购买意愿和购买能力。

---

❶ 7.7 亿农村人口摆脱贫困：脱贫攻坚成果斐然 [N]. 经济日报，2024-09-21.

（三）进行阶段性发展

中国特色农业发展 40 年的历程，可大致归为三个阶段：为"以粮为纲"让路而在夹缝中等待时机、借助农业结构调整的东风踏上规划发展之路、以农业供给侧结构性改革和精准扶贫为契机全面发展。

进入 21 世纪后，我国农业从解决"吃饱"问题向解决"吃好"方向迅速迈进，以区域资源为基础的特色农业发展成为农业发展进入新阶段的重要选择，成为农业供给侧结构性改革的重点方向，成为打赢脱贫攻坚战中产业扶贫的重要战场。

（四）小农发展模式

农业对于经济增长和减贫方面的贡献得到人们的普遍认可，中国拥有完整的适合小农发展的粮食安全保障体系，有助于做到扩大耕地面积，增加粮食总供给，规避自然灾害，降低农业生产的过程性损耗。而小农粮食安全保障正是非洲国家所急需的，也是粮食安全韧性建设的核心所在。

贫困发生率对于农业份额的变化趋势十分敏感，那些在 GDP 中农业份额下降较快的省份，贫困人口降低速度较慢。中国农业增长对减少贫困的贡献率是制造业和服务业的 4 倍之多。

非洲在学习中国农业发展的成功经验时，也要吸取中国和许多国家一样走过的先污染后治理的老路教训，树立绿色发展理念，用技术手段代替农药，保护生态环境，促进农业的可持续发展。

二、中非农业机械合作

非洲粮食长期短缺、农业生产不发达的根本原因是包括农业机械化在内的农业科技水平过低所致。世界农业发展的经验表明，粮食作物机械化是最容易实现并可带动实现全要素生产率提高的首要可靠领域。非洲的农业机械化和相关机械化投资处于低位水平，快速的城市化进程加速了农业机械化发展。农业机械化除具有节省劳动时间、降低劳动强度、改善劳动效率、提高粮食单产和增加粮食总产等普遍性的优势外，农业机械化是提高非洲农业生产率和粮食生产水平乃至实现农业现代化和跨越式发展的必由之路。农业机械化是非洲国家提高粮食安全保障能力、提高民众营养水平和减少绝对贫困的可靠保证。

中国在 2015 年约翰内斯堡首脑会议之后，一直致力于在非洲推行 10 个有关农业机械化的合作计划。通过农业机械化，一部分长久困于农业生产的劳动力特别是男性劳动力将因此得以从沉重烦琐的农业生产中解放出来，进而获得更多从事第二三产业增加收入的机会，促进城镇化发展。也可以有效规避农忙时节劳动力不足的限制，实现适时耕种及时收获，有效降低临时性、恶劣性突发天气造成的粮食减产和过程性损失。

（一）开展与非洲之间的农业机械交流与合作

非洲国家增加粮食产量、提高农产品的有效供给，既需要不断开垦大量土地以增加耕地面积，更依赖于先进农业科学技术的利用。目前非洲各国对农业机械化重要性的认识正变得越来越清晰，农机购置补贴、农业机械进口免征关税和增值税等各种政策利好纷纷出台，可以肯定未来非洲国家对农业机械的需求将持续增长。

农业机械化是非洲联盟和联合国粮食及农业组织公认的非洲在 2025 年实现零饥饿目标的重要途径。中国开展与非洲之间的农业机械交流与合作，为非洲农业现代化贡献力量，可以使占非洲人口绝大多数公民，对中非友好的体验认知更加鲜活真实，有益于形成维护中非长期友好的广泛民意基础，这种合作更是构建中非人类命运共同体的生动实践。

地方条件成熟的中小型农业机械企业应在省有关部门的协调指导和帮助下，积极争取国家相关部委的项目政策支持，扎实做好非洲国家农业机械前期市场调研，通过整机出口、技术专利转让等方式，大力开拓非洲市场。

（二）扩大对非农业机械的出口

非洲的农业机械贸易结构呈现出强劲的进口趋势，非洲国家对中国中小型农机具的需求日益旺盛，来自中国的农机产品如拖拉机、犁、圆盘耙、播种机、喷药机、施肥机、收割机等在非洲广受欢迎，中国应大力拓广非洲市场。两轮手扶拖拉机或小四轮拖拉机还可用作运输和粮食加工及农业灌溉的动力来源，因此更符合非洲国家电力短缺、农机租赁市场不完善，也成了撒哈拉以南大部分非洲国家的首选，中国相关产品的企业应重视在非洲国家寻找市场。

（三）帮助改善非洲本土农业机械的制造能力不足的困境

非洲国家农业机械化水平低、进程缓慢，其根本原因在于非洲本土农业机械的制造能力不足，南非、尼日利亚、津巴布韦、马拉维、肯尼亚、苏丹、埃塞俄比亚、赞比亚、坦桑尼亚及北部的埃及、突尼斯、阿尔及利亚、利比亚、摩洛哥农机都需要进口❶，中国应重点关注助力与这些国家开展农业机械制造的合作，且助力于提高非洲农业机械企业的本土化设计制造能力，有效改善非洲本土农业机械的制造能力不足的困境。

（四）注重小型农业机械的合作

与进口自美国、意大利等欧美国家的大型农业机械相比，小型农业机械如两轮手扶拖拉机或小四轮拖拉机不仅体积小、操作简单、适应性强，而且价格低廉，可以有效克服地形、地势和耕地面积狭小的限制，可有效避免大型农业机械造成的林木砍伐、土地侵蚀、耕地肥力下降、水土流失、破坏生物多样性等问题。小型农业机械的制造是中国民办农机企业的强项，应主动与非洲国家开展中小型农业机械领域的合作。

---

❶ 曹宁.甘肃中小型农业机械服务非洲研究[J].现代化农业，2024（3）.

三、混合合作措施

（一）中国帮助非洲国家努力提升农业技术水平

非洲国家提升农业技术水平，推动农业向规模化和现代化迈进，可以增加收入、扩大就业、减少贫困，促进相关产业的包容性增长。相对于非洲而言，中国的农业发展水平更高，因此，可以通过分享中国农业、基础设施、园区建设、开发和运营领域的经验，探索中非在粮食生产领域的合作模式，促进中非农业合作方式升级和内容的多元化。中国从以下4方面对非洲国家努力提升农业技术水平提供了帮助。

1. 改变非洲农民的耕种习惯

通过帮助引入现代化的耕种技术和管理方法，改变非洲农民的耕种习惯，提高农作物的产量和质量。非洲拥有大量可耕种的土地，通过拓展耕种面积和增加耕种密度，提高农业生产能力。

2. 帮助改善灌溉系统

一些非洲国家的部分土地因为干旱而难以耕作，不稳定的粮食进口体系、低附加值的农业生产使得百姓的生活水平得不到提高，通过帮助改善灌溉系统，解决储水问题，确保农作物在旱季也能得到足够的水分。

3. 提供杂交水稻技术

杂交水稻在非洲多个国家得到推广，因其生长迅速、抗病虫害能力强和产量高，不仅增加了农民的收入，还提供了更多的粮食，有助于减少贫困。

4. 为民生改善提供物质基础

在易见实效、有利脱贫的领域，如菌草技术、沼气推广、温室种植等项目授人以渔，建设"小而美"民生项目，提高非洲自主可持续发展能力，帮助非洲人民加快脱贫致富进程。

（二）可持续深入合作的策略

1. 中国帮助非洲国家进行农业投资

通过增加对农业的投入，可以提高农业生产力和效率，满足当地的食物需求。中国对非洲的直接投资中农业直接投资相对份额较低，应给予优惠政策，鼓励中国企业到非洲相关国家进行农产品加工、农业开发项目的投资，以带动当地农业发展。

2. 有侧重地发展与非洲国家的农产品贸易

中国与阿尔及利亚、安哥拉、刚果、冈比亚、几内亚、肯尼亚、马里、利比里亚、利比亚、毛里求斯、尼日利亚、突尼斯等 12 个国家的贸易属于潜力巨大型❶，这些国家农业是其国民经济的重要构成部分，国内市场不饱和，与中国在农产品结构上存在互补且国内的政治和经济环境相对较稳定，存在明显的发展空间。因此，可以有侧重地发展与这些国家的农产品贸易。

3. 打造品牌

打造对非农业交流交往的品牌，让非洲国家和民众一看到这些合作项目，就会情不自禁地提到中国，有助于增进外界对中国的认知了解，进一步改善和提升中国的国际影响力。

4. 提升非洲各国农业贸易便利化水平

非洲绝大多数国家规模较小，国内经济发展相对落后，国内基础设施建设较为落后。中国应加快非洲各国的互联互通建设，利用中非合作平台，充分发挥国内沿海港口的枢纽作用，促进中非贸易便利化水平的提升，降低农产品贸易成本。如近年来中国与几内亚等国签署了一号国道、科纳克里市政道路等项目的贷款协议，致力于提升非洲各国的基础设施水平。

---

❶ 彭虹. 中非农产品贸易特征及贸易潜力实证研究 [J]. 重庆工商大学学报（社会科学版），2023（12）.

5. 帮助非方打造"绿色增长引擎"

非洲发展农业要防止过度开发，同时兼顾生态环境保护，促进农业可持续发展。科技要素的引入应客观看待，科技要素可以活化传统特色产业，但也可能将传统特色产业改造成现代大众产业。一个地区如何保护和发展当地的特色农业，应以保护为底线，不必过于急切去改造特色农业。中非要携手推进生态友好的现代化，通过加强与非洲国家的政策和文化沟通，加深非洲人民对中国的认识，帮助非方打造"绿色增长引擎"，缩小能源可及性差距，共同推动全球绿色低碳转型。

第五节　案例——甘肃中小型农业机械服务非洲

这是非洲通过加强国际合作，引进资金和技术，发展经济，提高农业生产水平的案例。同时也是中国以省为单位与非洲国家合作的案例，适宜在中国推广。

一、双方在农业生产方面存在的诸多相似性

从地形地貌来看，甘肃与非洲一些国家具有相似性。甘肃东西狭长，境内山、川、台、塬、沟、梁、岇等多种地形兼而有之，尤其是一些山坡地因地块狭小、交通不便，历史上很长一段时期主要依靠人畜耕种。非洲国家如埃塞俄比亚、布隆迪、卢旺达、乌干达同样山地较多，大型农业机械根本无法耕作。

近年来，甘肃在推广大型农业机械的过程中，采取了一条适应小块特殊地形和小农户生产现状的发展路径。旨在以中小型农业机械的使用实现劳动力节省、生产率提高。对于非洲国家具有很强的借鉴和示范作用。

2000 年，一直需要外省粮食调济的甘肃省粮食产量达到 764 万吨，首次实现基本自给。2007 年甘肃粮食生产再次迈上新台阶，总产量突破 1000 万吨大关，且 2020—2022 年，连续三年持续保持在 1200 万吨以上，现行标准下 552 万农

村建档立卡贫困人口全部脱贫。❶这种通过农业机械等先进农业科学技术的普及应用成功实现粮食丰产和减贫脱贫的甘肃实践，对于非洲国家极具示范性。

无论是甘肃还是非洲，小农户都是农业生产的主体，占总农户的比例将近90%。目前甘肃省以大型拖拉机、联合收割机的使用为主要特征的农业机械化水平不断提高，然而由于地形限制，中小型农业机械在农业机械化过程中依然具有大型农业机械无法替代的重要作用。

二、具备农业合作的条件

（一）构成农作物合作的天然条件

1. 玉米种植

玉米既是非洲国家的第一主食，也是甘肃省第一大粮食作物。目前甘肃省玉米机械产品已经实现了从播种、收获、剥皮、脱粒的全覆盖。如今大豆-玉米套种在甘肃和非洲国家的种植面积逐年扩大，适应此种需求。

目前酒泉铸陇、定西三牛、白银帝尧等农机企业都具备生产自走式、电动自走式或电动手扶式大豆玉米一体化播种机的能力，产品同时具备旋耕、施肥、铺膜覆土等多种功能。酒泉奥凯种子机械股份有限公司生产的种子加工机械可满足种子清选、除尘、干燥、加工、包衣、计量、仓储和田间育种等各项需求。

2. 马铃薯种植

马铃薯因其较为适应干旱的气候且营养丰富、产量高因而在甘肃和非洲都有种植，而且未来在非洲增产潜力巨大。如定西市三牛农机制造有限公司通过不断的技术革新，研发的产品为马铃薯从耕地、施肥、起垄、覆膜、播种到挖掘收获的全程机械化生产提供了有效保证。

---

❶ 喜讯！2022 年甘肃粮食总产量达 1265 万吨 全省粮食连续三年保持在 1200 万吨以上 [EB/OL].（2022-12-14）[2025-04-20]. http://gov.gscn.com.cn/system/2022/12/15/012873536.shtml.

3. 畜牧养殖

畜牧养殖也在甘肃和非洲农业体系中占有重要份额，甘肃的许多农机制造企业（公司）都具备割草机、铡草机、粉碎机等畜牧机械生产能力。

（二）构成农业机械合作的天然前提

甘肃中小型农业机械生产实力为双方农业机械合作奠定了坚实的现实基础。目前甘肃全省有酒泉铸陇、庆阳布谷鸟等中小型农业机械生产企业（公司）超过100家，产品覆盖两轮、四轮拖拉机，犁、旋耕机（微耕机）、深松机、圆盘耙、平地机、中耕机等耕地整地机械，条播机、穴播机等播种机械及割晒机、脱粒机、清选机等粮食收获和收获后处理机械及磨粉机、碾米机等粮食加工机械。

此外，还有如割草机、铡草机、饲料（草）粉碎机、饲料混合机等畜牧机械和葡萄埋藤机、果树修剪机、啤酒花采摘机、水果分级机、水果脱皮机、果蔬烘干机等经济作物生产、管理、收获和成品深加工机械。

此外，张掖苏美仑现代农业科技装备有限责任公司生产的微灌设备和小型喷灌机、武威兴旺农机制造有限公司制造的棉花播种机也是符合非洲实际的尤其是适合小农户家庭使用的中小型农业机械。这些都为开展甘肃与非洲农业机械合作奠定了坚实基础。

以公认的农业机械化的代表拖拉机为例，目前甘肃省拖拉机制造企业主要有兰石集团兰驼农业装备有限公司和甘肃洮河拖拉机制造有限公司。兰石集团兰驼农业装备有限公司的产品主要有四轮拖拉机和手扶拖拉机及其他如耕种、收获、畜牧、烘干和农产品加工机械，有特别适合小块的丘陵和山地，辅以相应农具可进行犁耕、旋耕、平地、播种、收割、喷雾、运输等作业，也可作为脱粒、磨面、抽水、发电、碾米、轧花、榨油等各种农村常见的固定作业的动力来源。甘肃洮河拖拉机制造有限公司主要生产轮式拖拉机和其他如耕整地、种植施肥、收获、收获后处理、田间管理、农用废弃物处理等多种农业机械的生产能力。

未来，甘肃可充分鼓励省内中小型农业机械生产企业通过农机产品出口、在线产品展示、赴非投资建厂、技术专利转让、联合研发生产等方式，开展与非洲国家的农业机械合作，借此帮助非洲国家提高粮食安全保障能力和实现经济繁荣与社会稳定。❶

相对于大型农业机械，中小型农业机械更受农民的青睐，其原因：

（1）价格低廉。大多数农业生产机械一年中使用的次数有限，价格过高反而限制了农业生产者购买的积极性。

（2）体积小微。中小型农业机械体积小、重量轻、占地空间不大，便于在室（棚）内存放。

（3）操作简单。在甘肃，具有高中以上学历的农村适龄青年大多选择进城务工，留在农村从事农业劳动尤其是粮食生产的以中年与老年居多，普遍文化程度不高，再加上年龄原因，因此一旦农业机械操作过于复杂反而会没有市场。大多非洲妇女文化程度过低，中小型农业机械操作方便，恰好可以满足这些文化程度不高的农民群体的实际需求。

---

❶ 潘显璇，唐娜.中非"湘"见：中非合作重在授人以渔，湘企打造对非农业合作新模式 [EB/OL].（2024-07-25）[2025-04-28]. https://baijiahao.baidu.com/s?id=1805516587976232093&wfr=spider&for=pc.

第七章　基于非洲大陆自由贸易区建设的中非合作

非洲大陆自由贸易区（African Continental Free Trade Area，AFCFTA，以下简称"非洲大陆自贸区"）的建立将推动非洲区域内产业的聚集、产业链的延伸及逐渐壮大的规模经济，推动非洲国家加入全球供应链。

随着中非合作进入新发展阶段，中国推动构建新发展格局，将为非洲发展带来更多中国机遇；非洲大陆自贸区加快建设，将推进非洲经济一体化和区域经济融合，给中非合作拓展更大发展空间，中非合作的互补性会更突出，共同弥补发展短板的能力会更强，以发展应对各领域挑战的共识会更多。本章从非洲大陆自贸区建设对接非洲城镇化发展的视角探讨中非的合作机遇。

第一节　非洲大陆自贸区建设的意义和目的

自由贸易区是指签订放开彼此市场，减免关税与其他非关税的限制条件，以促进生产要素在成员国内的自由流动的协定后的国家或地区区域。截至 2025 年 2 月，《非洲大陆自由贸易协定》（以下简称"非洲大陆自贸协定"）已获 48 个国家批准。该协议旨在推动非洲大陆内部减免关税，提供贸易便利，以推动非洲国家内部贸易发展。

一、非洲大陆自贸区建设的意义

非洲的人口总数与中国和印度的人口总数相当，但由于其是由 54 个国家组成，这就会出现过多考虑局部利益而忽略整体非洲发展的矛盾，非洲一体化发展可以减少这种缺陷，而非洲大陆自贸区建设可以促进一体化发展。另外对全球投资者来说，一个覆盖超过 14 亿人口的单一市场对各方的吸引力无疑是巨大的 ❶，非洲国家如何抓住机遇值得重视。

非洲大陆自贸区旨在降低关税、消除贸易壁垒，促进区域内贸易和投资发展，实现商品、服务、资金在非洲大陆的自由流动，形成一个大市场。非洲大陆自贸区的建立将推动非洲区域内产业的聚集、产业链的延伸及逐渐壮大的规模经济，扩大经济包容性，遏制官僚主义作风和简化海关流程，减少非关税壁垒，推动非洲国家加入全球供应链，推动城镇化建设和一体化进程，有助于提振非洲经济。❷

携带着内部贸易自由化、资源产业化与工业化、经济增长持续化等强大集合能量的非洲大陆自贸区无疑是非洲经济一体化长路上矗立起来的一座重要里程碑。非洲大陆自贸区 实施之后，非洲国家之间 90% 的商品将实行关税与零配额，同时服务、资金和人员等要素也基本能够无障碍性流动，贸易便利化与自由化程度大大提高，非洲内部贸易内循环能量由此可以被大大激活与释放出来，同时市场的聚合性也会显著提升。

非洲大陆自贸区的建立可以促进国家监管及法律实施。自贸区一旦启动，首先将有利于各国政府认识到国家监管对互联网经济发展的重要性，提高国家对在线贸易的监管、保护作用；自贸区将促进各成员国之间围绕数字政策和战略在区域和国家层面保持一致，并动员各机构之间实现有效合作；自贸区能推动各成员国之间对电子商务法律整体框架保持协调，如电子交易、数据隐私、

---

❶ 中华人民共和国驻非盟使团经济商务处. 非盟关于推动非洲大陆自贸区建设的相关决议 [EB/OL].（2019-02-15）[2025-04-28]. http://africanunion.mofcom.gov.cn/article/j/yth/201902/20190202838715.shtml.

❷ 连俊. 非洲大陆自贸区利好全球 [N]. 经济日报，2018-03-30.

消费者保护法、竞争法、知识产权法和商标法，使得线上贸易活动和解决跨境纠纷的法律依据更加清晰可靠。

　　共建"一带一路"的合作成果已为非洲大陆自贸区建设和经济一体化进程带来诸多利好。中国的帮助使非洲互联互通、跨国跨区域基础设施建设水平进一步提升，促进非洲贸易投资便利化和经济一体化，为非洲国家带来工业化发展机遇。同时非洲一体化建设为中非双方在数字经济、金融服务业和基础设施建设等领域提供了巨大的合作空间，中国需要和非洲主权国家、区域组织一起努力，确保双边经贸关系的均衡发展。因此探讨非洲大陆自贸区建设路径并在此基础上寻求中非合作机遇具有重要意义。

二、非洲大陆自贸区建设的目的

　　非洲大陆推进自贸区建设，标志着绝大多数非洲国家回归以联合自强实现自主发展，同时也加强了非洲大陆对建立统一大市场弥补发展短板的认知和实践。从全球范围来看，作为一个人口众多、规模巨大的市场，非洲大陆致力于推动自贸区建设，对经济全球化及全球经贸合作而言都是一个积极信号。

（一）非洲大陆自贸区有效激活非洲贸易内部动能

　　长期以来，许多非洲国家一直把关税视为重要的财政收入来源，而且基于历史与文化等因素，部分区域内国家还各自"抱团"，国家之间、区域组织之间存在着较高的贸易壁垒，乃至非洲境内出口关税还要高于出口到非洲境外的关税，极大约束了非洲国家间的实质性贸易活跃度，直接拉低了非洲区内贸易交易量，并抑制了贸易商业效率，最终也阻碍了非洲统一大市场的形成。

（二）非洲大陆自贸区强力推升非洲工业化制造势能

　　从石油、天然气，到黄金、金刚石及铁、锰、钴等，非洲埋藏着数十种矿产资源，而且不少品种的储量远远排在世界前列。然而，众多的资源禀赋却割裂分布在经济规模一般都不大的非洲国家中，而且许多国家完全依赖初级产品的出口，整个非洲的资源市场不仅开发集中度低，同时由于加工制造能力匮乏，也没有形成相应的资源产业链条与产业集群。这种简单粗糙的初级品出口结构不仅让非洲在国际市场难以获得较高的产品附加值，更加强了对外部市场的依赖风险。

（三）非洲大陆自贸区将引致外资加速进入非洲

境外资本通过自己的生产加工能力将非洲资源优势升级为产业优势，沉淀出一个又一个"非洲制造"，非洲在实现从资源出口到成品与半成品出口转型的同时，也能全方位深度融入全球产业链之中。根据世界银行估计，到2035年，非洲大陆自贸区将推动非洲制造业出口增长62%，其中对非洲以外国家出口增长19%。

（四）非洲大陆自贸区明显放大国际舞台上非洲话语权

"一个声音说话"是非盟在成员国中始终强调的主权立场。随着非洲大陆自贸区的实施，非洲将更多地以"一个立场、一种声音"参与国际经济谈判，这将增大非洲在国际经济中的话语权分量以及影响力，非洲大陆自贸区更可以看成非洲国家自我意志与方向选择的一次清晰表达。《非洲大陆自贸协定》第19条明确规定，如果存在与地区性协议冲突或不一致的地方，应以《非洲大陆自贸协定》的规定为准，除非该协议另有规定。非洲大陆自贸区作为一个发展主导的经济合作框架，除了体现出非洲各国领导人团结协作求未来的强烈愿望外，同时也是非洲国家向探索自主发展道路、摆脱"依附型"经济迈出的关键一步。

（五）促进非洲经济可持续发展

非洲大陆自贸区将进一步改善国内外投资环境，发挥区域价值链的作用，在公平、平等和互利的基础上，通过消除服务贸易的障碍，逐步实现整个非洲大陆的服务贸易自由化，确保服务贸易自由化，有效促进非洲经济可持续发展。

肯尼亚股权集团首席执行官认为，目前非洲存在许多次区域经济合作机制，未来还需要进一步有效整合，从而形成更加统一的非洲贸易体系。联合国非洲经济委员会也建议，要通过推动非洲大陆自贸区发展，消除贸易壁垒，降低贸易成本，促进贸易自由化，振兴非洲大陆内部贸易。❶

第二节　非洲大陆自由贸易区建设的进程及框架

截至 2024 年，非洲大陆自贸区协定前两阶段谈判已基本完成。其中，第二阶段谈判涉及知识产权、投资和竞争政策。第三阶段的谈判正加紧进行，包括《数字贸易议定书》《妇女和青年贸易议定书》的审议等。非洲大陆自贸区启动运营 3 年多来，取得了一系列进展。

一、非洲大陆自贸区建设的进程

（一）主要节点

2015 年 6 月，非洲联盟（非盟）成员国启动非洲大陆自贸区谈判。

2018 年 3 月，44 个国家签署成立非洲大陆自由贸易区协议，两个月后非洲大陆自贸区正式宣告成立。

2019 年 7 月 7 日，非洲大陆自贸区宣告成立。

2020 年 2 月，非盟大会第 33 届常会选举南非人韦凯尔·梅内任秘书处首任秘书长。

---

❶ 张志文.非洲稳步推进经济一体化进程（国际观点）[EB/OL].（2024-06-14）[2025-03-27]. https://baijiahao.baidu.com/s?id=1801786446500456451&wfr=spider&for=pc.

2021 年，非洲各国在非盟峰会上通过了非洲基础设施发展计划 2021—2030 年第二期优先行动计划的 71 个优先项目，覆盖交通、通讯、能源、水利、农业等领域，涉及非盟 40 余个国家。

2022 年 1 月正式启动泛非支付结算系统。

2022 年，非洲大陆自贸区调整基金成立。

2022 年 5 月底，54 个签署《非洲大陆自贸协定》的非洲国家已有 43 个提交了批准书。

2023 年年底已有加纳、肯尼亚、坦桑尼亚、埃及、喀麦隆、卢旺达和毛里求斯七个非洲国家在该协议项下开展贸易，覆盖范围约 96 种产品的贸易，包括瓷砖、茶叶、空调等。

（二）泛非支付结算系统

非洲大陆现有 40 多种流通的本地货币，当进行跨境交易时，就会面临不同货币的汇兑风险，这是影响非洲大陆自贸区自由贸易的主要非关税壁垒之一。

2022 年 1 月正式启动的泛非支付结算系统，是推动非洲大陆自贸区自由贸易重要举措。作为非洲大陆自贸区运行所需的关键辅助工具，该系统支持非洲国家间用本币开展即时跨境交易，以简化跨境交易流程、降低交易成本。

这一系统能够有效降低汇兑风险。该系统由非洲进出口银行和非洲大陆自贸区秘书处联合开发，它能够让一个非洲国家的进口商以本国货币付款，而另一个非洲国家的出口商能以本国货币收款，这可以大大简化非洲大陆自贸区的贸易流程。同时，这一系统能够使非洲大陆自贸区成员国间的贸易减少对美元、欧元、英镑等第三方货币的依赖，降低交易成本，每年可望为非洲大陆节约约 50 亿美元的货币兑换成本。

2023 年 6 月，非洲进出口银行与非洲大陆自贸区秘书处合作推出"非洲贸易通道"系统，该系由尽职调查平台、泛非支付结算系统等 5 个数字平台组

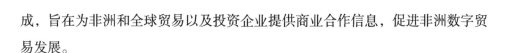

成，旨在为非洲和全球贸易以及投资企业提供商业合作信息，促进非洲数字贸易发展。

2024 年 2 月，突尼斯中央银行宣布加入泛非支付结算系统，成为首家加入该系统的北部非洲国家央行，也是该系统的第 13 个成员。

（三）贸易联通

贸易联通取得积极进展。2022 年 7 月，在非洲大陆自贸区协定框架下，卢旺达、喀麦隆、埃及、加纳、肯尼亚、毛里求斯和坦桑尼亚 7 个国家被选中开展贸易试点，开展贸易试点。截至 2023 年年底，突尼斯、埃及、肯尼亚、加纳、喀麦隆、卢旺达、毛里求斯、坦桑尼亚和阿尔及利亚等国加入非洲大陆自贸区指导性贸易倡议，根据该倡议，加入国企业之间开展贸易不受海关限制。此举旨在测试非洲内部贸易的环境、法律及贸易政策基础。此外，一些非洲国家也积极响应号召，落实相关政策。例如，尼日利亚启动自由贸易区安耶巴经济城，在城内加工或组装的产品能够免税销往整个非洲市场。阿尔及利亚贸易部长表示，鼓励本国企业积极利用倡议提供的优惠条件，大幅增加了同非洲国家间贸易。

2022 年，非洲大陆自贸区调整基金成立，用以支持缔约国适应新的自由化和一体化贸易环境，减轻因降低关税和提升市场自由度可能造成的收入损失和竞争压力。

（四）非洲区域基础设施建设加快步伐

为经济一体化提供更多保障，非洲区域基础设施建设加快步伐。2021 年，非盟峰会通过了非洲基础设施发展计划 2021—2030 年第二期优先行动计划，涉及 40 余个国家的 71 个优先项目，覆盖交通、通信、能源、水利、农业等领域。在 2023 年 2 月举行的第二届非洲基础设施融资峰会上，会议主办方介绍了全长 1081 公里的阿比让—拉各斯高速公路项目、刚果（金）"英加" 3 号水电项目等 16 个项目。

二、非洲大陆自贸区的组织和制度框架

作为非盟推动非洲地区经济一体化，非洲大陆自贸区设立了相应的组织和制度框架，二者就如同非洲大陆自贸区的硬件和软件。只有二者相互配合、相互促进，才能推动非洲大陆自贸区的良性运转。非洲大陆自贸区的组织框架包括非盟元首和政府首脑大会（以下简称"大会"）、部长理事会、高级贸易官员委员会、秘书处和争端解决机构等。

（一）非盟元首和政府首脑大会

该会议是非洲大陆自贸区的最高决策机构，对《非洲大陆自贸协定》包括《促进非洲内部贸易行动计划》提供监督和战略指导。大会还有权根据部长理事会的建议以协商一致的方式通过有关非洲大陆自贸区协定的解释。大会由所有非盟成员国的国家元首和政府首脑组成，而不仅仅是非洲大陆自贸区成员国的国家元首和政府首脑。

（二）部长理事会

部长理事会是非洲大陆自贸区的执行机构，由已批准非洲大陆自贸区的成员国的贸易部长或成员国提名的其他官员组成。它有权根据非洲大陆自贸区协定作出决定，负责非洲大陆自贸区协定的实施和执行，监督其他委员会的工作，审议秘书处的报告，并与非盟的相关机构和部门协同工作。

它通过非盟执行理事会向大会报告，并向大会提出决议以通过有关非洲大陆自贸区协定的权威解释，部长理事会独立于非盟下设的非盟贸易部长委员会。为更好实施和执行非洲大陆自贸区协定，部长理事会可设立不同的专门委员会，并授予它们相应的职责。迄今，部长理事会设立的专门委员会包括货物贸易专门委员会、服务贸易专门委员会、投资专门委员会、竞争政策专门委员会、知识产权专门委员会、电子贸易专门委员会及女性和青年贸易专门委员会。

其中货物贸易专门委员会又下设原产地规则、贸易救济、技术贸易壁垒、非关税壁垒、卫生和植物检疫措施及贸易便利化、海关合作和过境等六个小组专门委员会。

（三）高级贸易官员委员会

高级贸易官员委员会负责具体实施部长理事会的各项决定，它由非洲大陆自贸区成员国指定的官员组成。高级贸易官员的职能还包括负责制定执行非洲大陆自贸区协定的方案和行动计划，对非洲大陆自贸区进行监督并定期审查，指示秘书处承担具体任务，以及部长理事会可能要求的其他职能。

考虑到非盟承认的其他八个区域经济共同体也在各自区域内进行经济一体化的工作，为了协调非洲大陆自贸区与这八个区域经济共同体之间的关系，《非洲大陆自贸协定》第 12 条规定，区域经济共同体应以顾问身份参加高级贸易官员委员会的工作。

（四）秘书处

秘书处是非洲大陆自贸区的日常行政管理机构，也是非洲大陆自贸区唯一的常设机构。非洲大陆自贸区协定第 13 条明确规定，秘书处是非盟系统内具有独立法人资格的职能自治机构，也是非盟委员会的自治机构。

非洲大陆自贸区秘书处可以自己的名义建立对外联系。秘书处的职责主要是召集会议、监督和评估非洲大陆自贸区协定的实施程序以及履行大会、部长理事会和高级贸易官员委员会分配的其他任务。在非洲大陆自贸区酝酿成立阶段，临时秘书处设在非盟委员会内。2019 年 7 月 7 日，非盟大会第 12 届特别会议决定将秘书处设在加纳首都阿克拉。

（五）争端解决机构

非洲大陆自贸区秘书长梅内在 2021 年 5 月宣布，非洲大陆自贸区已经设立争端解决机构，可以受理因非洲大陆自贸区协定实施而产生的争议。

争端解决机构在推动区域经济一体化措施实施方面发挥着重要作用，如果没有高效的争端解决机构，就会阻碍各类自由贸易措施的实现。非洲大陆自贸区基本复制了 WTO 的争端解决体制，只做了必要的修订。根据非洲大陆自贸区有关贸易救济的议定书和附件，非洲大陆自贸区的争端解决机构下设专家组和上诉机构两个部门，并被授权受理不同的贸易争议。根据非洲大陆自贸区《关于争端解决的规则和程序的议定书》的规定，只有非洲大陆自贸区成员国可以提出争议解决申请，私人当事方不得利用非洲大陆自贸区的争端解决程序。

三、非洲大陆自贸区建设面临的挑战

非洲大陆自贸区建设面临国际形势充满不确定性、地缘政治冲突加剧、全球经济治理体系面临挑战等诸多挑战，从内部层面和外部层面进行分析。

（一）国家间产业结构的同质化问题

大多数非洲国家工业欠发达，高度依赖原材料出口及劳动密集型产业，产品附加值低，非洲国家间产业结构的同质化问题明显，同时非洲各国之间经贸形式和内容的同质性大于异质性、产品互补性弱。自贸区建设需依靠区域内国家在生产、贸易、物流及人流等方面的高度协同性，非盟需要在这方面加强制度安排，增加成员国间产业的协同互补。

（二）挤出或者替代效应

非洲大陆自贸区的建设可能对先进制造业、服务业等行业的出口贸易与产出活动产生一定的挤出或者替代效应。

（三）基础设施水平欠缺

需要继续提升基础设施水平、改善营商环境。非洲大陆自贸区建设是在21世纪产业信息化、网络化、智能化的发展趋势下进行的，必须跟上时代潮流，不断提高基础设施与营商环境水平，进而提升域内外开展经贸合作的便利化程度。

（四）"去全球化""逆全球化"思潮的干扰

非洲需融入经济全球化浪潮中，避免"去全球化""逆全球化"思潮的干扰，尤其是在时下逆全球化和贸易保护主义甚嚣尘上的国际环境中，非洲国家需要进一步凝聚以合作促发展的共识，加快推进一体化进程，从过去作为廉价劳动力及矿产资源提供者，要发展为非洲是全球产业链供应链上的重要一环，在全球消费市场及经济复苏中扮演重要的角色。

（五）在全球市场中需要提升自身竞争力

从国际合作角度来看，非洲国家对外资吸引力相对不足。在新技术、新产业加快发展的大趋势下，非洲大陆自贸区需要提升自身在技术、资本和市场等方面的承接能力，才能吸引更多资金和技术流入。

（六）自由贸易开展困难

在非洲，由于一些现实条件的限制，非关税壁垒如进出口限额制、进出口许可证制、海关程序、额外收费、检疫措施等严重影响自由贸易的开展。

非洲大陆自贸区协定只是规定了非洲大陆自贸区的组织框架，和非洲的其他地区性经济共同体如东共体、西共体、南共体等不同，非洲大陆自贸区不是一个独立的法人机构，因此运行困难重重。

第三节　非洲大陆自贸区建设给中非经贸合作带来的机遇

中国的自由贸易试验区（以下简称"自贸试验区"）、中国在非境外园区等发展经验可以有助于非洲大陆自贸区的建设，现从非洲如何应对自贸区发展进程中出现的困境角度入手进行分析。

一、非洲大陆自贸区建设可借鉴的中国经验

从 1978 年改革开放以来，中国利用建立经济特区进行区域试点的方式，探索对外开放的道路，成就了以深圳等一批经济总量领先、起区域示范带头作用的城市。21 世纪以来，中国不断追求着"更深层次改革，更高水平开放"，继承发展"特区"理念，"自由贸易试验区"政策在各城市试点实行。自 2013 年上海建立了第一个自由贸易试验区以来，其他省市紧随其后，到 2023 年 11 月 1 日中国西北沿边地区首个自由贸易试验区——中国（新疆）自由贸易试验区正式揭牌，全国已建设运行 22 个自贸试验区。其中东部 10 个，中部 4 个，西部 6 个，东北 2 个，形成了覆盖东中西，统筹沿海、内陆、沿边的自贸试验区"雁阵"。中国已经设立 21 个自由贸易试验区，完成自由贸易区建设的"1+3+7+1+6+3"布局。改革开放的过程中，沿海城市利用地理位置优势，打开大门，利用外资和外商先进经验，提升当地经济水平，带动周边城市发展，进而实现全国的经济水平整体上升。借鉴"特区"经验，新时代对外开放过程中也从"保税区"发展成了今天的自贸试验区，自贸试验区也承担起促进外贸、吸引外资的重要责任。

目前中国自贸试验区的建设布局逐步完善，形成了覆盖全国东西南北中的改革开放创新格局，有力地助力于中国对外投资及贸易自由化、便利化。可以借鉴的经验如下：

（一）自贸试验区区位选择的科学性

自贸试验区的选择是针对发展程度较快、进出口贸易繁荣、海上交通便利的省市，或者是具有特定区位优势的省份，主要分布在东南地区沿海城市。在省内建设时，可以选择近机场码头、经济发达的城市或区域。如第一批建立的上海自贸试验区，第二批建设的广东自贸试验区选取的广州市和深圳市；福建自贸试验区选取的厦门市。

（二）非常重视对外贸易

改革开放以来，中国主动加入全球化，中国的经济很大程度上依靠对外贸易，在中国自贸试验区的改革措施中，对于吸引外资出台了一系列的政策，取消了一定的关税和非关税壁垒、简化了投资程序，降低了时间成本，如在外资审批流程上，进行了商事登记制度改革，并在投资项目中试用备案制度，简化流程、压缩时间，在"负面清单"制度上的改革成效明显。

（三）国际物流发达

国际物流很多需要靠海，随着中国经济的快速发展，中国已经迈入海洋经济时代，已成为全世界对海洋依赖程度最高的国家之一，中国的许多港口也迅速跻身世界最大的港口行列。近年来，每年全球前十大集装箱港口排名中，中国港口基本占六个或七个席位，充分说明中国已成为全世界对海洋依赖程度最高的国家之一。

（四）中国自贸试验区的发展以创新模式展开

中国自贸试验区的发展模式主要通过制度创新、政府职能转变和金融改革等方面来推动经济发展。这些措施共同构成了自贸区的发展模式，通过提高贸易和投资的便利性、优化政府服务、推动金融创新等方式，促进了区域经济的快速发展和对外开放水平的提升，非洲大陆自贸区应采用。

（1）制度创新。自贸试验区通过大胆尝试和探索新的制度安排，如负面清单管理制度和国际贸易单一窗口制度，这些创新措施简化了贸易和投资流程，提高了效率，促进了区域内的经济发展。

（2）政府职能转变。自贸试验区推动了政府职能的转变，如"放管服"改革，即简化行政审批流程、加强监管的同时优化服务，这有助于提升政府服务效率和透明度，吸引更多投资。

（3）金融改革。自贸试验区在金融领域的改革包括金融产品的创新和金融服务能力的提升，例如，通过金融产品的创新和跨境金融合作的推进，自贸区增强了金融服务的便利性和效率，促进了区域内的资金流动和经济发展。

（五）学习 RCEP 的构建经验并对接 RCEP 的发展

2020 年 11 月 15 日，东盟 10 国和澳大利亚、中国、日本、韩国、新西兰共同签署《区域全面经济伙伴关系协定》（RCEP），并推动协定于 2022 年 1 月 1 日正式生效。2023 年 6 月 2 日，RCEP 对菲律宾正式生效，标志着全球人口最多、经贸规模最大、最具发展潜力的自贸区进入全面实施的新阶段。

RCEP 进入全面实施新阶段，有利于加速地区产业链、供应链融合，降低国际贸易的风险和不确定性，为区域经济发展提供强大动能。在这一过程中，中国的检验检测机构将获得更多与海外交流的机会，加强与相关国家在科技创新、质量标准、信息互认等领域的合作，进一步实现"一次检测、一个结果、区域通行"。非洲大陆自贸区建设应学习 RCEP 的构建经验并对接 RCEP 的发展。

（六）案例分析

2019 年 10 月 17 日，中国和毛里求斯两国政府在北京正式签署了《中华人民共和国政府和毛里求斯共和国政府自由贸易协定》（以下简称《中毛自贸协定》）。《中毛自贸协定》谈判始于 2017 年 12 月，双方经过四轮谈判就货物贸易、服务贸易和投资等多项内容达成一致并于 2018 年 9 月正式结束谈判。

该协定已于 2021 年 1 月 1 日起正式生效。《中毛自贸协定》是中国签订的第 17 个自贸协定，也是中国同非洲国家达成的首个自贸协定，对于加快完善中国自贸区网络建设具有重要意义。

综合中国新近开展的自贸区建设实践来看，不同于以往与澳大利亚、瑞士和韩国等规模较大经济体的自贸协定谈判，中国在与毛里求斯、尼加拉瓜等经济体量较小的国家开展自贸协定谈判时，会更加照顾谈判对象的利益关切所在，在涉及关税减免的时间和程度上会更为灵活，部分情况下会以"早期收获"等方式进行单方面让利，谈判并非以帕累托最优而是以帕累托改进为主要目标。

根据 WTO 区域贸易协定数据库（Regional Trade Agreement Database）中的相关信息显示，截至 2022 年 7 月，作为东部和南部非洲共同市场（COMESA）和南部非洲发展共同体（SADC）成员国，毛里求斯已经先后同欧盟、印度、巴基斯坦、土耳其和英国等经济体达成了双边或多边自贸协定，与美国也达成了贸易暨投资架构协定（TIFA），中国应该重视与毛里求斯的合作。

二、中非经贸合作对接非洲大陆自贸区建设

中非双边贸易关系整体比较紧密，双边贸易结构具有良好的互补性；非洲大陆自贸区建设将一定程度激活非洲国家的贸易活力，改善多数国家的经济发展水平、贸易条件及福利水平；中非贸易自由化将对中国经济发展、进出口贸易、贸易条件和福利水平产生潜在积极影响。

作为非洲最大的贸易伙伴国，非洲大陆自贸区协定生效给中非经贸合作提供新机遇，为中非未来经贸合作进一步拓展空间，中国积极支持非洲经济一体化进程和非洲大陆自贸区建设。

（一）关注非洲大陆自贸区背景下中非经贸往来面临着的挑战

非洲大陆自贸区背景下中非经贸往来面临着诸多挑战：投资者合法权利适

用受限、区域贸易协定重叠导致规则的混乱，以及企业和个人寻求区域司法救济路径缺失等会给中非经贸往来带来挑战；另外中非合作受到西方国家在南北合作进程中签订的自贸协定的影响，如欧盟在经济合作伙伴协议谈判中设置了最惠国待遇条款，提出非洲次区域组织在与第三方签订的自贸协定中一旦涉及更优惠的条款，就必须将之赋予欧盟国家，这一先发条款必然影响中资企业在非洲投资成本等问题。

针对合作困境，中非双方应不断深化基础设施建设、贸易金融、产业投资、人才培养和能力建设等方面合作，不断为非洲经济一体化赋能。

（二）多途径进行合作

1. 寻找综合途径

中方与非洲大陆自贸区秘书处已成立经济合作专家组，深入开展中非贸易投资便利化的政策交流与经验分享，应更深入探讨有效利用；中非经贸提质发展应在顶层设计层面加速推动建设中非自贸区的步伐，做好微观层面的行业合作与企业对接，并从制度层面加强对非洲经贸合作法律保障体系的构建；中国可以有针对性地与东部非洲、南部非洲国家开启自由贸易协定谈判，进而实质性对接非洲大陆自贸区建设。

2. 推动产业技术合作

中非应抓住新一轮技术革命带来的机遇，推动产业技术合作，助力对接中国构建自主可控的产业链供应链，有力支持非洲国家参与全球贸易，提升发展中国家在全球经济及产业分工中的地位，汽车等中高端制造业、清洁能源等是重点领域；另外中非基础设施合作将持续提升非洲区域内的联通水平，帮助非洲更好地融入全球供应链。

3. 与非洲数字经济领域合作

当前，非盟正大力推动泛非数字倡议和项目，包括非洲数字化转型战略、数字非洲政策和监管倡议、非洲数字经济倡议、泛非数字网络等。非盟制定的《非洲数字化转型战略（2020—2030）》提出，非洲计划到2030年建立一个安全的数字单一市场，确保服务、资本等自由流动，中国应该抓住机会寻找合作机遇。

4. 与非洲大陆自贸区的支付结算系统合作

非洲欢迎中国先进成熟的金融支付工具进入非洲市场，这不仅有利于非洲大陆实现金融一体化，也将为全球金融基础设施互联互通注入新动力。

（三）加大对非服务贸易

《服务贸易协定》是非洲大陆自贸区协定的组成部分，其主要目标是在非洲大陆建立起一个单一的自由化服务贸易市场，通过规模经济、降低商业成本、加强大陆市场准入、改善资源分配、发展与贸易有关的基础设施，以提高服务业的竞争力。我国应重视其中的《服务贸易协定》，深入理解和分析协定相关条款，以期推动和优化中非服务贸易。

1. 依托非洲大陆自贸区加大对非服务贸易

在《服务贸易协定》下，我国可依托非洲大陆自贸区加大对非服务贸易，消除相关壁垒，以拓宽服务贸易领域和服务贸易国家。不断加强各缔约国之间的服务贸易合作，共同促进服务领域的研究与技术进步，使服务贸易在非洲大陆焕发新机。

对非洲国家发展服务贸易，利用非洲大陆自贸区最惠国待遇机制非洲各国间已然取得的贸易放开优惠，在同非洲国家协商过程中利用对其他非洲国家给予的优惠进行优势谈判，取得对中国服务贸易发展的有利局面。

我国与非洲国家在服务贸易的行业领域和国家分布较为集中，需要致力于开拓更广泛服务领域与加深非洲各国间服务贸易，我国与非洲的服务贸易存在较大发展空间。

2. 搭建中国—非洲大陆自贸区服务贸易信息交流平台

搭建中国—非洲大陆自贸区服务贸易信息交流平台，时刻关注服务贸易透明化制度带来的重要信息，了解非洲各国已有的服务贸易措施和签署的服务贸易协定，抓住制度优势，发挥中非服务贸易特色。

3. 互认标准

努力在中非互认中达成共识，确定互认标准，减少中国服务贸易进入非洲国家的重复监管。在已有服务贸易的基础上，针对非洲大陆自贸区已提出的五个优先部门进行优先协商，以最大力度开发服务贸易潜能，不断扩大自由化的深度和范围，增加、改善和发展服务出口，在追求服务贸易自由化的同时，充分保留监管和引入新法规的权利。

第四节　案例——中非电子商务领域合作

随着互联网科技的快速发展和渗透，新的商业模式不断产生，跨境电商发展模式延伸到了各大洲，当非洲拥抱电子商务之时，非洲经济一体化进程加快，非洲大陆自贸区启动，这个强大的增长组合将为非洲经济发展注入新鲜血液。本节探讨中非在电子商务领域开展的合作。

一、中国的电子商务和跨境电商运行经验

电子商务是指利用计算机技术、网络技术和远程通信技术，实现整个商务过程的电子化、数字化和网络化，已成为世界经济发展的新业态；跨境电子商务作为互联网技术以及数字技术在国际贸易领域的先行应用，可为不同国家制造商、贸易商和消费者提供全方位的互动式商贸服务，可以将不发达国家纳入全球贸易体系和全球价值链。两者均是中国的优势行业，并且在全球信息和通信技术快速发展的影响下，中国的互联网应用、智慧城市、数字经济等新兴领域蓬勃发展。

（一）中国跨境电商的现状

1. 跨境电商已成为拉动外贸新动能。

近年来中国频繁出台推动对外贸易、跨境电商及跨境电商物流等领域发展的利好政策，大力营造良好的对外贸易营商环境，跨境电商平台为中小企业提供了进入国际市场的机会，有助于企业扩展市场和建立品牌；促进供应链优化，降低企业运营成本，使企业能够专注于产品研发和品牌建设；提供多种支付方式、多语言服务等，使得全球消费者能够更方便购买商品，提升了购物体验。

2. 我国跨境电商发展速度快、增长潜力大、带动作用强的特点得到凸显

2019—2023 年的五年实践，跨境电商贸易规模增长超 10 倍，全国跨境电商主体超 12 万家，作为外贸发展的一支重要有生力量，发展跨境电商、海外仓等外贸新业态，不仅有利于促进外贸结构优化、规模稳定，更有利于打造国际经济合作新优势；2024 年一季度，我国跨境电商进出口 5776 亿元，同比增长 9.6%，其中出口 4480 亿元，同比增长 14%。跨境电商产业园区超 1000 个，建设海外仓超 2500 个、面积超 3000 万平方米。❶

（二）中国的电商行业飞速发展的原因

我国持续推动制度、管理和服务创新，促进了跨境电商健康持续快速发展。中国的电商行业经历了飞速的发展，目前已成为全球最大的电商市场，为国内外创业者提供了无限的创业机会。

1. 互联网技术的普及和消费者习惯的改变

随着中国互联网技术的飞速发展，线上购物逐渐成为越来越多人的选择。从最初的个人网店，到如今的综合性电商平台，电商的发展离不开互联网技术的支持。

---

❶ 数据来源：全国跨境电商主体超 12 万家，建设海外仓超 2500 个 [EB/OL]. （2024-06-04）[2024-10-15]. http://www.news.cn/fortune/20240604/a6273d7b2650483fb717282a5cfa34a8/c.html.

线上购物为消费者提供了方便快捷的购物方式，满足了人们对多元化、个性化商品的需求。随着生活水平的提高，消费者习惯也相应改变，消费者的网上购物需求日益增长。

2. 电商政策的推动

中国政府大力支持电商行业的发展，为电商企业提供了多种优惠政策，鼓励创新创业，推动了电商行业的繁荣。

坚持试点先行，赋能产业发展。自 2015 年起，我国先后设立了 165 个跨境电子商务综合试验区，鼓励各试点在监管、标准、信息化等方面积极探索创新，已逐步构建起以"六体系两平台"为核心的制度框架。

持续完善支持政策，推进品牌建设。随着支持跨境电商发展政策体系不断完善，我国已累计出台近 200 项政策措施，形成近 70 项成熟的经验做法。引导有序竞争，更好赋能产业链上下游发展。优化监管与服务，营造良好环境。积极参与国际多双边合作，支持跨境电商综试区、行业、企业积极开展国际交流与合作。

目前，跨境电子商务综合试验区内企业的跨境电商贸易规模占全国比重超过 95%，试点卓有成效。❶ 2024 年 5 月下旬，国务院常务会议审议通过了《关于拓展跨境电商出口推进海外仓建设的意见》，提出要培育跨境电商经营主体，加强跨境电商人才培养；加大金融支持，加强相关基础设施和物流体系建设。下一步，要依托跨境电商综试区，为大企业提供更多展示对接平台，在跨境电商综试区积极培育链主企业，结合各地产业禀赋和区位优势，让更多企业利用跨境电商参与国际贸易，同时引领上下游中小企业进行数字化改造。

---

❶ 超 12 万家、超 10 倍……新动能激发新活力！我国跨境电商发展"蒸蒸日上" [EB/OL].（2024-06-04）[2025-03-27]. https://news.cctv.cn/2024/06/04/ARTIM4nEzwWUqCXDCLqxgIgb240604.shtml.

二、非洲电子商务发展的必要性和制约因素

（一）非洲电子商务发展的必要性

非洲电子商务的发展得益于数字技术的迅速扩张、中产阶级崛起、消费市场巨大等多重因素。非洲大陆自贸区与非洲统一市场将打破各国各区域之间的地域壁垒，帮助电子商务更快地实现人员、货物流通，降低税收成本，有利于电子商务在非洲扩大规模并产生集群效应。另外非洲大陆自贸区启动以后能够促进各国在跨境支付、货币一体化、国家监管政策、法律法规等层面作出进一步改进，为非洲电子商务保驾护航。

近年来随着非洲经济水平日益提升，电子商务已然作为一种新兴的贸易形式进入非洲，且发展势头强劲，即使面临前所未有的挑战，非洲各国仍然以开放、包容的姿态迎接电子商务。非洲大陆自贸区能够促进区域经济一体化，完善区域贸易网络，加速区域经济发展，无疑对非洲电子商务的发展将有着非常深远的影响。

自贸协定签署以后，跨境贸易的关税壁垒将会大幅降低，各成员国之间将建立关税同盟，形成预清关系统和关税协议，大大缩短清关时间，对跨境电商发展是一个利好消息。

另外，电商企业择址一般为政治、经济中心，或交通发达的沿海城市，非洲电子商务企业初期多以首都或港口城市为依托，能利用其较为完善的物流交通网络、信息通信基础设施和集中人口的消费需求等有利条件，为发展奠定基础，而这有助于非洲城镇化发展。

（二）非洲电子商务发展的制约因素

1. 基础设施落后阻碍物流发展

在非洲的基础交通网络不发达，城市公路网密度差别大，城市及农村公路交通网覆盖不足，需扩展目前公路交通网的1~3倍才能做到全面覆盖。公路和

铁路网覆盖率不足，会为线上产品增加了数倍的运输成本；非洲各次级区域内公路缺乏连接、道路关键部分维护不善等问题会破坏大陆内部的有机连通，导致区域内部的人员货物无法实现迅速高效流转。

2. 信息通信基础不足

非洲大陆信息通信基础设施建设整体水平较低。撒哈拉以南非洲仍有三分之一的居民无法使用移动宽带，近年来非洲互联网普及率虽大幅度提升，但是互联网接入质量较低；非洲大陆区域间信息通信问题仍有待解决。拥有海底电缆的国家与内陆国家之间缺乏区域联系，跨区域和跨国家之间的地面宽带连接十分滞后；非洲各国之间的信息通信发展参差不齐。高收入国家相对较好，中低收入国家缺乏一个国家基础网络，在主要中心城市以外的网络通信费用昂贵，影响电子商务的普及推广。

3. 缺乏完整的物流系统

物流问题会限制电商规模发展。非洲整体的物流情况面临着前所未有的双重挑战，货物进口及分销到户的问题都亟须解决。进口物流主要面临的复杂性在于货物通关和税收，如通关程序复杂时间冗长、税收高。其次，产品分销到户的问题在于"最后一公里"配送难、邮政系统薄弱。加之物流运输公司少、容易因缺乏竞争造成物流费用虚高。且非洲物流运输缺乏数字化、信息化跟踪手段，不利于用户跟踪货物信息。非洲港口数量相对不足，近年来全球通过海运运往非洲的运输量增长迅速并超越其经济发展速度，导致港口供给能力无法满足实际需求。

4. 支付问题和融资困难

在非洲电子商务的支付方式主要分为货到付款和线上支付，而这两种方式都存在一定的局限性。非洲跨境电商存在跨境支付的严重障碍，因为非洲很多国家外汇短缺，对外汇管制十分严格，使接受外币付款变得复杂，造成电子商务平台跨境结算困难。

电商企业的发展是一个持续的过程，对资金也有持续的需求。在非洲，由于融资困难，很多电商初创企业电商运营成本高，蚕食利润，导致流动资金匮乏、企业无法盈利，甚至亏损。

5. 外国直接资本投资有限

非洲的外国直接资本投资相对有限，投资主要针对年轻的科技公司且集中在少数国家，对电子商务而言缺乏行业针对性和地域广泛性。最终融资比例较小加之激烈的市场竞争会导致电子商务企业无法运转走向倒闭。

6. 法律

非洲电子商务法律法规较为落后，很多国家仍然缺乏系统、透明的电子商务相关法律法规。法律法规的缺失会滋生更多的网络犯罪行为，导致消费者和企业缺乏在电子商务领域开展活动的信心。

三、中国在电子商务领域的合作

（一）从非洲电子商务发展的制约因素中寻找中非的合作机遇

前面分析了非洲电子商务发展的制约因素，这也是非洲亟待解决的问题，同时，非洲愿意学习中国的成功经验，从中寻找中非在电子商务领域的合作机遇。

（二）对接中国在非境外园区和在非中资企业

越来越多的中国工业园、加工区、农业园、经贸合作区、经济特区和自由贸易区，及中资企业星罗棋布地遍布在非洲，集群式地引入中国企业进行投资，形成产业链条，带动当地就业、地区资源的深加工和制造业的发展，也帮助改善了中国与这些国家的进出口贸易中存在的问题，这些合作区和中资企业是中非电子商务领域合作的实践者。

（三）助力非洲加大和完善基础建设的投入

只要基础设施得到了改善，不仅非洲的营商环境会进一步优化，同时还能创造就业与惠及民众，从而造就经济可持续发展的动能。随着非洲经济的发展，基础设施建设的需求也日益增加，尤其是交通基础设施，优化这些基础设施可以更有效地促进国家经济发展，中国应抓住机遇，应有针对性地进行长期规划，特别是在能源供应、通信、数字基础设施建设和其他支持性基础设施方面，需要形成一个有机联动的发展模式。同时加大中非航空合作力度，联合非洲大陆积极开发非洲单一航空运输市场，在支持非洲内部航空市场壮大的同时加大中非航空合作力度，有利于中非跨境电商的合作。

（四）跨境支付的合作

贸易畅通可利用跨境电商。中非电子商务领域在跨境电子商务中的跨境支付、跨境交付、航运相关数据保护上有很多工作可以做，应探讨能够在非洲的跨境电子商务上有类似贸易便利化协议的支持。

（五）数字人才培养的合作

当前，全球数字经济蓬勃发展，为跨境电商快速发展提供了新机遇。非洲的未来也将会通过推进跨境电商建设，提升监管便利化水平，加快构建适应跨境电商发展需要的产业链和生态圈，促进跨境电商高质量发展。电子商务活动需要大量的专业性人才，如线上营销人员、数据分析师、用户界面和用户体验设计师以及其他具备专业能力的工作人员，中非合作在当地进行数字人才培养，这将缓解技术人员短缺的问题。

第八章　我国在非洲海外产业园区建设的发展分析

　　随着中国走向世界的步伐加快，中国企业走出去的规模在加大，众多海外产业园区蓬勃发展，海外产业园区为企业抱团"走出去"创造了有利条件，不但帮助中国企业更快熟悉和适应当地的人文及资本环境，而且提高了当地贸易和投资合作水平，为当地提供了一定的就业机会。中国的投资者在非洲兴建的一批工业园区，已在非洲地区的埃及、尼日利亚、肯尼亚、南非、埃塞俄比亚、吉布提、毛里求斯等国家建立了多个境外合作区，有力推动了中国与非洲产能合作和非洲工业化进程，帮助其建立更完整的工业体系、提升其制造能力，同时有助于非洲的城镇化发展，促进该国经济起飞。

　　本章梳理了目前中国在非洲的海外产业园区的建设现状，并分析其存在的困难和问题，方便企业寻找可深入合作的机遇，尤其是关注了一些优秀的在非的海外产业园区，总结其可推广的成功经验。进一步从海外产业园区建设运营管理模式、海外产业园区的建设运营效果评价、借鉴国内各种园区的建设的成功经验等方面探讨促进我国海外产业园区健康发展的具体政策措施。

第一节　我国在非洲海外产业园区的起源

　　随着中国与非洲经济合作快速发展，合作模式发生深刻变化，其中产能合作成为中国与非洲经济合作的重点领域。2000 年前后，随着"走出去"战略的推行，中国在非经营企业不断增加，中国贸易类企业面临激烈竞争，利润下降，只能就地建厂。同时，欧美对中国产品实行配额限制，纺织、轻工、电子产品等技术含量低、利润微薄的企业经营困难，而非洲地区不受西方配额限制，并享有关税减免，一些中国生产企业开始走进非洲。为推动中国与非洲产能合作，中国与非洲共同规划、建设和运营了一批产业园。共建产业园符合中国"一带一路"倡议精神和非盟《2063 年议程》的战略目标，符合中国与非洲共同利益，可以更高效地利用中国与非洲发展差异形成的比较优势。

在各项政策利好条件的带动下，中国企业投资热情进一步高涨，中国与非洲共建产业园进入特区建设阶段。一系列工业制造园区、物流园区、临港经济园区、高技术园区等各种类型的产业园区陆续启动，丰富了中国与非洲共建产业园的类型，提升了产业园的合作规模和层级。同时，中国企业建设的产业园进一步拓展到农业、旅游、医疗等领域。中国企业建设运营的境外合作区，为中国优质产品、产能、产业链出海，对接非洲生产要素，拓展国际市场，助力中国与非洲发展，共同实现现代化提供了优质的合作平台。

2000 年前后，中国与非洲共建产业园开始涌现。2006 年中非合作论坛北京峰会大大促进了产业园的发展，大型企业纷纷加入非洲产业园建设的浪潮。2018 年中非合作论坛北京峰会后，产业园进入特区建设阶段。

海外园区为企业抱团"走出去"创造了有利条件，降低了运营成本。我国大量的企业"走出去"倡议的同时，面临着对当地政策、环境不熟悉的情况，企业单兵作战往往会加大其在当地的运营成本。同时随着"一带一路"倡议的推进，中国企业走出去的模式正在逐步由产品走出去，"企业走出去"转向"产业集群走出去"，以降低投资风险和成本、规避贸易摩擦，并且在没有形成产业集群效益的国家获得先发优势。海外产业园区相当于一个海外的"家"，统一运作、统一管理，能够为企业提供强有力的后援支持，降低企业的协调和沟通成本，帮助到海外发展的企业"抱团打天下"。进入产业园区的企业在税收、劳工和土地政策方面均可享受极大优惠，同时可得到政府、投资、金融、物流等方面的有效服务。这些企业能从国内带去新技术，同时携资进入共建园区，不仅给当地带来了新技术和管理经验，同时解决了当地就业问题，为当地贡献了税收。海外产业园区一个非常重要的特点就是不同国家的园区属性不同，根据当地的资源禀赋再确定发展哪个领域的机会，使得资金、技术、劳动能够有机地结合起来，提高劳动生产率，最终提升当地的经济发展水平。

因此为提高我国在非海外产业园区建设、发展的质量和水平，梳理目前在非境外经贸及产业园区的建设现状，详细分析我国建设海外产业园区在的困难和问题，探讨促进我国在非海外产业园区健康发展的具体政策措施❶，提升共识，具有切合实际需要的现实意义。

第二节　我国在非洲的海外产业园区的建立及运营分析

非洲现有人口总数超 14 亿人，预计其劳动力人口将在 2034 年前超过中国和印度。丰富的劳动力人口资源、加速的城市化进程以及日益增长的消费力水平等因素，都使得非洲经济增长前景喜人。同时非洲国家普遍渴望实现工业化和经济多元化，急需外来投资和技术转让❷，热切期待学习借鉴中国的成功经验和发展模式。

---

❶ CCG 助力"一带一路"海外园区建设 [EB/OL]. （2017-04-26）[2025-04-28].http://world.people.com.cn/n1/2017/0426/c1002-29238014.html.

❷ 宋微，尹浩然.中国促贸援助助推非洲发展：成效、挑战与合作路径分析 [J]. 全球化，2024（1）：57-62.

一、我国在非洲的海外产业园区的运营模式

（一）政策支撑

2006 年，中非合作论坛北京峰会召开，推动中国与非洲经贸合作进入新的历史阶段。中国与非洲双方确定了"推动非洲工业发展、加强非洲生产和出口能力"的目标。这次峰会上通过的《中非合作论坛——北京行动计划》宣布"在 2007—2009 年支持有实力的中国企业在有条件的非洲国家建立 3~5 个境外经济贸易合作区，进一步推动扩大对非投资"。

2006—2018 年是机制化发展阶段，中国与非洲陆续推动签署双边促进和保护投资协定、避免双重征税协定，保护双方投资者的合法权益，为中国与非洲共建产业园制定了政策保障。中非共同改善投资环境，对双方的投资企业在许可手续、物品通关、人员出入境等方面给予必要的便利，产业园区运营中的一系列问题很大程度上得到缓解。另外，中国政府成立了中非发展基金，鼓励和支持企业到非洲投资兴办促进当地经济社会可持续发展的项目。

2018 年中非论坛北京峰会宣布了中非合作的八大行动，提出实施产业促进行动，中方将加强对非洲加工制造业、经济特区、产业园区等产业发展的支持力度，支持中国民营企业在非洲建设工业园区、开展技术转让，提升非洲国家经济多元化程度和自主发展能力。中方将鼓励中国企业扩大对非投资，在非洲新建和升级一批经贸合作区，推动中国企业未来 3 年对非洲投资不少于 100 亿美元。

为解决产能合作面临的基础设施不足、贸易不够便利、公共服务不足等问题，中非双方决定实施设施联通行动、贸易便利行动、能力建设行动。为了解决中非产能合作中的金融困难，中国政府宣布"继续加强和非洲国家本币结算合作，发挥中非发展基金、中非产能基金、非洲中小企业发展专项贷款作用"。

为促进中国与非洲之间产能合作，2018 年中非论坛峰会宣布将"一带一路"同联合国 2030 年可持续发展议程、非盟《2063 年议程》和非洲各国发展

战略紧密对接。截至 2024 年 9 月，52 个非洲国家以及非洲联盟加入"一带一路"朋友圈，与中国签署了共建"一带一路"合作谅解备忘录。

（二）我国在非海外产业园区的建立模式

越来越多的中国工业园、加工区、经贸合作区星罗棋布地遍布在非洲这片广袤的土地上。中国已在非洲地区的赞比亚、尼日利亚、埃塞俄比亚、毛里求斯和埃及等国家建立了多个境外合作区。❶非洲这些合作区借鉴中国开发区的成功经验，集群式地引入中国企业进行投资，形成产业链条，带动非洲地区资源的深加工和制造业的发展，也帮助改善了中国与这些国家的进出口贸易中存在的问题。

中非合作区具有特殊性，概括地说，是以大型企业为主，政府提供支持为辅。具体做法是由中国商务部牵头，与政治稳定且同中国关系较好的国家政府达成一致，然后以中国国内审批通过的企业为建设经营主体，由该企业与国外政府签约，在国外建设经贸合作区，再由该企业开展对外招商，吸引国内外相关企业入驻，形成产业集群。

如埃塞俄比亚东方工业园重点发展适合埃塞俄比亚及非洲市场需求的纺织、皮革、农产品加工、冶金、建材、机电产业，建成以外向型制造加工业为主，并有进出口贸易、资源开发、保税仓库、物流运输、仓储分拨、商品展示等功能，逐步形成集工业、商业、商务、居住、娱乐等多行业、多功能发展的工商贸综合功能区。

1. 由贸易企业创新的合作模式

2000—2006 年，中国与非洲共建产业园最初是由贸易企业创造的合作模式。如河南国基集团早期与西部非洲国家开展贸易，2002 年开始在塞拉利昂建设工业园，将废弃的火车站改造为生产性和组装性的工厂，陆续吸纳中国企业

❶ 郑军. 走进非洲的投资热土：尼日利亚莱基自贸区 [J]. 国际工程与劳务，2017，1：34-38.

入驻，生产建材、电器组件、塑料制品、涂料等。虽然该工业园由于塞拉利昂内战等原因没有进一步发展，但代表了当时中国企业投资非洲的新趋势。

2. 中国企业依托贸易促进中心形成工业园

20 世纪 80—90 年代，中国商务部曾依托各省商务厅在非洲 11 个国家建立贸易促进中心，贸易促进中心逐渐成为所在省内企业投资非洲的桥梁。同省企业聚居一地，抱团合作建设工厂，逐渐形成工业园区。尼日利亚、乌干达、喀麦隆、坦桑尼亚、埃塞俄比亚等国的工业园或者加工区就带有鲜明的中国各地省市地域企业的特色。

3. 由中国大型企业主导的工业园

大型企业进入非洲，最初从事资源开发。由于资源开发需要上下游产业链条的支持，而非洲相关产业缺失，因此服务大型企业的上下游企业随之进入非洲，自发形成工业园区。

4. 非洲政府邀请中国企业建设工业园

该模式是从 20 世纪 90 年代末开始的，非洲政府邀请中国企业建设工业园，非洲多个国家领导人提出建设本国的深圳和苏州，得到了中国政府的积极回应。如 1994 年埃及总统穆巴拉克参观天津开发区时，提出由天津开发区与埃及共建工业园区。2003 年，天津开发区的泰达集团独资购买了 1 平方公里土地，独立建设苏伊士工业园。

（三）我国在非海外产业园区的类型及运营模式

中非经贸合作区是当今时代的发展趋势，当前在非境外园区主要有三种类型。

（1）资源能源导向型：以资源和能源开发作为基本依托，例如赞比亚中国经贸合作区靠近铜矿产地、尼日利亚莱基自由贸易区重点发展石油加工等。

（2）轻工出口型：重点利用合作区所在的区位优势，例如中埃苏伊士经贸合作区、毛里求斯晋非经贸合作区分别利用苏伊士运河和印度洋枢纽，发展纺织和电子装配等出口工业。

（3）商贸综合型：出口与内销同时展开，包含产业种类较多，如尼日利亚广东经贸合作区。

中国在非洲的境外园区运行模式主要有以下几种。

（1）加工区模式海外产业园区。很少或不进行科研开发工作，通过集中本地以及周边地区的优势加工企业，或利用既有外来高新技术成果，生产高新技术产品。主要有制造业加工园区、劳动密集型加工园区、能源资源加工区、农业加工区。

（2）产业带模式海外产业园区。该模式的工业园区一般由若干规模较大的各类科技园区、工业园区和科研机构、企业群体连成一片所组成。既有优势企业主导型产业带，有较大的特色企业或是政府通过政策等形成优势企业，产业间集聚功能强、竞争优势显著、产业链体制完善、容易形成规模经济；又有中小企业集聚型产业带，形成企业之间相互协助又竞争的竞合关系。大多数由大型国企和民企主导建设的海外园区属于此范畴。

（3）科技城模式海外产业园区。该模式一个重要的前提条件是本地拥有优质丰富的科教智力资源，可以依托本地高校、科研院所等丰富的科技资源，通过科技成果转化衍生出一批高技术领域的创新型企业，实现高新技术产业发展。

还有资源利用、商贸物流等传统园区模式，以及利用创新服务平台和国际科技合作平台，尝试打造"空间＋服务＋资本＋孵化"优质产业的生态系统的新模式园区。

二、我国在非洲建立海外产业园区存在的困难

由于我国在非洲的海外产业园区建设面临不同国家、不同地区，地理自然条件、经济发展的局限性及对经济合作的要求等方面背景差异大，存在实体

先行、企业先行、缺乏理论指导，有摸石头过河的现象，因此发展中面临很多问题。

（1）存在安全问题。非洲一些国家安全形势不容乐观，存在恐怖主义造成的威胁，及国家的主权领土纠纷的边界问题，种族和宗教冲突、反政府武装的存在等地区安全问题，还有一些国家恐怖主义、疾病和社会治安等安全风险总体较高。

（2）合作体系的完善性欠缺。海外园区运行涉及当地国家现有的国际政治、经济、金融、贸易、能源、文化等体系，受国际格局发展演变复杂性的影响，受中国与当地国家政府间关系及世界国际关系中的多边关系的影响，错综复杂，我国与一些非洲国家合作体系完善性欠缺。

（3）缺乏综合型人才。缺乏懂当地语言、精通当地国家的政策法规、懂经济规律、懂园区运行管理的综合型人才。

（4）营商环境有待改善。建设或拟建设海外园区所在国家涉及外贸、投资、税收、劳工、海关、外汇、保险等多个方面的法律法规存在不规范，有待发展，且存在法律和政策方面执行上的障碍，优惠政策不配套、政府服务跟不上等问题普遍存在。

（5）融资难。跨境园区建设尤其是工业园往往需要大规模的一揽子投资，涉及面广，投入资金大，工程建设周期较长，先期投入较大，由于我国目前缺乏"外保外贷"和"外保内贷"等服务，境外资产在国内获得贷款难，企业主要通过出租土地和厂房、物业、公共设施开发以及提供服务等方式盈利，不少园区开发企业面临融资难。另外一些国家金融体系不够成熟完善，金融机构抗风险能力较弱，货币币值不稳定，通货膨胀较高，外汇管制严格等。

（6）一些国家对产业园和经贸园要求提供就业机会的期望过高。

（7）对"一带一路"倡议的误解。一些国家对我国"一带一路"建设缺乏理解，有不合作情绪。

（8）非洲对欧洲的盲目崇拜。欧洲数百年在非洲的殖民史造成一些非洲国家对欧洲标准有着盲目崇拜，这影响中国企业的进入，同时西方国家还在加强对非洲施加影响。

（9）政治转型的影响。一些非洲国家政党轮替、政府更迭频繁，政局变动，政策缺乏稳定性、延续性。

（10）外部经济环境冲击。当前全球经济持续低迷，国际大宗商品价格大幅下降，直接影响非洲能矿产品出口和国际社会对非投资的积极性，严重冲击了非洲国家发展势头。

第三节　我国在非海外产业园区的建设现状

中国与许多非洲国家建立了很多示范园区，应以此为载体，助力企业主体将产能输送出去。

一、我国在非海外产业园区的发展历程

2006年8月，商务部批准了首批8个境外经济贸易合作区：中国—马来西亚关丹产业园区、中国—巴基斯坦海德拉巴工业区、中国—埃塞俄比亚东方工业园、中国—赞比亚中国经济贸易合作区、中国—尼日利亚广东经济贸易合作区、中国—俄罗斯斯拉夫扬斯克工业园、中国—卢旺达基加利经济开发区和中国—肯尼亚蒙巴萨港工业区，其中有五个都是在非洲。2006年中非合作论坛北京峰会召开之后，更多中国投资者来到非洲建设产业园区，最早在非洲形成产业链条的行业为能矿、基建行业和纺织业。

（一）我国在非海外产业园区的建设节点

1998年，中国有色集团获得赞比亚谦比希铜矿的地表土地开发权，随后开始进行矿产冶炼工作，2003年规划建立中国第一个国外有色工业园区；

2004年诸暨越美集团在尼日利亚建设纺织工业园；

2005 年广东溢达在毛里求斯投资纺织产业园；

2006 年，在被誉为"非洲威尼斯"的尼日利亚拉各斯东南部的莱基半岛，尼日利亚莱基自贸区挂牌成立；

2008 年苏伊士经贸合作区（中埃·泰达苏伊士经贸合作区）成立，位于埃及苏伊士省苏赫奈泉港，由中非泰达投资股份有限公司运营，是中国政府批准的第二批国家级境外经贸合作区；

2009 年年初，天唐集团在乌干达注册建设天唐工业园，10 多家企业陆续入驻；

2009 年年底，山东新光集团在南非建设纺织工业园，自投资金设立了 6 个工厂，生产的毛毯等产品占据了南部非洲国家市场的 30%；

2010 年，中石油在乍得开工建设阳光国际工业园，先后吸引 10 多家上下游企业入驻；

2012 年，安徽省外经建设公司在莫桑比克的贝拉投资开发贝拉经贸合作区，绍兴景瑞服饰有限公司在多哥投资建设多哥国际商贸中心；

2013 年 3 月，南非开普敦亚特兰蒂斯工业园在习近平主席访问南非期间，同祖马总统共同见证下签署了双方共建工业园的协议；

2013 年，招商局集团与坦桑尼亚政府签署协议，规划建设巴加莫约临港产业区，青岛瑞昌棉业有限公司在赞比亚规划建设赞比亚农产品加工合作园区；

2014 年年初，河北钢铁等十几家企业与南非林波波省政府签约，规划建设非洲最大规模的钢铁城；

2014 年年底，青岛恒顺众昇等企业与津巴布韦政府签署了建设铂金锂铌冶金特区和工业园的协议；

2015 年年初，华坚集团在埃塞俄比亚的亚的斯亚贝巴郊区建设国际轻工业城；

2015 年年底，中国港湾工程有限责任公司与科特迪瓦政府正式签署协议，建设首都经济圈中的高科技工业园区；

2015年年底，中地海外集团开工建设塞内加尔综合工业园区，吸引重庆、四川、广东、河南等生产企业参与投资建厂；

2016年，中国路桥公司与刚果（布）签署黑角港项目，建设物流中心、制造业中心、航空中心以及能力建设中心；

2017年，北汽集团投资8亿美元在南非的库哈兴建工业园；

2018年1月，中国国家质检总局与坦桑尼亚政府签署木薯进口检验检疫协议，一家中资民营公司TAEPZ开始建设木薯加工区，计划投资10亿美元，建设十多个生产型加工厂；

2018年7月，中建材赞比亚工业园举行竣工投产仪式，工业园位于首都卢萨卡东南大约19公里处，成为连接中赞友谊的纽带；

2018年3月中乌姆巴莱工业园启动，位于乌干达东部姆巴莱市，打造现代化中乌友谊示范园区，由乌干达天唐集团运营，是乌干达国家级工业园；

2018年11月，中车集团在南非成立联合研发中心，助力在南非建立的轨道交通制造基地发展；

2018年年底，中交集团承建的埃塞俄比亚季马工业园竣工，吸引纺织、服装等企业入驻。

2019年，埃塞俄比亚GSEP工业园区开始招商。面积占地59万公顷，以轻工业为主导产业，配套以其他产业；

……

应对这些海外产业园区进行跟踪分析，经验总结，进行效果评估。

（二）在非海外产业园区发展的新动态

前面只罗列了我国在非洲部分海外产业园区，疫情三年我国在非洲新的境外建园基本停下来，但疫情结束后又有所恢复，这里介绍一下在非海外产业园区发展的新动态。

1. 发展高科技型园区

随着互联网科技的快速发展和渗透，发展高科技型园区成为趋势，新的商业模式不断产生，传统行业积极通过技术和管理创新转型升级，我国在非洲也逐步出现发展高科技型的海外产业园区。

2. 发展数字经济

随着在非海外产业园区产业的集聚，亟须数字经济为发展赋能。如为帮助自贸区企业在非洲市场加快战略布局，2024上半年，莱基开发公司还与Egatee尼日利亚公司签署战略合作协议，借助Egatee的综合B2B电商平台，利用数字化工具提升自贸区企业销售和物流效率，打造共同出海的生态联盟。

3. 对标全新的国际经贸规则

为带动园区更高水平发展，主动对标全新的国际经贸规则。如为深入挖掘自贸区差异化发展优势，莱基自贸区主动对标全新的国际经贸规则，重新将自贸区定位为"前港—中区—后城"产城融合发展，打造精细化产业园，"一区六园"的规划布局带动自贸区发展提档升级。

4. 注重绿色发展

注重绿色发展为中非合作高质量发展添砖加瓦。如泰达合作区不仅自身践行低碳可持续发展路径，同时积极响应"绿色发展伙伴行动"号召，配合埃及政府国家低碳战略，鼓励企业关注环保，着力吸引新能源和绿色低碳项目，推动埃及绿色低碳发展，2024年中非合作论坛峰会期间，泰达合作区与6家行业知名企业所签署的落地于合作区的六个项目总额大约10亿美元，其中不乏光伏玻璃、氯碱化工、太阳能电池片等绿色低碳项目。

尼日利亚莱基自贸区以绿色化低碳化赋能制度创新。2024年以来，莱基开发公司正主动对接中国政府主导下的南南合作低碳示范区项目，发挥在能源和交通领域低碳示范应用的作用，推广低碳发展理念和绿色生产生活方式，为引导共建"一带一路"国家综合开发区绿色低碳发展转型增添新注脚。

5. 与中国国内园区联动发展

如莱基自贸区成功与中国国内自贸区牵手合作，为"双自联动"发展、共促国际、国内双循环蹚出了一条发展新路。2024 年 7 月，莱基自贸区与青岛自贸片区建立战略合作伙伴关系，双方形成定期互访机制，共同为青岛市企业走出去搭建数字化海外仓＋国内港口保税仓＋产地仓等基础设施，打开合作共赢之门。

6. 物流型海外产业园区

为更高质量建设中非经贸深度合作区，为便利中非贸易的扩大和多样性，近年出现物流型海外产业园区。湖南省正在肯尼亚等 9 个非洲国家布局 14 个公共海外仓，打造"海外仓＋展览展示＋检验检测＋供应链金融"体系。例如，在肯尼亚内罗毕到蒙巴萨公路沿线园区，一座占地面积约 2 300 平方米的现代化物流仓储基地拔地而起，这是湖南非洲（肯尼亚）公共海外仓。除仓储、物流等常规服务外，仓库还具备产品展销、活动举办、生活办公等功能。同时，依托湖南粮油进出口集团作为国际贸易专业服务商的优势，提供专业的供应链金融服务。接下来，还将联合检测机构和当地金融机构，提供产品预检等服务，进一步丰富金融产品。

二、在非海外产业园区的成功发展案例

我国在非洲的海外园区很多已经发展比较成熟，合作成果已日渐显现。在中非合作论坛政策的推动下，苏伊士经贸合作区等 7 个已有的产业园入选中国商务部境外经贸合作区项目，有些还成为所在国的重点产业项目，这些合作区得到了中方和当地政府的众多优惠政策支持。

另外，海信南非工业园、亚的斯亚贝巴—吉布提标轨铁路及沿路产业带、蒙巴萨—内罗毕标轨铁路及沿路产业带、蒙巴萨经济特区等中非产能合作和产业对接项目正稳步推进，这些对国内企业走出去有着有利的条件，充分发挥着其在"一带一路"中建设中的作用。

（一）中埃泰达埃及苏伊士经贸合作区

中埃双方共同建造的苏伊士经贸合作区（以下简称"泰达合作区"），位于苏伊士运河走廊，主导的产业为纺织服装、石油装备、高低压电器、新型建材及精细化工，占地面积 7.34 平方公里的泰达合作区，是一个全方位的、功能非常齐全的贸易区。❶ 合作区由中非泰达投资股份有限公司（简称"中非泰达"）运营，合作区建区企业：天津泰达投资控股有限公司、天津开发区苏伊士国际合作有限公司和埃及埃中合营公司合资组建。

过去这里是一片沙漠戈壁，目前，园区内聚集了一批中国乃至世界 500 强企业，有巨石、西电、大运、美的、新兴铸管、丰尚、万和等多家中国行业龙头企业，截至 2024 年 6 月底，共吸引 170 家企业入驻，投资总额达到了 21 亿美元，累计销售额约 49 亿美元，上缴埃及税费近 3 亿美元，直接解决就业近万人。泰达合作区还为埃及吸引了众多的投资，在引领中企扩大世界市场、带动埃及产业升级、促进埃及出口和就业等方面发挥了良好的示范作用。

这里是埃及境内综合环境最优、投资密度最大、单位产出最高、中资企业最密集的园区，被埃及政府评价为埃及经济发展的未来和希望，是埃及工业园区发展的理想典范，在中埃携手促进非洲大陆工业化和城镇化进程中发挥重要作用。

2024 年中非合作论坛峰会期间，泰达合作区与 6 家行业知名企业所签署的落地于合作区的六个项目总额大约 10 亿美元，其中不乏光伏玻璃、氯碱化工、太阳能电池片等绿色低碳项目，为泰达合作区今后的发展提供了新的契机。

产城融合走进埃及是城镇化科学发展的核心要义。中方将这一理念完美地引入泰达合作区的设计与发展中。园区需要有商业和居住的支撑，最大程度地利用区域和土地的价值。经过多年的开发，园区建成了综合配套服务中心，包括公寓、餐厅、健身房、员工俱乐部、四星级酒店、游乐园等设施，丰富了入

---

❶ 叶中华. 以工业化和城镇化为引领中埃高质量共建"一带一路"[N]. 中国城市报，2024-10-14.

驻员工的业余文化生活，也带动了园区的商业价值。以产兴城，城兴促产，二者不断牵引互动，促进创新升级。❶

泰达合作区的建设为埃及带来了发展战略升级、增加了就业机会、促进了本地产品的生产、减少了进口需求，同时还改善了基础设施并推动了高新技术的发展，为埃及的经贸发展注入了活力。

注重绿色低碳和产城融合发展。泰达合作区不仅自身践行低碳可持续发展路径，同时积极响应"绿色发展伙伴行动"号召，配合埃及政府的低碳战略，鼓励企业关注环保，着力吸引新能源和绿色低碳项目，推动埃及绿色低碳发展，为中非合作高质量发展添砖加瓦。

未来将增加对绿色能源和新能源项目的投资，以及与中方共同建设港口和培训中心，以促进本地化发展并提高企业员工的本土化水平，在此前成功合作模式的基础上，期望通过进一步合作实现共赢。

（二）达之路吉布提经济特区

位于非洲东北部非洲之角的吉布提，是一个非洲小国，国土面积 2.32 万平方公里，人口总数为 1 066 809❷，突破 100 万，人口年轻化和城市集中化特征明显。人口年龄中位数为 22.9 岁，年龄平均数为 25.6 岁，84.3% 的人口集中在城区，其中 72.8% 的人口集中在首都吉布提市。吉布提的地理位置极为重要，位于非洲东北部的非洲之角，濒临红海和亚丁湾，隔曼德海峡与也门相望，共同扼守红海出海口。从吉布提到也门的海上最短距离仅 18 海里，红海南端是曼德海峡，北端是苏伊士运河，贯通地中海和印度洋，处于亚非欧三洲的十字

---

❶ 纺织国际产能合作 . 极具吸引力的非洲投资目的地：埃及 [EB/OL].（2024-04-30）[2025-04-27]. https://mp.weixin.qq.com/s?__biz=MzIwNzcwNTY0MQ==&mid=2247491030&idx=1&sn=17ddd8e39cbe50ef168f32432f23a0fd&chksm=9652a8fcaafa40806ba28e8ec4f8ae0e881dcbbe81b6eb3f60d075e1b47602d56719cc1c1419&scene=27.

❷ 吉布提第三次人口普查临时结果显示吉人口突破 100 万 [EB/OL].（2024-09-15）[2025-04-28]. http://dj.mofcom.gov.cn/jmxw/art/2024/art_a61661c0e997442497060c0b22879d42.html.

路口，因此吉布提的战略位置至关重要，它扼守全球第二大繁忙航道，每年有超过 2 万艘商船经过这里，进出红海的船舶在吉布提一览无余。

2014 年 1 月 27 日，在吉布提共和国总统盖莱的见证下，达之路集团和吉布提政府签署了授权设立"经济特区"的备忘录，这是中国民营企业首次被授权在非洲国家设立经济特区，对吉布提政府而言这也是一种全新尝试。达之路吉布提经济特区获得租借大片土地租借 90~99 年不等的权利，由拉西亚半岛、七兄弟岛、奥博克等五个区块组成。达之路吉布提经济特区的建立和启动，也让中国建设经济特区的成功经验可以复制到非洲，吉布提政府希望能够学习中国深圳等经济特区发展经济和上海浦东开发开放的成熟理念和成功经验，希望凭借其优越的地理位置和明确的发展方向，致力于打造东非航运中心。

达之路集团所扮演的角色不是一个简单的投资者，而是经济特区的管理者和运营者。吉布提政府授予了达之路集团排他性的经营管理权，在经济特区可以建立旅游城市，修建机场、海港，设立船舶修理中心，提供船舶供应服务，设立金融、电信和医疗中心等。[1] 经济特区的建设施工无须经过吉布提政府审批，可根据中国的标准和规范自行决定，从而使达之路吉布提经济特区具有"政府授权""长期租借""拥有排他性的自主经营管理权""立足特区辐射全东非"的鲜明特色。达之路吉布提经济特区不同于一般意义上的开发区或工业园区，而是一座功能完整的城市。

吉布提国土面积狭小，气候终年炎热少雨，90% 以上的国土是荒漠，不适合耕种和农业生产；吉布提的自然资源也比较匮乏，水主要依靠海水淡化和从埃塞俄比亚引入，成本较高，电力主要依靠从埃塞俄比亚进口，生产要素成本高，同时也缺乏配套的产业链，因此吉布提目前并不适合大规模地发展生产制造业和加工装配业。但吉布提社会安定，是东非的和平绿洲，经济特区发展的重点不在于引进制造业和加工工业，而是着眼于建设一座为整个东非服务、适

---

❶ 焦竞赛，吉布提总理视察达之路吉布提经济特区 [EB/OL]. （2017-08-02）[2025-04-28]. https://mini.
eastday.com/a/170802132838543.html.

合居住并提供各种商业服务的新城，着力引入各类商业服务和贸易企业，利用吉布提港口航运业发展潜力巨大、外汇兑换自由、社会安定等优势，以吉布提为中心为周边各国提供服务。

吉布提是非洲少有的没有外汇管制且允许外币自由兑换的国家，汇率保持长期稳定，这非常有利于服务业和金融业在吉布提发展。吉布提的邻国埃塞俄比亚有 1.27 亿人口，经济体量较大，但外汇管制很严，因此如何利用吉布提的外汇优势和埃塞俄比亚的市场优势开展业务这是值得研究的。如有一些中国企业把总部和仓库设在吉布提，把分销机构设在埃塞俄比亚，利用两个市场各自的优势和特点来做生意。

（三）尼日利亚莱基自贸区

2006 年，在被誉为"非洲威尼斯"的尼日利亚拉各斯东南部的莱基半岛，尼日利亚莱基自贸区挂牌成立，是中国和尼日利亚两国政府间的境外经贸合作项目，启动以来得到了中尼两国政府的高度关注和大力支持。2007 年 11 月，莱基自贸区被中国商务部批准为"境外经济贸易合作区"；2010 年通过了商务部和财政部的确认考核；2010 年 4 月，获得国家发展和改革委员会的境外投资核准批复。

自贸区占地面积达 30 平方公里，以生产制造业与仓储物流业为主导，以城市服务业与房地产业为支撑，在莱基自贸区内可享受尼政府给予的一系列优惠政策和便捷的"一站式"服务，已成为东道国对外开放的前沿阵地。❶ 截至2024 年 ❷，已与 119 家企业签署了投资协议，投资总额超过 30 亿美元，上缴东道国各种税费约 1.25 亿美元，累计完成进出口额近 14 亿美元，拉动我国出口

---

❶ 尼日利亚莱基自贸区：乘"一带一路"倡议东风 渐成投资非洲热土尼日利亚莱基自贸区：乘"一带一路"倡议东风 渐成投资非洲热土 [EB/OL].（2023-10-19）[2025-04-27]. https://baijiahao.baidu.com/s?id=1780192469548374534&wfr=spider&for=pc.

❷ 尼日利亚莱基自贸区：打造中非经贸合作新典范 [EB/OL].（2024-08-02）[2025-04-27]. https://baijiahao.baidu.com/s?id=1806260991867354959&wfr=spider&for=pc.

超过 7.25 亿美元，是推动高水平开放，高标准打造"试验田"。

莱基自贸区位于尼日利亚最大城市、经济中心拉各斯以东约 60 公里的莱基地区，莱基港距离自贸区仅 3.5 公里，这是西部非洲最大的深水港，产品将可以辐射到周边国家。南临大西洋，北依莱基礁湖，地势平坦，风景秀丽，与其同属于拉各斯州政府规划的自由贸易区，在尼日利亚海关辖区之外。总体规划四个区块，总面积 165 平方公里，其中西南区块规划 30 平方公里，由中企主导投资的莱基自贸区开发公司运营管理。是拉各斯正在发展中的新兴卫星城市，也是当前尼日利亚发展最快的新区之一。

莱基自贸区是由中国铁建股份有限公司、中非发展基金有限公司、中国土木工程集团有限公司和南京江宁经济技术开发总公司组建成立的中非莱基投资有限公司，与拉各斯州政府和莱基全球投资有限公司共同投资和建设的经济特区。❶

作为境外高水平开放的先行区，全方位对外开放的自贸区，莱基自贸区联通着尼日利亚国内市场和国际市场，更是推动国内国际双循环发展的重要支撑平台。在中国铁建莱基自贸区开发公司（简称"莱基开发公司"）运营下，高标准对接国际经贸规则，瞄准建立"前港—中区—后城"产城融合的园区定位，锚定"促进国内国际双循环、承接中国企业开展国际产能合作平台"目标，致力于打造"政府引导、央企实践、中非合作"新典范。

为深入挖掘自贸区差异化发展优势，莱基自贸区主动对标全新的国际经贸规则，重新将自贸区定位为"前港—中区—后城"产城融合发展，打造精细化产业园：重点发展化工及石油天然气相关产业；建设保税物流产业园，大力发展临港保税仓储物流产业；引入矿产加工产业园，积极发展矿产深加工产业；打造卫生用品园中园，带动上下游产业链互利共赢；建设医药生产园中园，推动大健康产业发展；打造电器园中园，培育发展制造业。"一区六园"的规划布局带动自贸区发展提档升级。

---

❶ 资料来源：中华人民共和国商务部网站，"走出去"公共服务平台—境外经贸合作区—境外经贸合作区名录，http://www.mofcom.gov.cn/。

1.贸易便利

莱基自贸区开发公司与当地海关简化了自贸区和莱基港之间的通关流程手续。在新的绿色通关便利机制下，自贸区在园区内设计建立占地约 1 万平方米的海关清关中心，集电子化和网络化清关于一体，大大提升了货物通关的速度和便利性。如今，入驻企业在莱基自贸区内就可以完成关税评估和缴纳，由海关清关中心直接签字放行。这种模式下，货物进出口通关由以往的两周，改为大约三天时间完成，通关效率提高到 60% 以上，企业的物流成本平均下降了 30%。

开发公司在自贸区规划设计了工业加工区、海外保税仓、尼日利亚境内出口物流区、国际贸易中转物流出口区。基于各个区块的功能特点，莱基开发公司联合尼日利亚海关精细简化了各区块的海关监管需求，采取不同的监管流程手续，大幅降低了企业内销尼日利亚的时间成本。

贸易和投资自由化便利化为自贸区企业发展带来的效应逐步显现。随着入驻企业生产经营开足马力，金融的改革创新又成为打通自贸区制度创新的新"堵点"。企业账户、贸易融资、贷款、跨境金融服务是入驻企业最基础的服务需求。莱基开发公司积极与尼当地金融机构携手合作，为企业提供高效的换汇服务。

2.绿色发展

以绿色化低碳化赋能莱基自贸区制度创新，是莱基开发公司努力探寻的新路径。2024 年以来，莱基开发公司主动对接中国政府主导下的南南合作低碳示范区项目，发挥在能源和交通领域低碳示范应用的作用，推广低碳发展理念和绿色生产生活方式，为引导共建"一带一路"国家综合开发区绿色低碳发展转型增添新注脚。

莱基自贸区作为国家级境外自贸区，优惠的税收政策和安全的营商环境，是给企业最大的支持。大到土地、厂房租赁和稳定的水电供应，小到公司注册、商标认证和法律文件手续等问题，莱基开发公司都事无巨细帮助解决，贴心的一站式服务也让项目进程提速提质。

3. 宜居又宜业的营商环境

自贸区的免税和保税政策使得区内企业比尼日利亚关税区享受税收减免高达30%~40%；区内企业生产加工的所有商品，在依据尼日利亚政府有关规定交付相关关税后，可在尼日利亚国内市场销售，产品关税仅在离开自贸区时按照进口时原材料价格和零部件价格计算和征收。如果产品出口到其他第三地或尼日利亚其他自贸区，那么园区企业的关税将予以免除。这些优惠政策为园区内企业有效化解了资金压力。系统治理、协同发力是优化营商环境的关键。针对内陆运输成本居高不下的问题，莱基开发公司主动对接达飞、马士基、中远等船运公司，优化海运方案，帮助企业降低运输成本约15%；截至目前，实现了24小时不间断稳定供电，大幅改善了电力供应服务，吸引入驻企业。

4. 园内企业类型众多

随着园区入驻企业逐年增多，投资企业的产业、类别逐渐多样化，生产加工类、进出口贸易类、日化类、电器制造类等企业不断涌现，园区逐渐显现出勃勃生机。

以克劳丽化妆品公司为例，2020年7月，该公司在莱基自贸区顺利实现了批量投产。公司的厂房建筑面积达4.19万平方米，拥有6条高速牙膏生产线，目前牙膏年产量3亿支，同时还具备生产膏霜乳液、洗发水、沐浴露、香皂等的全套生产线。这样一个为国际品牌代工打入中高端日化产品市场的中国企业，将生产线从国内带到国外，产品辐射整个非洲地区，雇佣当地员工350人，进出口额已累计超过1亿美元。

产业的集聚，亟须数字经济为发展赋能。为帮助自贸区企业在非洲市场加快战略布局，2024年上半年，莱基开发公司还与尼日利亚公司Egatee签署战略合作协议，借助Egatee的综合B2B电商平台，利用数字化工具提升自贸区企业销售和物流效率，打造共同出海的生态联盟。

（四）尼日利亚奥贡广东自贸区

尼日利亚广东经济贸易合作区（也称"尼日利亚奥贡广东自由贸易区"），成立于 2008 年，是我国首批 8 个获得商务部批准的境外经贸合作区之一，是广东省政府和尼日利亚奥贡州政府的第一个友好合作项目，也是广东省实施"走出去"战略的重要平台和对外经济的重点项目，得到中尼两国政府众多优惠政策的强大支持。

尼日利亚广东经济贸易合作区位于尼日利亚奥贡州，紧靠尼日利亚经济中心拉各斯，距西部非洲第一大港阿帕帕港 55 公里，距穆罕默德国际机场 50 公里；地理位置优越，交通状况比较理想。

尼日利亚广东经济贸易合作区，由广东新南方海外投资控股有限公司投资建设，可以对接广东自由贸易试验区。根据平衡国内产能、实现产地多元化、加强竞争力优势和增进广东与非洲两地经济互补性这四项原则，合作区的产业定位是以轻工、家具、建材、五金、木材加工、医药等行业为龙头，以原材料加工为主体，工程、营销和贸易并进发展。合作区承接拉各斯经济贸易圈，发挥奥贡州资源优势，借鉴中国四十多年来改革开放的发展，特别是广东省运营工业园区的经验，形成以制造业为主，集物流、研发会展、生活等于一体的城市综合体。

尼日利亚广东经济贸易合作区总体规划 100 平方公里，合作期 99 年。首期启动区内的 2.24 平方公里已经基本开发完毕，目前正在进行二期 20 平方公里土地的开发工作。截至 2024 年，自贸区已注册企业有 100 余家。将采取"总体规划，分步实施"的策略进行开发。合作区区域规划为"一轴、三心、十组团"。"一轴"即中部景观主轴。"三心"指工业服务中心、生产服务中心、生活综合服务中心。"十组团"指六个工业组团，三个生活组团，一个科研组团。

尼日利亚广东经济贸易合作区的功能定位包括：加工合作区、工业合作区和科技产业合作区，与此对应，合作区还应成为境外原材料基地、半成品加工基地和经济技术推广基地。进一步，利用广东省的生产和贸易优势，将合作区的功能上升到广东在非洲大陆的地区生产区域集中地、研发中心与营销中心。

（五）埃塞俄比亚东方工业园

埃塞俄比亚东方工业园于 2007 年 11 月正式中标中国商务部境外经贸合作区，是 2015 年 4 月正式得到中国财政部和商务部确认的境外经贸合作区，由江苏永元投资有限公司实施投资管理，主要领域是冶金、建材、机电等。

埃塞俄比亚政府将东方工业园作为国家"持续性发展及脱贫计划（SDPRP）"的一部分，列为工业发展计划中重要的优先项目。工业园位于埃塞俄比亚首都亚的斯亚贝巴附近的杜卡姆市，该园由中国民营企业创办，是埃塞俄比亚的第一个工业园区，协议规划面积 5 平方公里，其中一期 2.33 平方公里，已全部落成。经过多年发展，截至 2023 年，园区内有 149 家企业，涵盖建材、钢铁、汽车组装和金属加工等行业，累计总产值达 21 亿美元，为埃塞满足国内市场需求、增加外汇收入作出重要贡献，还为当地创造约 2.3 万个就业岗位。

工业园重点发展适合埃塞及非洲市场需求的纺织、皮革、农产品加工、冶金、建材、机电产业，将建成以外向型制造加工业为主，并有进出口贸易、资源开发、保税仓库、物流运输、仓储分拨、商品展示等功能，逐步形成集工业、商业、商务、居住、娱乐等多行业、多功能发展的工商贸综合功能区。工业园已经成为中国企业在非洲集聚投资的一个亮点，成为埃塞工业经济发展的重大示范项目。

（六）赞比亚工业园

赞比亚工业园是中国建材集团旗下中材水泥在赞比亚投资建设的综合性建材园区。2018 年 7 月投产的赞比亚工业园位于赞比亚首都卢萨卡东南 19 公里处，占地约 350 公顷，自有矿区面积 107.99 平方公里，现有 1 条年产 100 万吨熟料水泥生产线、1 条年产 6000 万块烧结砖生产线、1 条年产 70 万吨骨料生产线及 1 条年产 20 万立方米混凝土生产线。

赞比亚工业园已助力当地建造多个标志性及民生工程项目：

（1）赞比亚国际会议中心建设用地面积63000㎡[1]，赞比亚工业园生产的水泥、机制砂等多款产品应用于该项目。

（2）肯尼思·卡翁达国际机场新航站楼，赞比亚工业园以品质卓越的水泥产品保障新航站楼高质量、高标准如期交付投入使用，成为赞比亚又一具有现代化风格的标准性工程。

（3）利维·姆瓦纳瓦萨医院，赞比亚工业园生产的水泥和混凝土，以优异的产品质量和专业的团队服务助力本项目顺利竣工验收。在2021年度ENR全球最佳项目评选中，此项目荣获医疗卫生领域最佳工程奖。

工业园将进一步发展水泥制品、高科技建材产品、建材产品国际贸易等，打造成为辐射整个东南部非洲的综合性建材产业基地。

（七）赞比亚有色工业园区

赞比亚有色工业园区是中国与赞比亚两国共建的"境外贸易合作区"。2003年，中国有色集团与赞比亚政府共同发起建立了赞比亚有色工业园区。园区由中赞双方合资公司负责运营与管理，并享受赞比亚当地政府的税收等政策优惠。2007年，有色工业园区正式晋升为境外经济贸易合作区。成功的一个重要原因是资源互补。赞比亚当地盛产矿产，但以原材料贸易为主，缺乏技术和运营能力。中国有色集团不仅从国内带去新技术，同时携资本共建园区，不仅给当地带来了新技术和管理经验，同时解决了当地就业问题，贡献了税收。

另外，南非开普敦亚特兰蒂斯工业园也发展快速。2013年3月，习近平主席访问南非期间同祖马总统共同见证了双方共建工业园协议的签署。几十家中企电视机零部件工厂开工，成千上万的当地工人进入宽敞明亮的生产车间。该工业园年产50多万台各种规格和尺寸的电视机，不仅满足南非本地市场需求，而且还远销加拿大、乌干达、尼日利亚、喀麦隆等十多个国家。[2]

---

[1] 中国建材集团为非洲加快实现现代化添砖加瓦 [J]. 中国建材，2024（9）.
[2] 魏建国. 中企助力非洲制造"豹跃" [N]. 环球时报，2017-09-06.

还有毛里求斯晋非经贸合作区。中国是毛里求斯第二大贸易伙伴和第一大进口来源国。毛里求斯晋非经贸合作区是由山西晋非投资有限公司参与，主要是产品加工及物流仓储、商务商贸、教育培训、房地产、旅游餐饮、绿色能源等，可以重点对接山西、陕西等内陆省的发展。

第四节　促进我国在非境外园区健康发展的政策措施

"一带一路"倡议是以互利共赢为目标，为建设"一带一路"上的重要发展支点和中国对外合作的标志性工程，境外经贸及产业园区的建设和发展是有效手段，政府在这个过程中应给予顶层设计和宏观指导，省市各级政府应具有积极的引导和指导作用，进行国家间双方务实合作的新探索，同时要严防一窝蜂地突击建设。另外与对象国共建合作园区，结合所在国资源条件，承接国际产业转移，带动对象国产业升级，循序渐进完善非洲工业体系。

国家要对非洲各国的政局状况、经济运行走向、投资环境等深层次问题上作出高瞻远瞩的判断，从大方向上给予指导，要实现国内的企业之间的政策沟通，更要加强国家与国家之间的政策沟通。国内有关部门要与非洲各国政府加强沟通，以在涉及贸易投资实际开展的关键性问题上早日达成更多双边协定，在已签订的各类协定的基础上则需加强明确操作层面的细节。

一、对我国在非境外园区作深度总结

（一）发展成功的在非境外园区的经验总结

我国在非洲的一些境外园区发展比较成熟，合作成果已日渐显现，中埃苏伊士经贸合作区、尼日利亚奥贡广东自贸区等都是典型代表。国内应探讨建立信息平台利用各种宣传手段对这些园区的经验进行推广宣传，设置专门的电视台对海外园区进行滚动式及实时新闻介绍，介绍最新进展，解决信息不对称的问题。各省市政府组织企业去海外园区调研、对接项目。园区应重视外来参观,组织专门人员进行讲解,同时重视当地所属国的参观,因为可以影响对园区的管理政策,包括税收政策。

（二）在非各种园区推广中国经验

我国有各种园区,包括高新开发区、经济特区、自由贸易试验区、工业产业园区、航空港务区等,应总结这些园区成功的在海外园区可以复制的成功经验。如新加坡在20世纪90年代在苏州建立的新加坡工业园区（现已更名为"苏州工业园区"）。应在分析苏州工业园区发展现状的基础上,总结苏州工业园区建设、运营管理的经验,包括如何吸引外资、成功上市、带动苏州的经济发展、形成一个百万人口城市等,总结境外园区可复制借鉴的经验。

复制中国的成功经验,已经成为一些国家尤其是非洲国家的共识。如中国工业加工区的经验,吸引着非洲国家的政府高级官员纷纷来到中国参加关于经济特区、产业园、工业园建设规划的"速成、速赢"学习班。

（三）在非境外园区建设、运营管理模式的探讨

应结合不同国家的特色,探讨境外园区的建设、运营管理模式,从建设—所有—经营（BOT模式）、购买—扩建—运营、合资新建、租赁、运营和维护协议、建设/扩建—运营—转让等建设模式中选择合适的模式,从加工制造型、产业带型、资源利用及资源能源导向型、商贸物流及商贸综合型、科技园区型等方面探讨运营管理模式,并进行模式创新、制度创新研究,进一步探讨发展科技含量高、社会经济效益明显的"空间+服务+资本+孵化"优质产业生态系统、产城融合的综合性开发区。

（四）重视在非境外园区发展的宗旨

探讨确保境外园区发展的宗旨是为国家服务,为国家发展大战略服务,同时实现企业、个人共赢。应探讨要求确保园区项目建设质量,保证园区可持续

运行和长远的发展规划，鼓励中国企业履行社会责任。同时重视中国人的素质。严防从事非法交易，拒绝商业贿赂、偷工减料、非法雇工、随意解雇工人、逃税漏税等不良的经营方式。

（五）在非境外园区的建设运营效果评价

采用系统分析法，构建境外园区的建设运营效果评价指标体系，基于多目标、多属性的角度，从考虑建设运营成本、保证海外园区的正常运营、科技含量高、社会经济效益明显、可持续性发展等方面，对现有的境外园区的建设运营效果进行评价。

二、协作发展视角下的策略

（一）打造产业集群

积极引导中资企业以"抱团出海"的方式投资建设工业园区，吸引产业规划中的龙头企业及其相关配套企业，打造产业集群，发挥空间集聚效应和规模效应，进一步吸引商贸、物流仓储、展会、银行、保险、广告、物流等生产性服务企业入驻园区，推动所在城市产业升级和改造，带动相关上下游产业发展。

中国企业走出去的模式正在逐步由"产品走出去""企业走出去"转向"产业集群走出去"，以降低投资风险和成本、规避贸易摩擦并且在没有形成产业集群效益的国家获得先发优势。随着互联网科技的快速发展和渗透，新的商业模式不断产生，传统行业积极通过技术和管理创新转型升级，新经济为中国注入新的增长动能。

（二）深化境外经贸合作区的集聚作用

发挥合作区加工制造、资源利用、科技研发、商贸物流等产业集群作用。可考虑把对非援助项目、重点投融资支持项目同合作区建设相结合，把医院、学校项目建设在合作区园区内。在园区附近建设配套住房，为员工及其家庭提供有保障的、生活设施齐备的居住条件，同时加速建设合作区内包括餐饮、教育、医疗、酒店等在内的高品质生活配套设施，还可以营建大型商贸城和游乐城等娱乐设施，丰富员工的业余文化生活，通过为员工提供交通、食宿、娱乐的一揽子生活解决方案，提高其工作积极性和工作效率，既节约了劳动力成本和管理费用，又稳定了劳动力供给，一定程度缓解了制约非洲产业发展最核心的劳动力和成本问题。

对非援助项目建设完成交付后要进行有效宣传。选择合适的援助项目与合作区建设相结合，可以更好地宣传中国援助，也有助于满足园区内企业需求，促进合作区招商引资。

（三）与各省市的对接性发展

探讨如何鼓励由各省市各级政府牵头，支持更多所属管辖内的企业积极参与对口的海外园区的建设，与境外园区对接性发展，更好地实施走出去战略。各省市各级政府对管辖内的企业在管理、技术、创新、人才等方面的优势了解充分，综合利用各自优势，支持更多所属管辖内的企业积极参与有优势互补的国家或地区对接性发展，扩大合作领域、提升合作能级，实现长远的互利共赢。政府在这个过程中应给予积极的引导和指导，如鼓励中国金融机构赴非洲海外园区设立分支机构，各省各级政府组织企业去园区调研、对接项目，在国内利用各种宣传平台进行这些园区的宣传推广等。

相关具体实施如：深圳市政府鼓励和支持更多的深圳企业积极参与中白工业园建设；达之路吉布提经济特区可以对接上海附近的企业，实施点是上海自由贸易试验区；可利用天津港、天津自由贸易试验区对接苏伊士经贸合作区，加快京津冀城市群的企业走入非洲的步伐；尼日利亚广东经济贸易合作区，其可以对接广东自由贸易试验区；毛里求斯晋非经贸合作区可以重点对接山西、陕西等内陆省的发展。

（四）与国家高新区接轨

我国国家高新区已成为中国深入实施创新驱动发展战略、走中国特色自主创新道路的一面旗帜，国家高新区表现出很好的发展质量和增长态势，集聚了全国 50% 以上高新技术企业，单位产出能耗仅为全国平均值的一半，且地理布局范围广。截至 2023 年 11 月，国家高新技术产业开发区总数达 178 家，依托 66 家国家高新区建设了 23 家国家自主创新示范区。2022 年，国家高新区生产总值达到 17.3 万亿元，创造了全国 14.3% 的 GDP，贡献了全国 13.6% 的税收。2023 年 1 月—9 月，园区生产总值（GDP）达到 12.33 万亿元，同比名义增长 7.11%。❶ 但国家高新开发区多注重国内的发展，应与境外园区接轨，利用国家高新区已有的平台，助力中国企业更深入地走出去。

2024 年 4 月 17 日，工业和信息化部规划司司长陈克龙在发布会上介绍，2023 年，全国 178 个国家高新区实现园区生产总值 18 万亿元，占全国 GDP 比重约 14%；实现工业增加值 9.2 万亿元，占全国比重约 23%。178 家国家高新区集聚了全国约 30% 的高新技术企业、40% 的专精特新"小巨人"企业、60% 的科创板上市企业。

（五）与国内自由贸易试验区对接

中国自由贸易试验区发展态势良好，国内的 21 个自由贸易试验区是政府打造提高我国开放型经济水平的最重要的举动，是政府全力打造中国经济升级版的最重要的举动，其核心是营造一个符合国际惯例的，对内外资的投资都要具有国际竞争力的国际商业环境。国内自由贸易试验区具有在国内的本土上与世界接轨的特点，以优惠税收和海关特殊监管政策为主要手段，以贸易自由化、便利化为主要目的的多功能经济性特区。协作发展要在充分分析非洲大陆自贸区建设模式的基础上，以在非境外园区为桥梁，进行中国自由贸易试验区与非洲大陆自贸区发展的对接。

---

❶ 数据来源：工业和信息化部举行"发挥国家高新区作用 加快推进新型工业化"新闻发布会 [EB/OL].（2023-12-13）[2024-04-16]. https://www.gov.cn/zhengce/202402/content_6934360.htm.

如莱基自贸区成功与国内两个自贸区的牵手合作，为"双自联动"发展、共促国际、国内双循环蹚出了一条发展新路。

2024 年 5 月，中国铁建与湖南省商务厅签署合作协议，双方将重点在产业导入、易货贸易、农业发展、园中园建设以及新能源和文化产业等创新领域探讨合作事宜，共同开拓尼日利亚乃至非洲市场。2024 年 7 月，莱基自贸区与青岛自贸片区建立战略合作伙伴关系，双方形成定期互访机制，共同为青岛市企业走出去搭建数字化海外仓 + 国内港口保税仓 + 产地仓等基础设施，打开合作共赢之门。

（六）与园区所属国家合作领域的拓宽

拓宽园区与外界合作渠道，探讨不同的境外园区拓广产品免征关税销往关税同盟和统一经济体市场的机会，发挥国际比较优势，开拓国际市场。从涵盖能源、矿产、轻工、建材、纺织、服装、机械制造、家用电器等多个领域寻找适合发展的领域进行拓宽，探讨如何帮助当地解决更多就业，同时在当地形成产业聚集效应。

（七）与中欧班列对接

短短几年间，中欧班列数量呈现爆发式增长。随着我国与欧洲及沿线国家经贸往来的迅速发展，物流需求旺盛，为中欧班列带来了难得的发展机遇，中欧班列❶基本形成布局合理、设施完善、运量稳定、便捷高效、安全畅通的中欧班列综合服务体系。借助中欧班列在沿线一些国家已经设立或将设立的商品配送中心和分拨点❷，探讨如何借助中欧班列与相近的境外园区接轨，扩大和深化与中国的经贸往来。重点发展在中西部城市、内陆城市所

❶ "一带一路"提速 2020 年中欧班列将达每年 5000 列 [EB/OL]. (2017-04-17) [2025-04-28]. http://www.sohu.com/a/134448406_573094.

❷ 宝音，鲁焕新. 今年前七月经满洲里铁路口岸中欧班列 747 列 [EB/OL]. (2017-08-13) [2025-04-28]. http://www.sohu.com/a/164292458_362042.

在区域人口众多的重庆、郑州、武汉、成都、西安、兰州等城市始发的中欧班列。

（八）中资企业的协作发展

境外园区不应相互独立发展，应建立集中的宣传平台介绍其特色，与国内对接，并吸引商贸、物流仓储、银行、保险、广告等生产性服务企业入驻园区，建设合作区的配套住房、餐饮、教育、医疗、酒店等生活配套设施，寻找可深入合作的机遇。

根据普华永道《2025年大型项目和基础设施支出》预测，从2015—2025年，非洲道路（包括桥梁和隧道）预期支出2000亿美元，年均增长率8.2%；铁路（包括车站）预期支出780亿美元，年均增长率8%；港口预期支出250亿美元，年均增长率7.8%，机场预期支出为70亿美元，年均增长率7.1%。这些项目支出比较大的国家涉及尼日利亚、南非、莫桑比克、加纳、埃塞俄比亚、肯尼亚、坦桑尼亚等。基础建设是中国的强项，中资企业应在保证非洲经济健康发展的前提下加强合作去竞争项目。

三、辅助策略

（一）关注借助科研的助力

国内发展迅速的高新开发区的成功与其在高校密集区的周边有关，境外园区的建设为避免摸石头过河带来的损失，不同国家的海外园区应主动对接国内有优势的高校，加大和学术界的合作，探讨如何培养懂当地语言、精通当地国家的政策法规、懂经济运行规律、懂园区管理的综合型人才。同时应探讨与当地的科研机构对接，将加工制造、资源利用等类型的园区转型升级，向多元化和高级化的方向发展。科技园区还是"一带一路"产业合作的相对滞后点，可跟踪分析清华科技园与巴基斯坦、马来西亚、埃及等"一带一路"相关国家探索共同建设科技园的进展。

（二）特色化境外园区的建设

根据不同国家经济、政治、社会发展特点不同，探讨特色化境外园区的建设，根据当地的资源禀赋再确定发展领域。探讨在不同的国家或地区，依托经贸合作区和工业园区的平台，双方在贸易、投资、工业和基础设施建设等领域进行更深入合作。并以工业园为依托，打造具有国际竞争力的产业。

（三）区位选择

新的境外园区的选址或已有园区进行扩建均需要进行区位选择，对于进行直接投资的企业来说，必须通过工业园区建设，解决道路、电力、厂房等问题。若是经贸合作区，就一定要考虑便利，从而为工厂性投资解决区位条件受到束缚等一系列问题。园区的区位选择不仅要用运筹和优化的原理探讨形成合理布局，关键还要考虑土地的使用权的年限。

（四）对当地环境的保护

对当地环境的保护，要探讨我国境外园区的建设与运营如何重视当地的绿色发展，重视可持续发展、重视自然环境保护，将支持当地增强绿色、低碳、可持续发展能力落实在行动中，全盘考虑不牺牲当地生态环境和长远利益，减少当地民众对中国的投资会破坏环境的担心。还应在资金融通中支持扩大绿色信贷。

（五）充分利用多种有效资源

境外园区发展要充分利用当地华侨、华人商会、留学生和在当地发展得好的中国企业的力量进行信息沟通和经验介绍，在各个使馆的经参处对所在国家的投资信息建立商贸信息一体化平台等。还可以联合举行中国国球乒乓球比赛，举办联欢会等进行人文交流。总之采用多种有效资源和方式，推动在非中资企业健康发展。

（六）优先发展农业园

非洲发展落后一定程度上不是自然环境的约束问题，中国在非洲应优先发展农业园，使中国技术助力于非洲农业现代化发展，同时让中国不是扶贫济困而是联动发展这个理念逐步在非洲得到认可。

第九章　在非洲打造地区物流中心的可行性及运行模式研究

经济发展的前提是具有能够有效运行的物流。随着世界经济全球化，贸易自由化和国际运输市场一体化的形成，现代物流作为一种先进的组织方式和管理技术受到世界各国政府的高度重视，现代物流产业已在全球范围内迅速发展成为一个极具发展空间和潜力的新兴产业。在《2023 年全球物流绩效指数报告》(Logistics Performance Index，LPI) 中，欧洲国家表现突出，亚洲国家在进步，亚洲物流业竞争力排在前面的国家是中国和日本。总体上发展中国家在基础设施、国际运输、物流能力、交货及时性等方面还与欧美等发达国家存在差距，物流业的全球竞争能力还十分有限，尤其是非洲大部分国家。

本章论述了国际物流中心的作用、建设国际物流中心的必备条件，在分析了非洲国际物流现状基础上，探讨了我国在埃及、摩洛哥、尼日利亚、肯尼亚、南非首批打造物流中心的可行性、选址方案、运行模式及面临的问题。

第一节　国际物流的相关概念

一、物流及物流节点的含义

物流是物品从供应地向接收地的实体流动过程。物流过程会形成物流网络，物流活动都是在线路和节点上进行的。路线与节点的相互关系、相对配置、联系方式及其组成结构的不同，形成了不同的物流网络，产生了不同物流网络的水平高低与功能强弱之别。

在线路上进行的物流活动主要是运输，按运输方式不同，可以分为铁路运输、公路运输、水上运输、航空运输和管道运输。物流节点，是指物流网络中相邻物流线路的连接之处。除运输之外，物流功能中的其他所有要素，如储存保管、装卸搬运、包装、分货、集货、流通加工等，都是在节点内完成的。因此，物流节点是物流体系中非常重要的部分。

现代物流网络中的物流节点对整个物流网络优化起着重要作用。在现代物流供应链中，这些节点不仅执行一般的物流职能，而且越来越多地执行指挥调度、信息处理、设计咨询、作业优化等神经中枢的职能，是整个物流网络的灵魂所在。执行中枢功能的物流节点又称为物流中枢、物流中心或物流枢纽。

物流系统的整体优化，就是强调总体的协调、顺畅与最优，而节点正是处在联结系统的位置上，物流的总体水平往往通过节点体现，所以物流节点的研究随着现代物流的发展而发展，是物流网络优化中的重要一环。

国际物流是国内物流的延伸，当货物或物品在两个或两个以上的国家（或地区）间进行流动时，就产生了国际物流。国际物流是国际贸易的必然组成部分，各国之间的相互贸易最终都需要通过国际物流来加以实现。

二、建造物流中心的作用、条件和开发模式

（一）国际物流中心作用

物流中心是在以制造厂家、供应商、物流公司、仓库、运输公司、区域配送中心、批发商、零售商和客户等实体为节点构成的物流网络中，起着协调组织、调度控制和执行主要职能的中心枢纽作用。物流中心所发挥的作用具体来说有以下四点。

1. 物流调节作用

由于物流配送中心具有一定的储存能力，可以集中储存批量的物品，从而降低了其他物流实体的零散储存比例，提高了储存设施的利用率，降低储存成本。同时又便于进行制造、供应和销售等方面的调节，提高了物流效率和效益。

2. 物流衔接作用

首先，国际物流的衔接通常是海运加陆上运输（铁路或公路）的多式联运，通过集装箱运输，散装整车转运等，减少装卸次数、缩短暂存时间，降低了货物破损和消耗，加快了物流速度。其次，衔接不同的包装，物流配送中心根据运输、储存和销售的需要，进行拆箱、拆柜、装箱、码垛等变换包装形式和数量的作业，从而减少客户接货过多和反复倒装之苦。再次，衔接产出和需求的数量差异，以便满足不同形式、不同时间的生产与需求。

3. 利益共享作用

物流系统化的目的在于以速度、可靠和低费用的原则实现以最少的费用提供最优质的物流服务。物流中心促进生产、满足消费与降低成本，实现最少环节、最短距离、最低费用和最高效率，从而实现最大经济效益。国际物流中心还有一个重要功能——转运，实现利益共享。

4. 整合协调作用

物流配送中心利用现代信息手段，整合各环节的物流资源，使得整个物流网络的成本最小化。物流中心还通过建立集成化的物流管理信息系统，使整个物流网络的各个成员实现关键信息共享、物流实时控制，以压缩物流流程时间，提高供货、需求预测精度，节省交易时间和费用，提高物流效率和服务质量。

（二）建造物流中心所需要的基本条件

在现代物流体系中，物流中心是作为物品运输、储存保管、装卸搬运、包装、流通加工和物流信息处理的节点，使商品能够按照顾客的要求，增加附加值，并且克服在其流动过程中所产生的时间和空间障碍。因此，建立物流中心必须具有以下的功能。

1. 物品运输

运输是指货物的载运和输送。国际物流中心首先需要处于多式联运的运输节点，如海洋船舶运输连接船舶运输、海运运输连接陆路铁路运输、海运运输连接陆路公路运输等三种方式的多式联运。因此，国际物流中心最好是选址在较大的海港区域。其次，物流中心需要自己拥有或租赁一定规模的运输工具，具有竞争优势的物流配送中心不只是一个点，而是覆盖整个区域的网络。从整个输送过程来看，需要大量商品统一输送的干线运输与都市内或小城市之间的终端配送，两者相结合。

2. 储存保管

储存是以改变物品的时间状态为目的的活动，保管是对物品进行保存，并对其数量、质量进行管理控制的活动。储存保管具有调整产、需之间时间差异和价格差异的双重功能。物流配送中心需要有仓储设施，但客户需要的不是在物流中心储存商品，而是要通过仓储环节保证市场分销活动的开展，同时尽可能地降低库存占压的资金，减少储存成本。

3. 装卸搬运

装卸是在指定地点将物品从运输工具上装入或卸下的活动，搬运是在同一场所将物品进行短距离移动的物流活动，装卸与搬运的目的是改变物品的存放状态和空间位置。物流配送中心应该配备专业化的装载、卸载、提升、运送和码垛，以提高装卸搬运作业效率。由于装卸搬运本身并不产生效用和价值，况且不良的装卸搬运还会损伤、损坏和弄污物品，所以，尽量减少装卸搬运次数和距离是物流中心规划和设计的重要内容之一。

4. 包装

包装是为了在流通过程中保护商品、方便储运和促进销售，采用材料、容器和辅助物，并对其施加一定技术方法的总称。物流中心的包装的功能主要体现在三个方面：第一，保护商品功能。即防止水、汽、光、热、腐蚀物和冲击等对物品的影响。第二，便利储运功能。物品经过合理的包装，会提高物流的效率和效益，能够便利流通，满足储存、运输和装卸要求。第三，促销功能。

5. 流通加工

流通加工是为了提高物流效率和货品利用率，或者按照用户要求，进行的保存加工和同一货品的形态转换加工。商品从生产地运到消费地要经过很多流通加工作业，在消费地附近需要将大批量抵达的商品进行细分、分割、计量、组装、小件包装和标签贴附、条码贴附等简单操作，这些都需要在物流中心内完成。

6. 信息处理

一个现代化的物流中心除了具备自动化、省力高效的物流设备和物流技术之外，还应具备现代化的物流管理系统，能够对各个物流环节的各种物流作业信息进行实时采集、分析和传递，并向客户提供各种作业明细与咨询信息，向客户提供更优质的服务。这样才能使物流中心高效有序运转，取得最大的效率和效益。

7. 增值服务

物流中心的增值服务功能主要包括以下几个方面。

（1）结算功能。不仅是物流费用的结算，在从事代理、配送的情况下，物流中心还可以为货主向收货人结算货款。

（2）需求预测功能。根据商品进货出货信息来预测未来一段时间内的商品进出库量，进而预测市场对商品的需求。

（3）物流系统设计咨询功能。专业的物流公司可以尝试为货主设计物流系统，代替货主选择和评价运输商、仓储商及其他物流服务供应商。

（4）物流教育与培训功能。通过向货主提供物流培训服务，提高货主的物流管理水平，将物流中心经营管理者的要求传达给货主，也便于确立物流作业标准。

（三）物流中心的投资开发模式

目前，物流中心的投资开发模式主要有五种：经济开发区模式、主体企业引导模式、物流地产商模式和公私合作（PPP）模式、网络型物流中心。也可以采用综合运营模式，即根据特殊项目的具体情况或功能区分采用以上一种开发模式或辅以另外一种开发模式。根据国内外物流中心的运作经验，建立物流中心要坚持以下两点。

（1）要以当地政府统筹规划为指导。物流中心的建设要符合当地的发展水平与市场物流需求，要符合区域布局规划与经济长期发展规划。

（2）要以市场为主体，吸引相关的企业参与开发建设。一般来说，境外物流中心的建设投资大、回收周期长、风险大。应采取积极的政策鼓励吸引相关的企业参与开发建设，增加投融资渠道，降低投资风险，保证开发建设的顺利进行。

第二节　我国在非洲打造地区物流中心的必要性

经过30多年的高速增长后，中国经济发展进入了"新常态"。实施转型升级战略的关键是调整产业结构，化解过剩产能。为推动我国在非洲的贸易便利化，应该选择在非洲典型国家建立物流中心，把服务中国发展同助力非洲发展紧密结合起来。这有助于我国在非洲"一带一路"的建设，维护我国能源安全的保障，促进中非双方贸易发展，实现产业、技术的转移。优化中非贸易结构，是推进我国与非洲国际产能合作的具体实践。物流中心的区位和运行模式选择，需要综合考虑自然环境、经营环境、基础设施、法律法规及社会文化等各方面的因素，涉及安全、便利、区域带动作用、辐射带动作用、投资回报等。

一、非洲国家的物流产业有提升空间

物流的基础是贸易，非洲市场是一个消费层次多样化、拥有巨大潜力的贸易市场。因为非洲国家普遍基础建设比较落后，教育普及度不高，导致人才稀缺。也正因为如此，物流在整个非洲的规模尚小，近30年来，非洲对外贸易经历了一个从较大发展、明显萎缩到逐步恢复的发展过程，非洲国家的物流产业还有很大的提升空间。非洲市场主要呈现的特点如下。

（1）非洲各国经济发展不平衡导致非洲各国进出口贸易发展不平衡，所以各个国家的进出口贸易规模也就不尽相同，物流规模各异，有的非洲国家物流并没有完全覆盖。

（2）非洲进出口商品结构单一，出口以初级产品为主，进口大部分为制成品。

（3）转口贸易活跃，非洲内陆国家较多，它们的贸易就需要港口国家从沿海向内陆转运。

目前非洲地区物流发展面临的许多问题，是许多非洲国家的通病：

（1）铁路、公路基础建设投资不足，且民间投资参与度低。

（2）进出口成本相对较高、通关时间长、通关文件烦琐。

（3）内陆运输偏重公路系统，铁路的利用率偏低，造成公路拥挤与道路质量差。

（4）缺乏物流相关标准，甚至栈板、迭柜方式也都未统一，使得上下货的时间拉长。

（5）信息的应用程度不高，导致缺货现象经常发生。

（6）缺乏专业人才以及优质车队：物流业薪资报酬低，导致离职率偏高，不易培养人才。

（7）缺乏现代化物流中心，许多租赁的仓储设施老旧，也没有良好的通风系统，导致货物变质毁损或是窃盗状况层出不穷。

二、从物流服务的衡量标准进行分析

物流服务的衡量标准可以用物流绩效指数（LPI），它是指基于对跨国货运代理商和快递承运商的绩效调研得出的一系列数据指标。属于交互式的基准测试工具，帮助各国识别他们在贸易物流绩效里面临的挑战和机遇，并助其改善提高。

物流绩效指数（LPI）由世界银行发布，衡量各国建立可靠供应链连接的能力，包括物流服务质量、与贸易和运输相关的基础设施、边境管制等因素。LPI 覆盖 139 个国家，通过传统调查和新的关键绩效指标（KPI）来评估物流绩效。2007 年由世界银行集团首次发布，以后每两年发布一次，是首个对各国物流绩效发展水平的综合评价指标。

物流绩效指数的综合分数反映出根据清关程序的效率、贸易和运输质量相关基础设施的质量、安排价格具有竞争力的货运的难易度、物流服务的质量、追踪查询货物的能力以及货物在预定时间内到达收货人的频率所建立的对一个国家的物流的认知。指数的范围从 1~5，分数越高代表绩效越好。数据来自物流绩效指数调查，该调查由世界银行联合学术机构、国际组织、私营企业及国际物流从业人员共同完成。

世界银行发布的《2023 年全球物流绩效指数报告》（简称 LPI），在统计的全球 139 个国家 / 地区中，中国的总体排名在提升，见图 9-1，2023 年六项指标综合得分为 3.70 分，比 2018 年报告提升 0.09 分，全球排名由 2018 年的第 26 位提升 6 名至第 20 位，说明中国的物流水平在提升，但相对中国的经济总量、人口总量，包括世界工厂的角色，中国的物流水平还有待进一步提升。

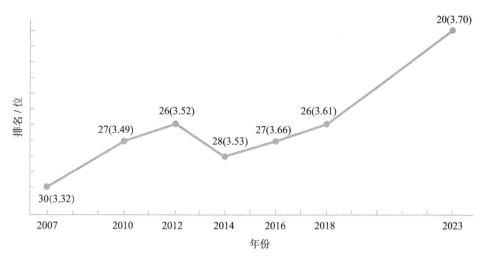

图 9-1 中国物流绩效指数总体排名及对应得分（2007—2023）

  LPI 整体分数排名前三的分别是：新加坡、芬兰和丹麦等 4 国。新加坡以 4.3 的得分位居榜首，中国排名第 20 位，美国排名第 18 位（表 9-1），中国应该学习相关经验。

表 9-1 2023 年全球物流绩效指数排名前 20 名

经济体	LPI 得分	海关得分	基础设施得分	国际货运得分	物流能力和质量得分	及时性得分	追踪与追溯得分
新加坡	4.3	4.2	4.6	4.0	4.4	4.3	4.4
芬兰	4.2	4.0	4.2	4.1	4.2	4.3	4.2
丹麦	4.1	4.1	4.1	3.6	4.1	4.1	4.3
德国	4.1	3.9	4.3	3.7	4.2	4.1	4.2
荷兰	4.1	3.9	4.2	3.7	4.2	4.0	4.2
瑞士	4.1	4.1	4.4	3.6	4.3	4.2	4.2
奥地利	4.0	3.7	3.9	3.8	4.0	4.3	4.2
比利时	4.0	3.9	4.1	3.8	4.2	4.2	4.0
加拿大	4.0	4.0	4.3	3.6	4.2	4.1	4.1
中国香港	4.0	3.8	4.0	4.0	4.0	4.1	4.2

续表

经济体	LPI 得分	海关得分	基础设施得分	国际货运得分	物流能力和质量得分	及时性得分	追踪与追溯得分
瑞典	4.0	4.0	4.2	3.4	4.2	4.2	4.1
阿联酋	4.0	3.7	4.1	3.8	4.0	4.2	4.1
法国	3.9	3.7	3.8	3.7	3.8	4.1	4.0
日本	3.9	3.9	4.2	3.3	4.1	4.0	4.0
西班牙	3.9	3.6	3.8	3.7	3.9	4.2	4.1
中国台湾	3.9	3.5	3.8	3.7	3.9	4.2	4.2
韩国	3.8	3.9	4.1	3.4	3.8	3.8	3.8
美国	3.8	3.7	3.9	3.4	3.9	3.8	4.2
澳大利亚	3.7	3.7	4.1	3.1	3.9	3.6	4.1
中国	3.7	3.3	4.0	3.6	3.8	3.7	3.8

从表 9-2 可见，排名最末的是利比亚和阿富汗，依次往上是索马里、海地共和国、喀麦隆、安哥拉、也门、古巴、委内瑞拉、叙利亚，最后十名中非洲国家占的比例偏大。

表 9-2　2023 年全球物流绩效指数排名后 15 名

经济体	LPI 得分	海关得分	基础设施得分	国际货运得分	物流能力和质量得分	及时性得分	追踪与追溯得分
叙利亚	2.3	2.2	2.2	2.3	2.2	2.5	2.3
委内瑞拉	2.3	2.1	2.4	2.0	2.5	2.5	2.3
古巴	2.2	2.0	2.2	2.1	2.2	2.6	2.4
也门	2.2	1.7	1.9	1.9	2.6	2.8	2.3
安哥拉	2.1	1.7	2.1	2.4	2.3	2.1	2.3
喀麦隆	2.1	2.1	2.1	2.2	2.1	2.1	1.8
海地	2.1	2.1	1.8	2.3	2.0	2.5	2.1
索马里	2.0	1.5	1.9	2.4	1.8	2.3	1.8
阿富汗	1.9	2.1	1.7	1.8	2.0	2.3	1.6
利比亚	1.9	1.9	1.7	2.0	1.9	2.2	1.6

这一排名反映了非洲国家在物流和营商环境方面的表现，一定程度上反映了驻在国企业发展享有便利条件水平的差异，为进一步了解非洲国家的经济环境和投资机会提供了参考。例如，部分非洲国家公司注册所需业务办理时间差异巨大，最短仅需3天，最长可达80天，注册一家外资公司则最多长达106天。此外，非洲企业平均每月要经历4次停电，在乍得等一些国家，停电次数最高可达22次。

通过对非洲54个国家，采用系统评价、博弈论证、运筹优化的方法，从不同非洲国家经济发展情况、社会发展情况、交通运输能力、中国与其经贸关系等方面分析打造物流中心的可行性。利用交通基础设施、交通运输运营情况分析交通运输能力，利用贸易总量、投资流量、投资存量分析中国与非洲国家的经贸关系，分析了中国在非洲典型国家建立物流中心的机遇，最终选择了五个国家，并对其在国内建立物流中心进行了详细论证。

五个国家分别为东部非洲的肯尼亚、南部非洲的南非、西部非洲的尼日利亚、北部非洲的埃及和摩洛哥。在此基础上，从面临安全风险、整体商业和投资环境、海关的通关手续复杂程度、面临信用风险等方面分析了中国在非洲建立物流中心所面临的风险和挑战。进一步，从考虑安全因素、交通便利性因素、辐射带动作用及附近地区产业联动效应等方面探讨建立物流中心区位选择。

在非洲建设物流中心的同时，要鼓励企业提高自身的形象、文化、追求等软实力。因为在当地政府和民众眼中，企业更多的是代表中国。在建设物流中心的过程中企业要坚持三个"为"：为国争光，为当地服务，为企业添彩。企业一定要把社会责任纳入整体的物流建设过程中，有计划、有组织、有系统地做社会责任工作，使物流中心在建设过程当中和建设完成后给当地的政府、当地的老百姓带来好的影响，进而促进两国的交流合作，提升中国的国际影响力。

第三节　在埃及打造物流中心的可行性及选址分析

一、在埃及打造物流中心的可行性

作为非洲第三大经济体，埃及人口总量超过 9 000 万，具有人口优势，拥有丰富的劳动力资源和庞大的市场，且工业体系不完善，未来发展潜力很大。按 GDP 计算，到 2023 年年底，埃及的 GDP 在生产和资源多元化的支持下达到约 3 960.02 亿美元[1]，成为阿拉伯国家中第三大经济体，仅次于沙特阿拉伯和阿联酋。[2]

2023 年，埃及外贸总额为 1267 亿美元；其中，出口 425 亿美元、进口 842 亿美元，贸易逆差 417 亿美元。埃及同 120 多个国家（地区）有贸易往来。[3] 2023 年埃及前十大贸易伙伴依次是中国、沙特、美国、土耳其、意大利、印度、西班牙、阿联酋、德国、俄罗斯。目前，中埃关系驶入发展快车道，务实合作不断提速。中国已成为埃及最大的贸易伙伴，双方在工业、能源、电信、基础设施建设等领域开展了全方位的合作。

（一）埃及物流的优势

1. 埃及优越的地理位置

埃及地跨亚、非两洲，隔地中海与欧洲相望，大部分位于非洲东北部，只有苏伊士运河以东的西奈半岛位于亚洲西南部。西与利比亚为邻，南与苏丹交界，北临地中海，东临红海并与巴勒斯坦、以色列接壤，接近波斯湾，常被称为是通往欧洲以及阿拉伯世界的门户。

---

[1] 数据来源：2023 年 GDP（现价美元）[EB/OL].（2025-01-15）[2025-04-12]. https://data.worldbank.org.cn/indicator/NY.GDP.MKTP.CD?locations=CN.

[2] 数据来源：世界银行数据库（2025-04-12），https://data.worldbank.org/。

[3] 数据来源：埃及统计局发布 2023 年对外贸易年报 [EB/OL].（2024-12-20）[2025-01-20]. https://eg.mofcom.gov.cn/ajhgjj/art/2024/art_b812381d6cdd4e049f96de971adb7a2d.html；埃及国家概况 [EB/OL]. [2025-01-20]. https://www.mfa.gov.cn/web/gjhdq_676201/gj_676203/fz_677316/1206_677342/1206x0_677344/.

2. 埃及优越的物流条件

埃及所处地理位置优越，位于世界上最繁忙的航段——西北欧/北美东海岸—地中海/苏伊士运河—亚太航线上的关键位置。

3. 埃及位于"一带一路"非洲重要节点

埃及位于"丝绸之路经济带"和"21世纪海上丝绸之路"的交汇点，在中国"一带一路"建设中占据重要地理位置。我国"一带一路"的建设布局中，埃及地处北部非洲，对非洲和西亚地区有引领和辐射作用。无论是中国经中亚、西亚至波斯湾、地中海，还是从中国沿海港口过南海到印度洋，延伸至欧洲，埃及都有枢纽作用，完全可以成为中国与共建国家推进"一带一路"建设的重要合作对象。

4. 埃及是国际商业和海运中心

埃及的海岸线总长 2 900 公里。近年来，埃及港口不断建设发展，吞吐能力逐年增加，长期困扰埃及港口的压港问题已基本得到解决。埃及拥有 15 个商业港口，另有游客码头、石油码头、矿物码头、渔业码头等特殊用途码头共 41 个。埃及主要港口有位于地中海沿岸的亚历山大港、塞得港、杜米亚特港，和位于红海沿岸的苏伊士港、艾因苏哈那港、塞法杰港等。

亚历山大港位于埃及北部的地中海沿岸，地理位置优越，为其成为重要的港口城市奠定了基础，亚历山大港地处尼罗河三角洲的西端，靠近地中海的东北岸，这个地理位置使得亚历山大港成为连接埃及和地中海地区的重要交通枢纽。亚历山大港的港口优势也是其繁荣的重要原因之一，港口拥有广阔的天然海湾和深水港口，能够容纳大型船只停靠，这使得亚历山大港成为贸易和海上交通的重要枢纽。

塞得港是埃及最大的集装箱转运枢纽。塞得港位于埃及东北沿海苏伊士运河的北口，濒临地中海北岸，是埃及第二大港，也是世界煤炭和石油储存港之一。该港自 1859 年随着苏伊士运河的开通而逐步发展。它是澳新地区及南亚与地中海各港之间的转口港，也是尼罗河三角洲东部所产棉花及稻谷的输出港。主要工业有造船、化工、鱼类冷冻及加工等。交通运输有铁路可通国内各主要城市。

（二）埃及适合作为北部非洲地区建造物流中心的原因

物流中心的选址要综合考虑自然环境、经营环境、基础设施、法律法规及社会文化等各方面的因素，同时要符合当地城市规划和商品储存安全的要求，适应商品的合理流向，交通便利，具有良好的运输条件。我国在非洲打造的物流中心，主要是为实现转运型物流中心所应实现的功能，因此一般应设置在城市非中心的交通便利地段，以方便转运到所辐射区域。

综合考虑，埃及可作为打造在北部非洲区域的物流中心选址地，同时可以辐射到北部非洲国家及中东多国，以及地中海沿岸的欧洲国家等。

按照物流选址规划中的较粗颗粒度的选择法则——多准则决策法，通过分析可以总结出埃及作为打造在北部非洲地区物流中心的优势：埃及的地理位置优势在北部非洲地区无可比拟，处于亚欧非三大洲连接处，拥有苏伊士运河；埃及的工业与经济发展在北部非洲地区处于领先地位，资源能源储量较为丰富；近年来埃及政治趋于稳定，政府能够提出较多具有前瞻性和务实态度的发展规划；埃及在港口、公路等方面基础设施在北部非洲地区较为完善，工业园区发展规划便于物流中心建设；埃及在法律法规方面在北部非洲地区来看属于较完备的国家，政府为吸引外资带动国家经济发展和解决就业的需要，对外资进入提供了不少优惠和便利；中埃关系近年来发展驶入快车道，两国高层发展蓝图具有许多交汇结合之处。

二、在埃及打造物流中心可选地址分析

在埃及境内打造我国在北部非洲地区的物流中心可以选择以下两个备选地址：一是位于苏伊士运河地中海岸塞得港的塞得东港，二是中埃苏伊士经贸合作区，分别采用主体企业引导模式和经济开发区模式。下面具体分析。

（一）在埃及打造物流中心选址方案（一）——塞得东港

塞得港分为塞得港（西港，也称旧港）和塞得东港（East Port Said Port）。

塞得港是埃及已开放的三个自由港（塞得港、亚历山大港、苏伊士港）之一。塞得港与埃及第一大港口（亚历山大港）的功能不同，位于地中海沿岸的亚历山大港主要承担起 60% 以上埃及进出口贸易，而塞得港的转运功能明显大于亚历山大港，是苏伊士运河北端的补给和中转港。塞得港位于运河出入口，北有东西防波堤伸入地中海，成为西奈地区重要的出入门户。

塞得东港于 2004 年 10 月启用，基础设施条件优良，与塞得旧港共同盘踞运河口，享有同时接触地中海和中东地区的地利，由于很多位于地中海东部的枢纽港已接近饱和，塞得东港自启用以来逐渐成为运河区内中转货物的新亮点。由于其地理位置优越，大型航商中海、中远、阳明、南美轮船等使用该港，足证其开放公用的潜力。

2007 年 11 月，中远海集团旗下的中远太平洋有限公司正式完成向 A.P. 穆勒－马士基集团附属公司 Egyptian International Container Terminal S.A. 收购 Suez Canal Container Terminal S.A.E.（苏伊士运河码头）20% 股权的手续。交易完成后，丹麦 A.P. 穆勒－马士基有限公司仍持有该码头 40% 股权，为最大股东。这是中远太平洋在中东市场的第一笔投资。连同第二期的发展计划，收购主要是为了能够运营埃及塞得港苏伊士运河集装箱码头，而寻找海外重要港口的潜在投资机会是公司将自身打造为全球领先港口运营商的战略之一。该码头第一、第二期的总投资额为 7.3 亿美元。

中国港湾集团承建埃及塞得东港二期码头，该码头由 4 个 15 万吨级集装箱船泊位组成，泊位水深 –17.5 米，岸线长 1 200 米，采用超深"T"型地下连续墙基础结构。❶

---

❶ 数据来源：港口查询系统介绍（2024-10-11），https://www.seabay.cn/cn/seaport/egprs.html。

（二）在埃及打造物流中心选址方案（二）——中埃苏伊士经贸合作区

1. 园区的优势

（1）地理位置的优势。合作区位于欧亚非三大洲的金三角地带，紧邻苏伊士运河，距离埃及重要港口苏科纳港仅2公里。埃及与美国、欧盟、中东、非洲等世界主要经济体签订了多个双边或多边贸易协议，在埃及制造的工业品可不受配额限制，自由进入美国、欧盟、非洲、阿拉伯国家等市场，并免除一切关税和非关税壁垒。

（2）国家政策的优势。埃及政府启动"苏伊士运河走廊"开发计划，把绵延190公里的运河沿岸建设成为全球性经济区域，而苏伊士经贸合作区正处于该区域起始端。此外，为支持企业"走出去"，天津市政府、国家开发银行、中非发展基金等都对赴合作区投资的企业给予了多项财政、金融资助。

（3）区域扩展优势。扩展区将包括汽车制造、化工、制药、电子、建材等诸多高技术产业，这些产业都是埃及的空白或薄弱环节，中国企业带来的先进技术和管理经验将有力推动埃及经济发展。

2. 中埃泰达苏伊士园区的实践意义

以境外合作区的形式"走出去"，中埃苏伊士经贸合作区的实践是国家战略的一部分，它并不单纯是微观经济主体对市场获利机会的自发回应，具有下面的特点。

（1）关注长期利益。苏伊士合作区由中国国有企业主导参与运营（中方控股80%，其中中非泰达公司占股75%，天津开发区苏伊士国际合作有限公司占股5%，其余20%股份由埃及埃中合营公司持有），因此也可以更多关注长期发展和综合效益，而不仅仅是企业的短期利润。苏伊士合作区自身的营利性，只是评价体系的众多指标之一。此外，还要考虑"走出去"战略对东道国产生的外部经济性（也即对当地经济发展的贡献），以及对母国其他企业"走出去"产生的外部经济性，这些都属于长期和综合效益范畴。

（2）让企业产生抱团取暖的效果。与独自到埃及创业的中小企业相比，苏伊士合作区的企业也具备独特的优势。第一，合作区依照天津开发区的范例，为来埃及投资的中国企业继续提供具有天津开发区仿真环境的投资服务，这降低了企业对于环境的适应成本。第二，入驻企业可以分享苏伊士合作区在埃及近十年运作而形成的良好的声誉和关系网络，获得当地政府和社区的最大支持。

（3）入驻企业可以享受合作区提供的服务。入驻企业可以享受合作区提供的基础设施、法律关系管理、政府手续代办、财务、劳动力培训等方面的标准化的产品和服务，避免单独组建支持网络所需的高昂成本，入驻企业还因为中埃两国政府对合作区的大力支持而获益。

（三）在埃及打造物流中心存在的问题

1. 投资软环境有待改善

包括法律环境等在内的投资软环境亟须改善。埃及法律环境缺乏透明性和稳定性，对法律的解释不清晰，不同的政府部门或官员有不同的解释。虽然包括塞西总统、投资部、投资总局等高层非常重视外资，但具体到办事人员，个别人观念不开放，认为外国投资者到埃及就是来赚埃及的钱，因此积极对投资者提供帮助和欢迎的心态并不普遍。

2. 行政效率较低

比如，苏伊士经贸区二期扩展区合同签署后，在新的经贸区运营需要新注册一家公司，该公司的注册用了一年多时间。

工作签证和居留签证也是问题。在埃及办理工作签证需要经过劳工、内务和安全三个部门的审查，每个部门都有自己的规定。劳工部门要求外国人与本国人的雇佣比为1：9，这对于一些高科技企业来说有一些难度，这么高的当地人用人比例有时会对业务产生影响。而内务和安全的审查没有对外公开的标准，很多中国公司在注册时遇到了问题，甚至几次注册都被拒绝，理由就是安全审查没通过，至于为什么没通过，不会给出详细说明。

3. 外汇短缺问题在埃及会存在相当长的时间

由于外汇短缺，埃及采取了限制进口以及限制外汇存款和汇出的措施。这将直接影响中国企业的利润汇出。目前不少中国企业手中留存了大量埃及镑，而埃及镑贬值趋势不减。

但总体来看，中国企业对埃及投资近几年一直呈上升趋势。政局方面，可以预测在埃及总统的领导下埃及会保持稳定。埃及会成为这个地区少有的政治稳定、经济良好发展的国家，这为中国企业参与埃及经济建设提供了很好的机会，为两国经贸合作提供了难得的机遇。

第四节　在摩洛哥打造物流中心

摩洛哥有得天独厚的地理优势，是通往非洲、欧洲市场的窗口，国际机场、船舶航运、高速公路、铁路等基础设施不断完善，金融体系也是非洲最具效率与广泛性的金融体系之一，若在摩洛哥建立物流中心，在区域内交通运输应以海运和铁路为主，进一步使运输线网向欧洲、中东、北部非洲和西部非洲等地区延伸拓展，促进货物外运。

我国在摩洛哥建立物流中心的可行性和运行模式，主要从考虑连接欧洲的视角，同时兼顾中国如何加强对摩洛哥的贸易往来及中国企业如何更深入走入摩洛哥进行探讨。

一、摩洛哥概况

摩洛哥王国，简称摩洛哥，是非洲西北部的一个沿海阿拉伯国家，东部以及东南部与阿尔及利亚接壤，南部为西撒哈拉，西部濒临大西洋，北部和西班牙、葡萄牙隔海相望，扼守地中海西端出入门户，具有得天独厚的地理优势，可以辐射欧洲、非洲、美洲市场。首都拉巴特，国土面积45.9万平方公里（不包括西撒哈拉26.6万平方公里），全国划分为12个大区（包括西撒哈拉），目前摩洛哥全国人口 3 682 万人，包括本国人 3 668 万人和外国人 14 万人。城镇人口共计 2 310 万。全国超过 70% 的人口集中在卡萨布兰卡－塞达特、拉巴特－肯尼特拉、马拉喀什－萨菲、菲斯－梅克内斯、丹吉尔－得土安 5 个大区。❶

摩洛哥是一个以第三产业经济为主、中等收入水平的发展中国家，是非洲第五大、北部非洲第三大经济体。摩洛哥是联合国、世界贸易组织、世界银行、国际货币基金组织等主要国际机构，以及阿拉伯联盟、非洲联盟、马格里布联盟等重要地区组织的成员。

2022 年摩洛哥 GDP 1 428.7 亿美元，人均 GDP 3 900 美元，经济增长率 1.3%，2023 年 GDP 达到约 1 411.09 亿美元，2024 年的经济增速预计为 3.3%，2025 年为 4.6%。❷ 2024 年上半年，摩洛哥的出口额为 262.4 亿美元，同比增长 5.5%，进口额为 415.8 亿美元，同比增长 15.5%。其中，汽车出口额约为 92.7 亿美元，同比增长 8.5%，磷酸盐及其衍生物出口额约为 46.2 亿美元，同比增长 14.1%。摩洛哥的经济增长主要得益于制造业的强劲表现，尤其是汽车行业的出口上涨 27%，化工和农业等行业也有不同程度的增长。❸

近年来，摩洛哥政府积极吸引外国投资，改善贸易逆差，促进经济发展，在行政、税收、外汇管理等方面实施了一系列优惠政策改革，并建立丹吉尔出口免税区，为投资者提供"一站式"投资服务，吸引海外投资者的注意。随着登记财产、开办企业、纳税及获得电力等方面的改革，摩洛哥营商环境逐年得到提升，国内通货膨胀率近几年均控制在 2% 以下。

摩洛哥具有稳定的政治、社会条件，又同美国、土耳其及阿拉伯国家签订了自由贸易协定，获得了这些国家的市场准入机会，加之摩洛哥有得天独厚的

---

❶ 摩洛哥完成新一轮人口普查 [EB/OL]. (2024-11-29) [2025-03-05]. https://ma.mofcom.gov.cn/jmxw/art/2024/art_94ad860a0096458880634cd3d2ba84d2.html.

❷ 数据来源：人均 GDP（现价美元）—非洲 [EB/OL].(2025-01-15)[2025-03-20]. https://data.worldbank.org.cn/indicator/NY.GDP.PCAP.CD；2023 年 GDP（现价美元）[EB/OL].(2025-01-15)[2025-03-20]. https://data.worldbank.org.cn/indicator/NY.GDP.MKTP.CD?locations=CN.

❸ 数据来源：2024 年上半年摩洛哥对外贸易增长势头良好 [EB/OL]. (2024-10-23) [2024-10-23]. https://xyf.mofcom.gov.cn/xxzb/art/2024/art_f80dedcbe2da41de8e6427c7f24bd950.html.

地理优势，是通往非洲、欧洲市场的窗口，国际机场、船舶航运、高速公路、铁路等基础设施不断完善，金融体系也是非洲最具效率与广泛性的金融体系之一，这些都将成为吸引中国企业赴摩投资贸易的加分项。

服务业是摩洛哥经济的支柱，尤其是旅游业。摩洛哥正加速推进基础设施项目，尤其是体育、酒店和交通领域，以筹备 2030 年世界杯。2024 年，摩洛哥接待的中国游客数量同比增长了 109%，显示出旅游业在吸引外国游客方面的强劲表现。

工业增长虽然相对较慢，但一些高端制造业如汽车、航空和可再生能源等领域的外资企业引入了工业 4.0 经验，提升了本土制造业的数字化水平。

二、中国在摩洛哥投资现状及前景分析

中国与摩洛哥自 1958 年 11 月 1 日建交以来，两国关系持续、稳定发展，双边各层次往来较密切，在国际事务中有广泛共识，保持良好合作。近年来中摩经贸关系发展顺利，双方务实合作成果显著，特别是中摩贸易呈现良好发展态势，摩洛哥已成为我国在非洲第九大贸易伙伴，中国已成为摩洛哥第三大贸易伙伴。我国主要向摩洛哥出口纺织服装、机电产品、绿茶等，从摩洛哥进口电子元器件、磷肥、金属钴砂等。

摩洛哥的投资环境近年来持续改善，尤其是与中国的经贸合作。中摩两国建立了战略伙伴关系，签署了共建"一带一路"合作规划。中国对摩洛哥的投资主要集中在汽车零部件、新能源等领域，这些投资有望成为双边经贸合作的新支点。此外，摩洛哥政府高度重视数字经济发展，成立了国家数字化发展署，推动数字技术在各行业的应用。

两国经济结构高度互补，中国正在向创新型经济结构转型，而摩洛哥在大力发展劳动密集型产业，希望鼓励更多中国企业到摩洛哥投资，促进当地的出口加工业发展。目前在摩洛哥投资发展的中资企业可分为以下三类。

（1）以华为技术有限公司、中兴通讯股份有限公司为代表的信息、通信技术企业。

（2）以中国水产有限公司等为代表的渔业捕捞企业。

（3）以中国水利水电对外有限公司、中国海外工程有限责任公司等为代表的工程建设企业，主要从事高速公路和路桥港口等基础设施的项目承包。

我国对摩洛哥主要投资项目包括渔业合作、摩托车组装、塑料加工、凹版印刷等。其中，渔业合作是我国在摩洛哥规模最大的投资合作。摩洛哥只有约2 000华人，且一半左右集中在卡萨布兰卡工作生活，摩洛哥是目前世界上华人分布最少的国家之一。

（一）摩洛哥投资环境存在的困境分析

1. 政治方面的障碍

摩洛哥政局保持长期稳定，显示出其较西北非及许多阿拉伯国家更显著的政局优势，但摩洛哥在政治方面并非安如磐石，这主要表现在以下两方面。

一方面来自摩洛哥与相关国家的主权领土纠纷。目前，摩洛哥与西班牙关系良好，但两国关于休达、梅利利亚及地中海沿岸一些小岛存在的固有领土纠纷依然存在。同时，历史上摩洛哥与邻国阿尔及利亚存在领土纠纷，曾因边界问题发生武装冲突，目前两国虽已复交，但双边政治、经济往来依然较少。这些主权领土纠纷会一定程度上影响在摩企业的市场扩展等发展问题。另一方面来自社会安全的威胁，摩洛哥虽未发生恐怖袭击事件，也未发生针对中国公民的绑架事件，但恐怖威胁一直存在。

2. 经济方面的障碍

摩洛哥2025年预算法案显示，截至2024年6月底，摩洛哥国债达1 053亿美元，较上年底增长37亿美元。2023年，国债占GDP的69.5%，其中内债占52.2%，外债占17.3%；2022年，国债占GDP的71.5%，其中内债占54.3%，外债占17.2%，公共债务率高于60%国际警戒线。❶

---

❶ 数据来源：2024年上半年摩洛哥国债达1053亿美元[EB/OL].（2024-11-29）[2024-12-20]. https://ma.mofcom.gov.cn/jmxw/art/2024/art_86330e6d5b0542c9b1d79993aed3cab8.html.

截至 2024 年 7 月底，摩洛哥的财政赤字达到 35.2 亿美元，主要是公共支出增加导致。尽管税收收入持续增长，增长率达 11.9%，但财政赤字仍然存在。❶

3. 法律及政策执行方面的障碍

目前，摩洛哥法律法规涉及外贸、投资、税收、劳工、海关、外汇、保险、银行等多个方面，法律较为健全，但执行力度一般，存在法律和政策方面执行上的障碍。

摩洛哥政策法规均较吸引外资企业来投资发展，但企业在解读法律法规的透彻性及摩洛哥政策制度的实际执行方面均存在不到位之处，在实际情况中，部分中资企业及在摩洛哥的投资者并未完全遵守法律法规的规定，当地相关执法部门有时选择性执法，使我国企业处于不利地位。

4. 金融层面的障碍

摩洛哥属外汇管制国家，只有银行可进行外汇自由买卖，其他机构或个人均不得直接从事外汇买卖。当进口商品或服务，或支付其他国际杂费，由摩洛哥企业或个人向银行申购外汇；摩洛哥国民个人出国旅游，包括出差、留学、就医等，均可享受外汇额度并可直接向银行申购外汇。外国人，包括个人和企业，可建立外汇账户或可兑换迪拉姆账户，但外汇账户中的外汇入账后即自动兑换成可兑换迪拉姆，提取外汇时，外国个人或企业需向摩洛哥银行购买外汇。

5. 中资企业视角下的投资障碍

（1）工作签证与当地居住证办理困难。虽然摩洛哥向中国公民提供免签证待遇，但是中国人在当地的工作签证与居住证办理手续依然比较烦琐。在实际操作过程中，因摩方政府批准中方人员的劳动合同的进度十分缓慢，导致我方人员办理工作签证困难。摩方政府发放的工作签证有效期只有一年，但办理过程需耗时两三月至半年不等，耽误工作的开展。

---

❶ 数据来源：摩洛哥预测 2025 年经济增速 4.6%[EB/OL].（2024-09-27）[2024-11-27]. https://ma.mofcom. gov.cn/jmxw/art/2024/art_5e51bb96f3c84a939926af3f9914e902.html.

（2）政府办事效率较低。摩洛哥国内与投资贸易等相关的商业法案是较为齐全的，但是政策执行程度不够，行政效率低下，严重阻碍企业的经营发展。摩洛哥政府部门官员存在一些腐败现象，政府部门办事效率低，导致一些中资企业在摩洛哥的项目推进困难，工程进度缓慢。

（3）外来企业难进入当地市场。地方保护主义排斥外资，外来企业难进入当地市场。摩洛哥的商业文化比较封闭，主要靠人脉拓展商业关系。当地政府声称欢迎外来投资，但本地企业已早早进入摩洛哥市场，在一些市场占据垄断优势，中资企业进入更加困难。此外，摩洛哥国内保护政策较多，商业合同中有不少保护本土企业的条款，如在工程招标中，外国企业的报价必须比本地企业低 15% 以上才有可能中标，严重影响了中资企业的中标率。

（4）当地资源有限，配套服务不足。摩洛哥资源匮乏，原材料供应不足，难以保证为企业生产提供相应的配套设备或服务。一些工程项目在实施过程中，因为许多资源都是卖方市场，经常因为原料供应少、缺乏配套服务等干扰因素多，施工难度大，耽误项目进度。

（5）劳动工人的使用条款及管理问题。根据摩洛哥相关法律规定，来摩洛哥投资的外国公司或从事承包工程的外国公司，其雇用本地员工的比例不得低于 70%。渔业合作中，摩方政府坚持船员本地化政策，要求逐步减少在摩进行海洋捕捞的渔船上的外籍船员数量，直至 100% 使用当地船员，这将影响渔船的生产指挥和设备维护，并可能导致我国渔业企业经营效益受损。

（6）前些年中国企业在摩洛哥投资失败产生的影响没有消除。

（二）中摩两国务实合作潜力巨大

2016 年 5 月 11 日，国家主席习近平同摩洛哥国王穆罕默德六世举行会谈，两国元首决定建立中摩战略伙伴关系。习近平强调，中摩经济互补性强、合作潜力大。中方愿意积极参与摩方工业振兴计划，鼓励有实力的中国企业参与摩洛哥大型基础设施项目建设，深化双方在磷酸盐、渔业、医疗卫生、信息通信等传统领域以及电子、装备制造、航空航天、清洁能源利用等新兴领域务实合作，继续加强金融和投资领域合作。

1. 中国企业对摩洛哥投资应做的准备

中国企业来摩洛哥开展产能合作，首先应明确市场定位，应通过将中国的装备和技术带出来，主要从事面向国外市场的出口加工业，或投资于帮助摩洛哥延长产业链的产业，为摩洛哥实现增值，以避免和当地大型企业进行竞争。第二应切实做好当地法律法规的解读，对当地及周边辐射市场进行充分的调研。第三应派遣能力强、外语好的负责人和团队来摩洛哥工作，与摩方有关部门进行对接与协调，摩洛哥市场较规范，标准较严格，与当地各部门沟通很重要，需要较强的跨文化沟通能力的人才。

2. 中国对摩洛哥投资应采取的策略

（1）制定顶层战略规划。企业到摩洛哥投资前，要特别注意事前调查分析和相关风险的评估，事中做好风险规避和管理工作，切实保障自身利益，但企业仍希望国家站在一定的高度给予方向性指导。政府需对所投资国的政局状况、经济运行走向、投资环境等深层次问题作出高瞻远瞩的判断，从大方向上给予企业指导。中国已经进入了资本输出的发展阶段，发展开放型经济、在全球投资产能合作的大格局下要制定分地区、国别的战略规划，直至分行业的专项规划都十分重要。

（2）建立健全法律体系。政府需加强双边和多边投资贸易，积极参与国际贸易规则制定，为企业走出去开展产能合作创造更好的外部条件。望国内有关部门与摩方政府加强沟通，在关系贸易投资实际开展的关键性问题上能早日达成更多双边协定，在已签订的各类协定的基础上加强明确操作层面的细节，切实有效地减轻我国在摩洛哥企业的负担。

（3）加强和改善金融支持。提倡实行货币互换乃至推动人民币结算，有效帮助企业规避汇率风险；同时加强国内金融机构海外服务能力。目前，我国已在摩洛哥设立的金融机构分支机构有：中国银行摩洛哥代表处（落户卡萨布兰卡）、中国进出口银行西北非代表处（落户拉巴特）等，建议要支持进出口银行、开发银行、国有大型银行扩大信贷，更好地发挥政策性银行和国有银行的作用。

（4）加强对企业开展国际产能合作和基础设施建设指导。国际产能合作和基础设施建设是我国企业在摩洛哥投资发展的重点领域，国家应当在这方面有专门化的指导和意见，一方面维护我国在当地工程承包领域的一贯美好形象，树立和巩固良好的口碑，另一方面协调企业间利益均衡，避免我国企业之间为了中标项目要价过低形成恶性竞争忽视了经济效益。同时，在项目成本评估、风险管控等方面进行协调指导。

（5）突发事件中的协助应急处理。国内政府部门和企业界共同加强与摩洛哥政府部门的沟通和磋商。我国在摩企业在当地业务发展运行过程中，难免因为一些主客观原因遭遇突发事件或纠纷，在遇到突发事件或者与所在国发生了矛盾纠纷，产生摩擦时，都需要政府帮助疏通交涉，以便更快速圆满地解决此类问题。

（三）中摩两国的物流合作

随着两国经贸投资等关系的加强，两国间的物流将会更加频繁，中国和摩洛哥应该探讨物流行业的合作。

1. 摩洛哥具备国际物流条件

（1）空运。摩洛哥拥有 16 个国际机场，10 个国内机场和一些供轻型飞机起降的小型机场，均归摩洛哥国家机场管理局（ONDA）管理。中国到摩洛哥的主要航线需要从巴黎、迪拜、伊斯坦布尔、开罗、多哈等地中转。

（2）水运。目前，摩洛哥共有 38 个港口，其中 13 个商业港，19 个渔港和 6 个游艇停泊港，主要港口有卡萨布兰卡、穆罕默迪耶、萨非、丹吉尔、纳祖尔港等。

2. 在摩洛哥建立物流中心的选址和运营

卡萨布兰卡港是摩洛哥海运吞吐量最大的港口，所处航线主要是西北非航线。该港目前已建立了船舶靠离和货物装卸过程的综合管理系统，实现了港口服务和管理的计算机化。这个系统与欧洲主要港口实现计算机联网，建成新一代的集装箱码头。但随着近年摩洛哥对外贸易的快速增长，卡萨布兰卡港的年货物吞吐量不断攀升，港口的相应服务及设备未能及时跟上，目前卡萨布兰卡港面临着一系列的问题。如货物装卸速度较慢导致货物滞留港口，以及出关手续过于烦琐且存在违规收费现象等等。

近年来，丹吉尔地中海新港发展很快，它是非洲重要的转口港，已与66个国家167个港口开设航线，与中国八大港口、非洲30个港口相对接，年吞吐能力达800万标准集装箱。该港口地处直布罗陀海峡，东进地中海和西出大西洋的船只都要从这里经过或停泊，因此在发展转运业务方面具有较大潜力。

摩洛哥国王穆罕默德六世于2016年5月11日—13日对中国进行国事访问期间，中摩双边关系正式提升为战略伙伴关系，同时中国商务部与摩洛哥工贸部签署合作备忘录，摩洛哥为中国企业特设1 000公顷工业区。这个工业区位于丹吉尔附近，距离地中海出海口仅有15海里，在园区内的企业可以在24小时内把商品运送到欧洲任何一个地方。中国企业不仅可以利用此工业区开拓摩洛哥国内市场，辐射西部非洲市场，还可以把摩洛哥当作平台，进军欧洲市场。

非洲的物流与中欧班列的接轨性探讨。自2011年首列中欧班列成功开行以来，中欧班列凭借安全快捷、绿色环保、受自然环境影响小等综合优势，成为亚欧物流陆路运输的骨干，来往于国内各地至欧洲的中欧班列正变得日益繁忙。它是一座增强沿线国家之间"五通"的桥梁，目前中国已陆续开通了去往德国杜伊斯堡、汉堡，西班牙马德里等欧洲城市的集装箱班列。马德里、汉堡等地与摩洛哥、埃及的物流方便，应考虑物流的逆向运行对我国经济的帮助。

我国在摩洛哥物流中心的建设与运营。在摩洛哥建立物流中心，在区域内交通运输应以海运和铁路为主，长短结合，物流中心基地应以工业园区为依托，内外结合，在充分发挥整体功能的基础上，进一步使运输线网向欧洲、中东、北部非洲和西部非洲等地区延伸拓展，促进货物外运。

摩洛哥政府允许外国投资者通过"建设—经营—转让"（Build-Operate-Transfer，BOT）等方式参与基础设施项目投资，并且正在探讨运用公共私营合作制（Public-Private Partnership，PPP）方式的可能性。摩洛哥公私合营法（PPP 法律）于 2015 年 7 月 1 日起正式生效。该法没有明确规定外资企业在摩洛哥开展 PPP 的限制条件，但摩洛哥经济与财政部公布的该法实施配套法令规定，摩洛哥企业在投标时享受 15% 的价格优惠。

物流中心建议可选址在丹吉尔地中海新港，或在摩方将在地中海沿岸专门为中国企业特设的 1 000 公顷工业区里，划定具有交通区位优势的保税区作为物流中心，可采用 PPP 的形式，结合海运、陆运等多式联运方式。运营权可采用中方独立运营，或中外合资运营的方式，但中方占股比例最好在 51% 以上，把握物流中心运营控制权，中方能够运用资金、技术设备和港口、物流园区运营的成熟经验的优势，并充分研究摩洛哥当地法律，熟悉当地合同条款和市场规则，在经营中应依法办事。

第五节　在尼日利亚打造物流中心

中尼关系长期友好发展，近年来双方高层互访频繁，经贸关系不断实现新的发展和突破。双方贸易规模迅速扩大，工程承包实现跨越式发展，对尼投资大幅增加。中资企业涉及工程承包、石油开采、自贸区经营、水电、农业、通信、纺织、食品和车辆组装等多个领域。

随着中国与尼日利亚经贸往来的不断发展，来往两国的人员和需要运输的货物数量急剧增长，目前的运输能力亟待提升，港口、机场和公路的运营效率亟待改善，基于尼日利亚在非洲的重要经济地位和关键的地理位置，在尼日利亚建立辐射西部非洲的物流中心具有重要的经济和战略意义。

为了顺利推进"21 世纪海上丝绸之路"建设，巩固中尼经贸合作的良好局面，确保建立稳固可靠的石油供应，我们需要与尼日利亚政府通力合作，改善尼日利亚落后的交通基础设施和运营效率，选择某重要位置建立辐射西部非洲的物流中心，具有重要的经济意义和战略意义。

一、尼日利亚的经济形势

尼日利亚是中国在非洲的第一大工程承包市场、第一大出口市场、第二大贸易伙伴和主要投资目的地国，第三大贸易伙伴和主要投资目的地。两国各领域合作密切。尼日利亚地处西部非洲的东南部，南濒大西洋几内亚湾，北接尼日尔，西临贝宁，东靠喀麦隆，东北隔乍得湖与乍得相望，地理位置优越。尼日利亚自然资源丰富，土地比较肥沃。尼日利亚的市场规模比较大，目前是非洲第一大经济体，非洲第一人口大国，经济发展前景较好，具有较强的市场购买力，市场潜力巨大（图 9-2）。尼日利亚是非洲能源资源大国，是非洲第一大石油生产和出口国，石油和天然气储量分列非洲第二位和第一位。虽然尼日利亚政局基本保持稳定，但种族和宗教冲突和恐怖活动激烈，在尼日利亚投资面临一定的安全风险。

尼日利亚是非洲第一大经济体。2023 年，尼日利亚 GDP 为 3 638.46 亿美元，同比下降 24.1%，没有增长趋势，人均 GDP 为 1 596.6 美元❶，2023 年，世界摆脱疫情影响，经济复苏，但尼日利亚经济反倒在下降（图 9-3）。

尼日利亚的经济主要由服务业驱动，2023 年服务业占 GDP 的比例高达56.2%，工业和农业分别占 18.6% 和 25.2%。❷第三产业占比过重，产业结构不够合理，尤其是第二产业占比太少，不利于国家工业发展（图 9-4）。

---

❶ 数据来源：2023 年 GDP（现价美元）[EB/OL].（2025-01-15）[2025-04-15]. https://data.worldbank.org. cn/indicator/NY.GDP.MKTP.CD?locations=CN.

❷ 数据来源：世界发展指标 [EB/OL].（2025-04-15）[2025-04-20]. https://www.nigerianstat.gov.ng/，Nigeria Data Portal.

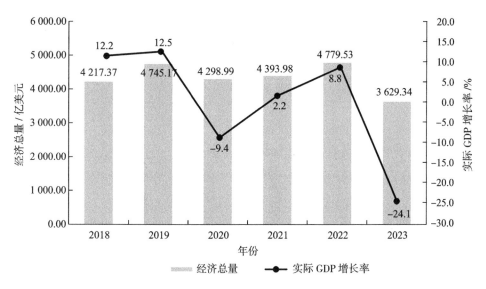

图 9-2　2018—2023 年尼日利亚经济变化情况

数据来源：GDP（现价美元）[EB/OL].（2025-01-15）[2025-03-12]. https://data.worldbank.org.cn/indicator/ NY.GDP.MKTP.CD?locations=CN.

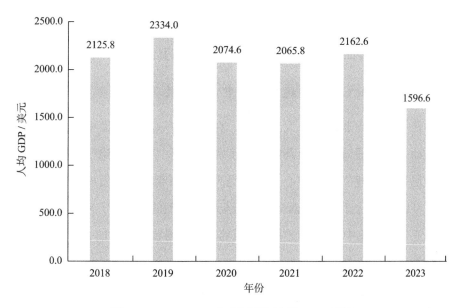

图 9-3　2018—2023 年尼日利亚人均 GDP 情况

数据来源：人均 GDP（现价美元）[EB/OL].（2025-01-15）[2025-03-12]. https://data.worldbank.org.cn/country/.

基于非洲城镇化发展的中非合作机遇研究

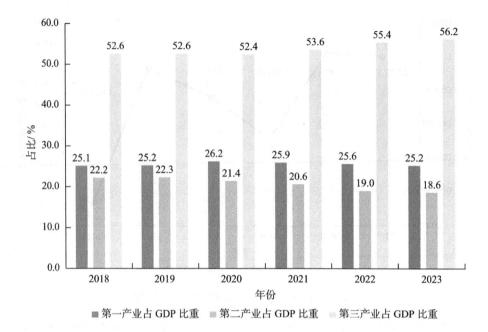

图 9-4 2018—2023 年尼日利亚第一、二、三产业占 GDP 比重情况

数据来源：世界发展指标 [EB/OL].（2025-04-15）[2025-04-20]. https://www.nigerianstat.gov.ng/.

二、对中国在尼日利亚建立物流中心的分析

（一）中国在尼日利亚建立物流中心的意义

尼日利亚作为非洲第一大经济体，在"一带一路"建设中是关键国家之一，推动互联互通建设，提高物流速度和效率是"一带一路"建设的要义之一。在尼日利亚建立物流中心，可以提高尼日利亚的经济发展速度和运行效率，还可以增强尼日利亚对西部非洲乃至整个非洲的影响力，对中国而言，在尼日利亚建立物流中心可以使中国在西部非洲获得稳定可靠的合作伙伴，加大中国对非洲的影响力，推动"一带一路"顺利实施。

1. 助力维护我国能源安全

尼日利亚油气资源丰富，是非洲最大的产油国和石油出口国，石油和天然

· 268 ·

气储量分列非洲第二位和第一位，如能顺利推进我国与尼日利亚的石油合作，必将成为我国能源安全的重要保障之一，这离不开有效的物流运输，因此在尼日利亚建立物流中心具有重要的战略意义。在中东局势非常紧张的情况下，如何保障我国的能源安全至关重要，非洲是我国能源进口的重要来源地，非洲兄弟国家与我国的良好关系也是我国能源安全的重要保障。

2.助力于我国与西部非洲开展国际产能合作

经过几十年的发展，我国在基础建设方面积累了丰富的经验，尼日利亚基础设施比较落后，具有很多的基建需求，对我国基建行业而言，物流中心建设本身就是一个巨大的机遇，如果能以此为突破口打开其他非洲国家的基建市场，对我国基建行业"走出去"意义巨大，在尼日利亚建立物流中心可以为"走出去"的建筑企业提供可靠的后勤保障。一方面可以使得我国部分优势产能找到合适的出口地，另一方面也可以在一定程度上保证我国承包项目的质量要求。

随着我国经济步入新常态，以及大力推进的供给侧结构性改革，我国需要与相关国家有机协调。尼日利亚目前的经济发展仍比较落后，我国产能相对于尼日利亚来说都是优势产能，与其进行国际产能合作可以实现互利共赢，为西部非洲的基础设施建设贡献力量，这当然需要高效的物流作为保障，因此在尼日利亚建立物流中心非常必要。

（二）中国在尼日利亚建立物流中心面临的风险和挑战

中国在尼日利亚建立物流中心将为中国和尼日利亚带来很大机遇，扩大中国在非洲的影响力，获得丰富的能源资源和矿产资源，事物往往具有两面性，与此同时在尼日利亚建立物流中心面临很多风险和挑战，主要包括以下几个方面。

1.面临安全风险

近年来，尼日利亚安全形势堪忧，东南部石油主产区安全形势不断恶化，武装组织长期在该地区袭击外国石油公司；在中部多民族和宗教杂居的乔斯地区，仇杀和爆炸事件也不断发生；北部和东北部地区则部族、宗教冲突频发。虽然近年来尼日利亚政府采取了一系列缓解治安状况的措施，但收效甚微，治安问题短期内难以好转。因此，在尼日利亚建立物流中心一定要加强安全保卫工作，与当地政府进行安保合作，中国的安保公司也可以适当时机走出国门，保卫海外中资企业的生命财产安全。

2.基础设施状况堪忧

一个高效物流中心能够正常运转，需要良好的基础设施相配套，还需要高效的运营机制相协调。但尼日利亚的基础设施状况欠佳，交通基础设施比较落后，运营能力偏低，交通运输物流绩效指数处于较低的水平，这与现代化物流中心是极不相称的，需要大力改善尼日利亚的交通基础设施，并提高运营效率。此外，尼日利亚在通信、电力、供水等方面基础设施的条件也存在偏差，尤其尼日利亚的电力供应严重不足。因此在尼日利亚建立物流中心需要克服目前基础设施欠佳的不利局面，通过建筑企业"走出去"，发挥我国在基建行业的优势，努力改变尼日利亚落后的基础设施。

3.通关手续纷繁复杂

近年来，尼日利亚受安全形势的影响，整体商业和投资环境欠佳。尼日利亚是目前国际贸易进口程序和手续较繁杂的国家之一。由于我国许多厂商不太了解尼日利亚的进口手续，常常造成商检、运输、清关时间过长，延误交货期，费用加大，蒙受了一定的经济损失。

（三）中国在尼日利亚建立物流中心区位选择分析

关于尼日利亚建立物流中心的区位选择，需要综合考虑多方面的因素，涉及安全、便利、区域带动作用、辐射带动作用、投资回报等多方面的因素，综合考虑应该在拉各斯，或者选择在莱基自贸区建立物流中心，但是选址在莱基自贸区也主要是借助力于拉各斯的优势。下面展开加以分析。

1. 安全因素

在尼日利亚建立物流中心区位选择首先要考虑安全因素，要避开不安定地区，相对而言西部滨海地区比较安定，可以考虑在西部重要港口建立物流中心。拉各斯港是西部非洲最大、最繁忙的港口，承担了尼日利亚 70% 左右的进出口货物运输，因此可以考虑在拉各斯港附近建立物流中心。

2. 交通便利性因素

交通便利性是建立物流中心的必备条件，拉各斯港交通便利，是西部非洲国家中最现代化港口之一。拉各斯港港口开阔，同时它处在大西洋几内亚湾，具有避风浪的优越条件。这座港口目前有两个大型深水码头——阿帕帕港和廷坎港，约 30 个泊位，可以停泊万吨轮船，装卸和运输设备现代化。

拉各斯—蒙巴萨高速公路是非洲横贯公路中的 8 号公路，是西部非洲和东部非洲之间的主要公路路线。该公路途经喀麦隆雅温得、拉各斯、中非共和国首都班吉和乌干达首都坎帕拉，终点为蒙巴萨。刚果（金）境内的路段尚未修建，但喀麦隆、尼日利亚、中非共和国以及肯尼亚和乌干达之间的一些路段已经完工。❶国际机场有良好的设备，建筑面积占地 1500 公顷，两侧是飞机跑道，一条长 2700 多米，一条长 3900 米，可以起降大型波音 747 型飞机；新的尼日利亚国际电讯大楼高达 37 层，在这里可以同世界各地的通讯网进行联系。

3. 辐射带动作用

物流中心不但要充分考虑对地区经济的影响，还要充分考虑是否能够发挥对其他地区的辐射带动作用。拉各斯港是西部非洲国家最现代化的港口之一，全国 70% 的货物运输通过拉各斯港，对全国的辐射带动作用明显，拉各斯港还对西部非洲地区的经济发展起到一定的积极作用。在拉各斯建立物流中心，将成为尼日利亚、西部非洲地区的重要货物集散地，也是中国产品和亚洲产品进

---

❶ 资料来源：中华人民共和国驻拉各斯总领事馆，http://lagos.china-consulate.gov.cn/chn/zlgxx/zlglq/202312/t20231223。

入尼日利亚和西部非洲地区的重要中转站，必将使其对全国和西部非洲地区产生较强的辐射带动作用。

4. 与附近地区产业联动效应

在拉各斯建立物流中心必将与拉各斯、莱基自贸区乃至整个尼日利亚经济产生联动效应。拉各斯州是尼日利亚旧都和最大港市，是撒哈拉以南非洲第十一大经济体，人口已超过 2 000 万❶，作为尼日利亚金融、工业、航运中心，拉各斯至少有 29 个工业区、四个中央商务区和三座港口，有西部非洲最大的证券交易所，有超过 200 个金融机构，贡献了全国经济总量的 30%、对外贸易量的 80% 以上，拉各斯港占全国港口收入的 50%。❷ 建有阿帕帕、伊卢佩朱、亚巴、伊凯贾和穆欣五大工业区，有大型榨油（棕油）、可可加工、纺织、日用化工、锯木与胶合板、造船、车辆修配、金属工具、造纸、橡胶等工厂；电网联卡因吉水电站；拉各斯是著名海滨疗养地、旅游中心；知名高等院校包括拉各斯大学（UNILAG）、拉各斯州立大学（LASU）、泛大西洋大学（前身为泛非大学）、尼日利亚国立开放大学、迦勒大学、拉各斯州立健康技术学院、拉各斯州立大学医学院、拉各斯大学医学院 (CMUL)，还有国立图书馆和博物馆等。在娱乐、时尚、旅游和艺术方面，拉各斯在整个非洲都颇具影响力。❸ 距离拉各斯市区 50 公里的中非莱基自贸区是拉各斯正在发展中的新兴卫星城市，也是当前尼日利亚发展最快的新区之一，莱基自贸区将建设成为拉各斯都市卫星城、产业和谐生态城、充满活力的宜居城和现代化工业新城，成为中国境外经贸合作区的标杆，中非经贸合作的典范。❹ 莱基自贸区也可作为备选方案，但仍然是助力于拉各斯的发展。

---

❶ 记者观察：拉各斯，尼日利亚人的"追梦之地"，[EB/OL].(2024-12-11)[2025-04-27]. https://baijiahao. baidu.com/s?id=1818145928439931657&wfr=spider&for=pc.

❷ 同❶。

❸ 资料来源：拉各斯州概况 [EB/OL].（2024-09-13）[2024-12-19]. https://ng.mofcom.gov.cn/nrlygk/art/2024/art_a86cbacf1b2745bf91c80fcc385ad13b.html.

❹《莱基自贸区简介》，中非莱基投资有限公司网站，http://www.calekki.com/ljzmq_detail/&i=8&comContentId=8.html.

（四）尼日利亚物流中心运行模式分析

1. 加强与尼日利亚联邦政府和拉各斯地方政府的沟通协调

在尼日利亚建立物流中心是一项系统工程，涉及方方面面的情况，需要得到尼日利亚联邦政府和拉各斯地方政府的支持和通力合作，因此，首先需要我国政府和相关部委与尼日利亚联邦政府和拉各斯地方政府加强沟通协调：

（1）与尼日利亚联邦政府和拉各斯地方政府开展关于建立物流中心的可行性研究。

（2）在可行性研究的基础上来洽谈建立物流中心的方案。

（3）在方案确定的基础上洽谈方案的具体实施举措，制定突发事件应急预案。

（4）在以上基础上签订战略合作协议和商务合同。

（5）在具体建设和建成后运营环节建立与联邦政府和地方政府的良好沟通机制，有效应对出现的各种问题。

2. 吸引中国优势企业参与投资尼日利亚物流中心建设

政府搭台、企业唱戏，在拉各斯或莱基自贸区建立物流中心需要的投资数额巨大，需要从各方来筹措资金。

（1）可以借助亚投行和"丝路基金"来筹措物流中心的建设资金，亚投行和丝路基金的是我国企业"走出去"的重要资金募集渠道。

（2）在"走出去"的过程中，政府可以搭建合作框架，具体落实还需要中国企业，需要中国优势企业提供资金、技术、管理经验，有实力的国有企业和民营企业都可以参与其中。

（3）可以考虑建立中尼物流投资有限公司，以公司的方式来运营物流中心的建设和运营工作，吸纳部分尼日利亚当地人进入公司管理层，公司里成立质量管控部门，严格管控工程质量，有效维护中国企业的声誉。

3. 以 BOT 模式建设尼日利亚物流中心

BOT 模式是私营企业参与基础设施建设，向社会提供公共服务的一种方式，我国一般称其为"特许权"。考虑到尼日利亚的基础设施建设资金比较紧张，在尼日利亚建立物流中心可以考虑采用 BOT 模式来进行：

（1）由中国企业发起成立中尼物流投资有限公司，募集物流中心建设资金，组建物流中心建设团队。

（2）中尼物流投资有限公司负责建设物流中心，在严格保证工程质量的前提下，可以考虑多雇佣尼日利亚当地员工，多采用尼日利亚当地材料。

（3）工程竣工以后中尼物流投资有限公司负责建立物流中心运营团队，有效维护物流中心的良好运营，在特许年限内逐渐收回投资。

（4）在中尼物流投资有限公司基本收回投资的情况下，将物流中心转让给尼日利亚联邦政府，对尼日利亚经营团队进行培训，以保证中国团队撤出后能够有效运营。

第六节　在肯尼亚打造物流中心

肯尼亚位于非洲东部，赤道横贯其中部，东非大裂谷纵贯南北。东邻索马里，南接坦桑尼亚，西连乌干达，北与埃塞俄比亚、南苏丹交界，东南濒临印度洋，地理位置重要，国土面积为 582 646 平方公里。2023 年肯尼亚人口数为 5 510.1 万人，全国共有 44 个民族，主要有基库尤族（17%）和卢希亚族（14%）等。肯尼亚有大量年轻人口，2023 年肯尼亚年龄中位数为 19.9 岁，年轻人口和城市化带来新机遇。截至 2023 年，30.7% 的肯尼亚人口居住在城镇地区，城市化进程为肯尼亚各行业发展提供了更集中的用户基础。

因其优越的自然地理条件，肯尼亚自古以来就是非洲东南沿海商贸中心，东非地区最大的经济体之一，东非工业基础最好的国家，2023 年肯尼亚 GDP

达到了 1 080.39 亿美元，目前其国内的消费品基本能实现自给自足，工业门类较为齐全❶，对 GDP 的贡献率达到 16.9%。❷

肯尼亚与我国友谊源远流长，双方于 1963 年建交并于次年签署经济技术合作协定；近年来，肯尼亚实施"向东看"政策为双方合作提供了新的发展机遇；同时，我国领导人出访肯尼亚频次在非洲各国中是最高的，双方政府间也建立了高级别的常规合作机制；中国利用中非合作论坛提供的契机，通过两优贷款，为肯尼亚基础设施建设和改造做出了巨大的贡献，中国连续 11 年成为肯尼亚第二大贸易伙伴和第二大进口来源国。

随着两国经贸往来的日益频繁，来往两国的人员和需要运输的货物也日益增长。而肯尼亚目前的运输能力需要进一步提升，基于肯尼亚在东非地区的重要政治地位和地理位置，在肯尼亚建立辐射东非乃至整个非洲的物流中心具有重要的政治和经济意义。

一、中国在肯尼亚建立物流中心的机遇

中国在肯尼亚建立物流中心，能够促进中非双方贸易发展，促进肯尼亚地区的产业发展，有助于中国转型升级战略目标的实现。

肯尼亚凭借其得天独厚的地理优势和积极的投资环境，成为东非地区最值得关注的油气投资国家。油气发现引起了石油公司对肯尼亚油气勘探的兴趣，众多公司陆续介入该国的油气业务。因此，如能顺利推进我国与肯尼亚的油气合作，必将成为我国能源安全的安全保证之一，而这离不开有效的物流运输，因此在肯尼亚建立物流中心具有重要的战略意义。

---

❶ 数据来源：2023 年 GDP（现价美元）[EB/OL].（2025-01-15）[2025-04-17]. https://data.worldbank.org. cn/indicator/NY.GDP.MKTP.CD?locations=CN.

❷ 数据来源：肯尼亚，等你来投资！[EB/OL].（2025-04-20）[2025-04-21]. https://mp.weixin.qq.com/s?__ biz=MjM5Mjg1NjQlMw==&mid=2651185544&idx=1&sn=687f2ad355a81853ec0425febd592e6a&chksm =bca67275f682cdc2905de6d3780c0a5c0d867e63f3d4838d99ecb19ad6b8aada669bf658d039&scene=27.

（一）肯尼亚政府政策

肯尼亚"2030年远景规划"中指出：把建成新兴工业化国家作为国家战略目标；在内罗毕、蒙巴萨和基苏木三大工业中心，肯尼亚政府规划建设大规模商业物流中心，为提升工业出口能力提供保障。肯尼亚希望借鉴新加坡和中国相关经验，重点发展出口型经济，依托经济特区为肯尼亚建设区域制造业和服务业中心。根据规划，特区内将建设一系列的农业、工业、科技园区，蒙巴萨特区将发挥贸易港优势，重点建设肥料、红茶、咖啡、肉类等农产品加工设施；基苏木特区面向大湖区内陆国家，重点发展水泥、化工、钢铁生产及鲜活农产品加工等；拉穆特区则主要依托拉穆—埃塞俄比亚—南苏丹交通走廊项目进行开发。中国政府应抓住此机遇，加大与肯尼亚政府的交流合作，选择蒙巴萨等地建立辐射东非的物流中心。

肯尼亚蒙巴萨港是"21世纪海上丝绸之路"的终点，是中国对非产业转移登陆和辐射全非的起点。在肯尼亚蒙巴萨建立物流中心，可以促进蒙巴萨经济发展，提高肯尼亚在东非的影响力。同时，可以加深双方互信，促进双方贸易的顺利进行，提高中国在非洲的影响力。

（二）网络建设为其提供更好的基础

李克强总理在2014年5月访问非洲时提出了中国将与非洲合作建设非洲高速铁路网络、高速公路网络和区域航空网络"三大网络"的宏伟蓝图。"三大网络"建设能够促进非洲交通基础设施建设，带动中非的产业合作，有利于将我国的外汇储备转化为政治优势，拉近我国同非洲国家的关系，提升我国的国际影响力。同时，"三大网络"建设能够为我国在肯尼亚建立物流中心奠定良好的交通基础，促进物流中心的建设发展。

肯尼亚互联网普及率在稳步增长。2020年肯尼亚互联网用户仅为1 440万，而在2024年1月，这个数字已上升至2 271万。2023年肯尼亚移动设备数量达到了6 296万台，设备渗透率高达124.5%，其中，智能手机渗透率也达到

58%。此外，移动货币用户基础庞大。截至2024年3月，肯尼亚移动货币用户数量达3 870万，占总人口的75%。2023年肯尼亚数字支付交易额已达72亿美元，是2017年的13亿美元的近6倍。得益于肯尼亚对金融普惠项目的积极推广，肯尼亚金融普惠率从2006年的26%上升至2021年的84%，渗透率居非洲前列。❶

二、肯尼亚物流中心区位选择

物流中心的建设一般要符合以下要求：主要面向社会服务、物流功能健全、辐射范围大、存储和吞吐能力强等。综合考虑，肯尼亚的蒙巴萨最为合适。

（一）肯尼亚物流中心区位选择考虑因素

1. 安全因素

在肯尼亚建立物流中心面临的安全问题。国家周边，邻国索马里曾长时间处于内战状态，导致一些小型火器和爆炸物流入肯尼亚境内，埋下安全隐患。加上近年来肯尼亚物价下跌较快，失业率居高不下，治安状态不尽如人意，肯尼亚安全因素依旧不容乐观。

2. 交通便利性因素

交通便利性是物流中心建设的必要条件，蒙巴萨地区的交通便利，主要表现为两个方面。

（1）蒙巴萨港是肯尼亚的最大港口，也是东非最大的港口之一。该港口位于印度洋西侧，肯尼亚东南沿海的蒙巴萨岛上，交通运输有铁路桥与海堤和大陆相连。蒙巴萨港因其特殊的地理位置成为非洲东海岸最大的港口。

❶ 数据来源：非洲现金贷第一热土——肯尼亚最新市场现状如何？ [EB/OL].（2024-11-07）[2025-04-21]. https://baijiahao.baidu.com/s?id=1815058526181901453&wfr=spider&for=pc.

（2）中方建设的蒙内铁路于 2017 年建成。蒙内铁路（蒙巴萨港—内罗毕）是东非铁路网的起始段，全长 480 公里，设计运力 2 500 万吨，采用中国国铁一级标准建设，蒙内铁路全线采用中国标准和中国装备，且与肯尼亚的实际需求紧密结合，是目前非洲大陆上标准最高、质量最好且性价比最佳的铁路之一。蒙内铁路连接肯尼亚首都内罗毕和东非第一大港蒙巴萨港，根据规划，该铁路将连接肯尼亚、坦桑尼亚、乌干达、卢旺达、布隆迪和南苏丹等东非国家。❶

3. 辐射带动作用

蒙巴萨港作为东非最大的港口之一，是东非的工商业中心和重要的通商口岸及著名的中转港，肯尼亚、乌干达的大部分外贸货物及卢旺达、坦桑尼亚以至扎伊尔东部、苏丹南部的一部分物资都由此港中转。集装箱港区前沿堆场，有专用铁路直通肯尼亚首都内罗毕、肯尼亚第三大城市克苏木和乌干达首都堪培拉，每天都有集装箱专列发往内罗毕。蒙巴萨港务局在内罗毕、克苏木和堪培拉都设有集装箱货运站。此外，从蒙巴萨到卢旺达、布隆还有"门到门"公路联运服务。在肯尼亚蒙巴萨建立物流中心，能充分发挥蒙巴萨港的辐射带动作用，能够为肯尼亚乃至东非带来新的发展机遇，促进该地区的经济发展水平。

4. 地区联动效应

在蒙巴萨建立物流中心能与内罗毕、基苏木等地区产生联动效应，蒙巴萨是肯尼亚的第二大城市，滨海省省会，位于东南沿海，临印度洋，城市中心位于蒙巴萨岛上，有堤道和铁路桥同大陆相连，古代就为重要商港。现为全国工商业中心，其港口为非洲东海岸最大海港。蒙巴萨港拥有完善的现代化设备，是肯尼亚、乌干达、卢旺达等国货物进出口的门户。蒙内铁路连接蒙巴萨港和内罗毕，极大地便利了货物的流通。

---

❶ 数据来源：世纪工程：肯尼亚蒙内铁路投融资 [EB/OL].（2019-06-02）[2025-04-21]. https://baijiahao. baidu.com/s?id=1635199730714937972&wfr=spider&for=pc.

（二）肯尼亚物流中心运行模式分析

1. BOT 投资开发模式

肯尼亚允许私营企业以 BOT 模式承接基础设施建设项目[1]，允许私营企业通过融资、建设、经营和维护方式开展 BOT 建设项目，并在 BOT 规定期限届满前移交给政府管理部门，规定 BOT 期限不得超过 30 年。公私合作的领域包括电站、港口、机场、铁路、公路、供水和灌溉等。为了减少对财政的依赖，肯尼亚设立了公私合营部门，推动私人投资基础设施建设项目。[2]

可以用 BOT 模式建设肯尼亚物流中心。采用 BOT 模式有利于减少政府公共借款和直接投资，缓和政府的财政负担；避免或降低政府投资可能带来的各种风险；有利于给大型承包公司提供更多的发展机会；更好地促进项目的顺利开展和运行。采用 BOT 模式建立物流中心具体的方式如下。

（1）鼓励企业参与肯尼亚物流中心建设，鼓励一个或多个企业成立物流投资有限公司，募集资金，承担该基础设施项目的投资、融资、建设、经营与维护。

（2）在肯尼亚建设物流中心的过程中，企业要树立社会责任意识，多利用当地的劳动力，提升当地的就业率，同时，注重培养技术工人，提高当地居民的认同感。

（3）在协议规定的特许期限内，建设企业向设施使用者收取适当的费用，由此来回收项目的投融资、建造、经营和维护成本并获取合理回报；政府部门则拥有对这一基础设施的监督权、调控权。

（4）在这个项目的特许期届满，建设企业将该基础设施无偿或有偿移交给肯尼亚当地的政府部门，并加强对当地人员的培训教育，以保证该物流中心的持续健康运营。

---

[1] 肯政府鼓励私人投资参与基础设施建设项目 [EB/OL].（2014-01-09）[2024-09-06]. https://china.huanqiu.com/article/9CaKrnJDSWT.

[2] 郭炯，任冰雪. 肯尼亚新 PPP 法解读 [J]. 中国投资，2022（11）.

2. 网络型物流中心

当前我国跨境电商正保持年均约 30% 的增速快速发展，跨境电商作为一条重要的"网上丝绸之路"对于全世界联动式发展起着不可或缺的作用，庞大的交易规模使全球各国都加大了对其的关注力度，在亚洲、美洲以外，跨境电商的发展模式也延伸到了非洲地区，并开始被越来越多的非洲居民所接受，肯尼亚是非洲第二大跨境物流国，可探讨打造网络型物流中心。

网络型物流中心，即港口通过物流信息网络，开展电子商务，并发展成电子物流中心，形成离岸贸易和远程物流。虽然货物没有经过本港，但实际上通过其他口岸的物流企业完成了异地物流服务。建立网络型物流中心，必须运用网络信息技术，尽快建立港口的营销网、信息网、配送网。建立港口完善的系统，并通过互联网宣传港口和发展电子商务，对物流中心各供应链上的所有环节进行有效的管理，适应"第三代港口"发展的基础性需要，使物流中心成为组织进出口贸易的重要战略环节。

3. 肯尼亚物流中心管理运行模式

物流中心的管理运行模式是解决园区建成后怎么管理运行来使园区高效运行并获取最大利润的问题。在肯尼亚建立物流中心的管理运行模式的确定需要考虑园区的开发投资主体、园区管理组织、园区入驻企业的关系，协调两国政府、投资人、客户、消费者和物流企业的利益，确保物流园区能够高效运行。

物流中心的管理主要有五种：管理委员会模式、行业协会模式、股份公司模式、租赁模式和业主委员会模式。可根据具体的实际情况，采用以上一种或几种模式，实现物流园区的健康高效运行。

第七节　在南非打造物流中心

南非是非洲地区经济最发达、现代化程度最高的国家。素有"黄金王国"之称，黄金储量、铂族金属、锰、钒、钛、硅酸盐的储量均居世界第一位，在地理位置上，作为南非首都之一的开普敦的地理位置相当重要，因为大于25万吨级的巨轮无法通过苏伊士运河，都会绕道南非，并在开普敦进行补给，所以南非是欧洲通往太平洋与印度洋的必经国家，南非的矿产也都需要依赖船运出口到世界各地，供、需之间，促成了许多的物流活动。

现代物流供应链中许多环节都发生在港口，并通过港口的功能来实现，我国在南非建立物流中心可考虑采用港口物流的方式，具体分析如下。

一、中国在南非建立港口物流中心的基础保障

（一）南非国际地位不断提高

南非奉行独立自主的全方位外交政策，对外交往活跃，国际地位不断提高，已同186个国家建立外交关系。积极参加与大湖地区和平进程以及与津巴布韦、苏丹达尔富尔等非洲热点问题的解决，努力促进非洲一体化和非洲联盟建设，大力推动南南合作和南北对话。同时，南非是联合国、非盟、英联邦、二十国集团、金砖国家等国际组织或多边机制成员国。2004年南非成为泛非议会永久所在地，2010年12月南非被吸纳为金砖国家成员。

（二）南非同中国关系良好，双边合作愈显紧密

自1998年1月1日中国与南非正式建立外交关系以来，两国关系迅速健康发展，双方高层交往频繁，各领域合作不断深化和扩大，南非已经成为中国在非洲的重要贸易伙伴。近年来，中、南两国在国际和地区事务上一直保持着良好合作，双方在人权、气候变化等领域的协调和合作日益加强。在南非越来越重视发展南南关系的大背景下，中南关系的重要性将进一步提升，中国与南非的经贸、政治关系可望得到进一步实质性发展。

（三）南非沿海的港口众多，物流效率评价较高

由于得天独厚的地理优势等因素，南非沿海有着众多的港口，南非的主要

港口，从其西部的萨尔达尼亚湾港西角港起，以逆时针方向数，有开普敦港、伊丽莎白港、东伦敦港、德班港和理查兹贝六大港口。

萨尔达尼亚港是南非在 20 世纪 70 年代新建的现代化大型铁矿石输出港，也是世界二十大散货港之一。开普敦港是欧洲沿非洲西海岸通往印度洋及太平洋的必经之路。理查兹贝港是南非的主要煤炭输出港，也是世界第二大散货港。伊丽莎白港是南非最大的羊毛交易市场。东伦敦港是南非的渔业基地。德班港则是南非最大的集装箱港。此外，还有克尼斯纳、兰博茨港、朗博特斯湾、莫塞尔港、纳塔尔、诺洛斯港、艾尔弗雷德港、博福特港、谢普斯通港、圣约翰斯港、西蒙斯敦、塔布尔湾、沃巴伊等港口。

根据世界银行最新调查，南非被评为物流效率最高的非洲国家。在所有的非洲国家中，南非是货物移动最高效、客户与国际市场连接最为紧密的国家，南非的物流服务业就好于很多高收入国家。

二、中国在南非建立港口物流中心的机遇

（一）中国在南非建立港口物流中心的优势

1. 南非基础设施相对完善

在交通运输方面，南非有着非洲最完善的交通运输系统，对本国以及邻国的经济发挥着重要作用。尤其海运方面优越的地理位置使得南非港口成为非洲大陆最大、设备最先进、效率最高的海运中心，南非约 98% 的商品、南部非洲国家 85% 的出口商品都通过南非港口从海路运往世界各地。但是当前的南非交通基础设施落后于南非经济的发展速度，存在铁路运营能力低下、货运系统效率低下、公共客运服务资源匮乏等很多问题，因此目前基础设施有大量的升级需求，需加速基础设施建设的进程。

南非电信发展水平较高，位列世界第 20 位，在南非可以直拨接通 226 个国家和地区的电话。电信网络基本实现数据化，数据微波和光纤电缆是主要传

输媒介。南非是国际电信联盟和非洲电信联盟的成员，邮政业务由南非邮政局垄断，邮政网络发达，业务范围基本覆盖全国。

同时，南非是非洲电力大国，供应全非洲电力的 40%。以煤为燃料的火力发电为主，有 13 座火电厂，发电量占总量的 90%。但由于南非政府近年来疏忽电力维护和发展，爆发了大规模电力危机。

2. 南非投资环境整体相对良好

南非实行开放的投资政策，是外国投资在非洲地区的首选目的地。对外国投资者而言。进入南非市场也是进入非洲市场的桥头堡。外界对南非投资环境的评价比较积极。据联合国贸易和发展会议报告，2023 年南非吸引外国直接投资 52.33 亿美元，名列非洲第二，虽然由于通胀压力和持续的电力挑战，南非的投资流入受到了显著抑制，较 2022 年的 92 亿美元大幅下降，《2023 年 Absa 非洲金融市场指数》（AFMI）报告仍然将南非列为非洲第一大投资目的地，同时中国是南非主要投资来源地之一。

在南非投资，经营中仍然存在很多棘手的问题。南非劳动法律规定严格，罢工事件常有发生。南非汇率市场化程度高，汇率波动较大，存在一定的风险。本国电力公司资金短缺，外国公司在投资方面持观望态度。同时，据南非政府指定的"新增长路线"，南非将积极促进矿产深加工、制造业发展，也为外国投资者在各个领域的投资合作提供了难得的机遇。总体来说，南非投资环境整体良好，在南非投资的优势更为明显。

（二）中国在南非建立物流中心区位选择

关于在南非建立港口物流中心的区位选择，需综合考虑多方面的因素，涉及经济与安全，交通状况，辐射带动作用，产业联动效应等多方面的因素，综合考虑应在德班港口建立港口物流中心，下面将逐条展开加以分析。

1. 安全与经济因素

德班是南非夸祖卢－纳塔尔省的一个城市，也是南非第二大城市，被称作"非洲最佳管理城市"。德班是非洲最繁忙的港口，也是通往非洲大陆和印度洋其他国家的大门，不仅是南非的运动场，而且是国际性会议和非洲重要会议的理想举办地。德班还拥有新型的娱乐设施，这些设施使德班享有很高的声誉。此外德班还是购物与旅游胜地，也是户外运动的理想之选，美丽的德班港已迅速发展。

德班不但享有很高的声誉，经济逐步增长，拥有吸引外资的优势，同时政治安全性也是可以肯定的。因此选择在德班港口建立物流中心安全性是具有保障的。

2. 交通便利与完善因素

便利的交通是建立物流中心的必备条件。德班港是南非第二大商业港口，为充分发挥港口的带动作用，德班建设了完善的内外交通网络体系。港口内部，其中部分线路通往港口外部区域。德班大约有 40% 的居民使用公共交通出行，包括铁路（7%）、公共汽车（25%）以及出租车（68%），约有 1600 条单向公交线路基本覆盖了德班城市及乡村地区。

同时德班正在完善公共交通运输网。单一的铁路网存在耗时过长的弊端，德班通过完善主要交通线路，使以港口为核心的城市 CBD 与主要城市节点、机场间建立高效、快捷、安全的公共交通体系。德班市内全覆盖的公共交通网络包括城市干线、支路及补充型道路，整个网络覆盖德班市 85% 的人口。德班公共交通走廊的规划建设，进一步完善了原有交通网络的布局，将城市投资节点、产业发展节点、旅游节点等重要节点联系在一起，扩大了交通网络的覆盖面。

综上来看，德班不仅拥有便利的交通，同时还与时俱进完善相应的交通网络系统，在德班港建立物流中心将能充分利用德班便利的交通运输系统，提高运输效率，增大收益。

3. 港口发展优势因素

德班港是南非最大商港。位于其东部印度洋岸，北至马普托港 271 海里，南至东伦敦港 256 海里，东至路易港 155 海里。全港计有 60 个泊位，绝大部分为深水泊位，集装箱泊位已有 7 个，为非洲最现代化的深水港之一。主要输出煤、锰、铬、谷物等。德班港属于具有超越第 3 代发展趋势的国际港口。德班港作为南非最繁忙的港口，年处理 269 万标准集装箱，预计年增速为 8%。近年来德班港快速增长，据南非工程新闻网站 2023 年 6 月 7 日报道，南非国家港口管理局（TNPA）已在德班港建设完成一个耗资 1.27 亿兰特的拖船码头，旨在将德班港定位为国际集装箱枢纽。德班港拥有足够的停泊空间，并能够巩固其海上船队停泊，有助于提高港口运营效率。德班港目前拥有 18 个船队，包括拖船、汽艇、引航船、浮式起重机和工作船。

德班港本身具有的地理优势及当地政府对其发展的重视，使德班港具有很好的发展前景，在此处建设物流中心是必然的选择。

4. 辐射带动作用

德班的内部空间结构以德班港为依托，形成以港口为城市发展中心，重要交通节点相互联系，技术设施、居民及投资在港区集聚的发展格局，进一步扩大了港口的空间辐射效应。

德班市铁路网以德班港口为中心呈放射状向外辐射，通过铁路串联了中心区及南北西区的重要节点地区，同时将机场纳入铁路线内，最大限度地发挥了港口经济的辐射带动作用，交通网络联动促进沿海对外围西部内陆经济的推动。重要的交通节点地区逐渐成为人流及物流的集散地，促进节点地区发展成当地人口密集的中心，工商业的发展促成了节点地区产业的集聚。在铁路网络主要节点附近形成了德班主要的产业空间集聚区。德班市产业集群的空间分布深受港口辐射及交通通达性的影响，区域产值与距离港口距离呈负相关，与交通通达性呈正相关。

5. 与附近地区产业联动效应

德班港口经济发展以制造业为主导，此外包括以港口对外贸易为带动发展起来的制造业、金融业及运输业，以沿海风景区为资源开发发展的旅游业、金融业及服务业等，这些产业成为德班经济发展的支撑。从产业空间集聚来看，德班市形成了五大产业集聚区，主要原因是沿海港口经济的带动及辐射、区域交通网络及区域资源禀赋。德班五大产业区包括：德班中心、南德班盆地、内西区、外西区及北区。其中德班中心产业区位于德班港，占地面积最小，对GDP的贡献却远远高于其他地区。从集聚区的重点产业类型来看，中心港区主要以物流运输等为主；南德班地区以发展化工相关产业为主；内西区则兼具物流、家具制造、纺织品制造等；另外还有少量制造业分布于北区的菲尼克斯、河马谷等地德班主要产业集聚区以制造业为主，且在空间范围内呈现在港区及主要铁路交通枢纽区域集聚的趋势。其中港区产业集聚区经济发展效益最好，且距港区越近、交会线路越多的枢纽区域集群效益越好。

直接选择德班港建立物流中心，距离商品原产地近，节省运输成本，还能促进当地物流集散，可谓是共赢。

（三）中国在南非建立港口物流中心运行模式分析

结合一些发展经验，在南非可以考虑以下两种运作模式，比较倾向两种结合的模式。

（1）共同出资型物流中心，即南非、中国双方合资经营港口物流中心。这种模式以港口为依托，联合数家海、陆运输企业，以股份制形式组成现代物流中心，成为装卸、仓储、运输、配送、信息处理的统一体，开展一条龙、门到门、架到架的综合性服务。这种模式的优点是一方面可以解决港口资金缺乏的困境，另一方面通过南非与中国先进的物流企业进行合作，双方可以更快地了解和掌握国际上现代物流中心的经营和管理技术以及运作方式，使普遍比较落后的港口物流现状得到改观。

（2）南非是非洲第一大跨境物流国，可探讨打造网络型物流中心。

参考文献

[1] O'CONNOR D，BOYLE P，ILCAN S，et al. Living with insecurity：Food security，resilience，and the World Food Programme（WFP）[J]. Global Social Policy，2017，17（1）：3-20.

[2] 安春英. 中非粮食安全共同体的应然逻辑与实践路径 [J]. 中国非洲学刊，2022（3）：34-51.

[3] 唐晓阳. 中国对非洲农业援助形式的演变及其效果 [J]. 世界经济与政治，2013（5）：55-69，157.

[4] 唐丽霞，李小云，齐顾波. 中国对非洲农业援助管理模式的演化与成效 [J]. 国际问题研究，2014（6）：29-40.

[5] 杨笛，熊伟，许吟隆. 气候变化对非洲水资源和农业的影响 [J]. 中国农业气象，2016，37（3）：259-269.

[6] DOUGILL，HERMANS，EZE，et al. Evaluating climate-smart agriculture as route to building climate resilience in African food systems [J]. Sustainability，2021，13（17）：209.

[7] NOORT，RENZETTI，LINDERHOFV，et al. Towards sustainable shifts to healthy diets and food security in sub-saharan Africa with climate-resilient crops in bread-type products：a food system analysis [J]. Foods，2022，11（2）：135.

[8] 陈晓倩. 乌克兰危机背景下非洲、中东粮食安全问题与前景 [J]. 欧亚经济，2022（6）：112-122，124.

[9] 张梦颖. 俄乌冲突背景下非洲粮食安全的困境 [J]. 西亚非洲，2022（4）：51-66，157.

[10] OYO B，KALEMA B M，GUMA I P. Re-conceptualizing smallholder's food security resilience in sub-saharan Africa：a system dynamics perspective [J]. Advances in System

Dynamics and Control，2018：568-586.

[11] 林岫，崔静波.南南合作与粮食安全：来自中国援非农业技术示范中心的实证 [J]. 经济学（季刊），2023，23（5）：1758-1775.

[12] 闫韫明，邹松，姜宣，等.中非农业合作推动减贫和农业可持续发展 [N]. 人民日报，2022-05-08（003）.

[13] ZHANG Y，ZHENG Y，LIU Z，et al. Technical promotion and poverty reduction：a review of China's efforts in Africa [J]. Annals of Agricultural & Crop Sciences，2016，1（2）：1-9.

[14] XU X，LI X，QI G，et al. Science，Technology，and the politics of knowledge：the case of china's agricultural technology demonstration centers in Africa [J]. World Development，2016，81：82-91.

[15] SIMON. Food security：definition，four dimensions，history [R]. Rome：FAO，2012.

[16] RODIN J. The resilience dividend：being strong in a world where things go wrong [M]. New York：Public Affairs，2014.

[17] HARRIS J，SPIEGEL E J. Food systems resilience：concepts & policy approaches [R]. South Royalton：Center for Agriculture and Food Systems，2019.

[18] AZARIAH L. Food system resilience in Nigeria farmers perspective [D]. Lincoln：University of Nebraska-Lincoln，2020.

[19] GARRITY D P，AKINNIFESI F K，AJAYI O C，et al. Evergreen Agriculture：a robust approach to sustainable food security in Africa [J]. Food security，2010（2）：197-214.

[20] AMANOR. Global Resource Grabs，Agribusiness concentration and the smallholder：two west African case studies [J]. Journal of Peasant Studies，2012，39（3/4）：731-749.

[21] LAWSON. Impact of school feeding programs on educational，nutritional，

[22] and agricultural development goals：a systematic review of literature [D]. East Lansing：Michigan State University，2012.

[23] BATTERSBY J，WATSON V. Addressing food security in African cities [J]. Nature Sustainability，2018，1（4）：153-155.

[24] AKINOLA R，PEREIRA L M，MABHAUDHI T，et al. A review of indigenous food crops in Africa and the implications for more sustainable and healthy food systems [J].

Sustainability，2020，12（8）：3493.

[25] MCCANN J. Maize and grace：Afric'a s encounter with a new world crop，1500-2000[M]. Cambridge：Harvard University Press，2005.

[26] PERNECHELE V，FONTES F，BABORSKA R，et al. Public expenditure on food and agriculture in sub-Saharan Africa：trends，challenges and priorities [M]. Rome：Food & Agriculture Org.，2021.

[27] 邹松．期待非中农业合作取得更大成果 [N]. 人民日报，2022-01-13（003）.

[28] 孟雷，齐顾波，于浩淼."一带一路"倡议下中国对非洲农业政策及其减贫路径研究 [J]. 世界农业，2019（9），38-45.

[29] BUCKLEY L. Chinese agriculture goes global：food security for all? [J]. International Institute for Environment and Development（iied）Briefing Paper，2012：17146.

[30] 高贵现，郭玲霞，秦路．非洲国家粮食安全韧性建设：中国贡献和未来发展 [J]. 世界农业，2024（6）.

[31] 王战，王泽宇．撒哈拉以南非洲的城市化之路 [J]. 中国投资，2018（11）：48-49.

[32] 董琪琪．非洲城镇化进程中出现的问题及中国的机遇发展 [D]. 北京：外交学院，2020.

[33] 陈弘，文春晖．中非农业产能合作的战略意义、环境条件和政策支撑 [J]. 湖南农业大学学报（社会科学版），2020（12）：15-19.

[34] 张春宇．蓝色经济赋能中非"海上丝路"高质量发展：内在机理与实践路径 [J]. 西亚非洲，2021（1）：73-96.

[35] 范宏伟，等．浅论我国企业对非洲投资的政治风险 [J]. 中南民族大学学报，2019,39（2）：117-121.

[36] 黄梅波，段秋韵．"数字丝路"背景下的中非电子商务合作 [J]. 西亚非洲，2020（1）：48-72.

[37] ABUDU D，et al. Spatial assessment of urban sprawl in Arua Municipality，Uganda [J]. The Egyptian Journal of Remote Sensing and Space Sciences，2018.

[38] OSTBY G.Rural-urban migration，inequality and urban social disorder：Evidence from African and Asian cities [J]. Conflict Management and PeaceScience，2016，33（5）.

[39] 周一轩．浅析"十四五"时期天津港建设世界一流港口的战略要点 [J]. 天津经济，2020（8）.

[40] 封云 . 天津建设北方国际航运核心区现实差距与路径分析 [J]. 天津经济，2019（6）.

[41] 高伟凯 . 国际航运中心发展趋势与实证研究：以天津北方国际航运中心建设为例 [J]. 现代经济探讨，2012（7）.

[42] 李光春 . 多重国家战略背景下天津北方国际航运中心发展定位与实现路径研究 [J]. 现代城市研究，2016（6）.

[43] 李军 . 基于服务供应链的港口服务功能组成及天津港服务功能现状分析 [J]. 物流工程与管理，2020（10）.

[44] COLLIER P. African urbanization：an analytic Policy guide [J]. Oxford Review of Economic policy，2017，3（33）.

[45] 任培强 . 中国对非洲投资的就业效应研究 [J]. 国际经济合作，2013（5）：61-65.

[46] 陈长，李彦洁 . 当前深化中非清洁能源合作挑战和建议 [J]. 水力发电，2023，49（4）：87-90.

[47] 中国出口信用保险公司 . 国家风险分析报告 2019：国家风险评级、主权信用风险评级暨 55 个重点国家风险分析 [R]. 北京：中国金融出版社，2019.

[48] 黄永富 . 探索设立中非自贸区 [J]. 中国发展观察，2018（18）.35-36.

[49] 申皓，杨勇 . 浅析非洲经济一体化的贸易创造与贸易转移效应 [J]. 国际贸易问题 .2008（4）：49-54.

[50] 冯凯，李荣林，陈默 . 中国对非援助与非洲国家的经济增长：理论模型与实证分析 [J]. 国际贸易问题，2021（11）.

[51] 孙志娜 . 中非合作论坛框架下中国对非洲实施零关税产生的贸易效应：基于进口二元边际视角评估 [J]. 国际商务（对外经济贸易大学学报），2019（2）.

[52] 董婉璐，杨军，张海森 . 中国对非洲国家减让进口关税的经济影响分析：基于全球均衡模型视角的分析 [J]. 国际贸易问题 .2014（8）：68-78.

[53] 姜菲菲 . 推动中非经贸合作高质量发展 [J]. 中国外资，2024（11）：58-62.

[54] MANWA F，WIJEWEERA A，KORTT M A.Trade and growth in SACU countries：A panel data analysis [J]. Economic Analysis & Policy.2019：63107-118.

[55] LIU A L，TANG B.US and China aid to Africa：Impact on the donor-recipient trade relations [J]. China Economic Review. 2018.4846-65.

[56] ZAHONOGO P.Globalization and Economic Growth in Developing Countries：Evidence from Sub-Saharan Africa [J]. The International Trade Journal，2018，32（2）：189-208.

[57] MULLINGS，ROBERT，MAHABIR，et al.Growth by Destination：The Role of Trade in Africa's Recent Growth Episode [J]. World Development，2018：102.

[58] 郭晴，陈伟光.基于动态 CGE 模型的中美贸易摩擦经济效应分析 [J]. 世界经济研究，2019（8）：103-117.

[59] 贺鉴，杨常雨.中国—非洲自贸区构建中的法律问题 [J]. 国际问题研究，2021（2）：88-101.

[60] 黄梅波，胡佳生.非洲自贸区的建设水平评估及其面临的挑战 [J]. 南开学报（哲学社会科学版）2021（3）：33-46.

[61] 计飞.中非自由贸易区建设：机遇、挑战与路径分析 [J]. 上海对外经贸大学学报，2020（4）：44-55.

[62] 计飞，陈继勇.提升贸易水平的选择：双边贸易协定还是多边贸易协定：来自中国的数据 [J]. 国际贸易问题，2018（7）：41-53.

[63] 金晓彤，金建恺.非洲大陆自贸区成立背景下推进中非自贸区建设的建议 [J]. 经济纵横，2021（11）：61-67.

[64] 李春顶，石晓军.TPP 对中国经济影响的政策模拟 [J]. 中国工业经济，2016（10）：57-73.

[65] 马汉智.非洲大陆自贸区建设与中非合作 [J]. 国际问题研究，2021（5）：118-137.

[66] 王中美.特惠贸易协定与多边贸易协定：一致或侵蚀 [J]. 国际经贸探索，2013（3）：91-100.

[67] 肖宇，王婷，非洲大陆自贸区协定生效对中非经贸合作的机遇与挑战 [J]. 国际贸易 2021（12）：68-76

[68] 周曙东，肖宵，杨军.中韩自贸区建立对两国主要产业的经济影响分析：基于中韩自由贸易协定的关税减让方案 [J]. 国际贸易问题，2016（5）：116-129.

[69] 朱伟东.非洲大陆自贸区进入新阶段 [J]. 世界知识，2020（10）：64-65.

[70] 谢文蕙，邓卫.城市经济学 [M]. 北京：清华大学出版社，1996.

[71] 诺克斯，麦卡锡.城市化：城市地理学导论 [M]. 姜付仁，译.北京：电子工业出版社，2016.

[72] 舒运国，张忠祥.非洲经济发展报告（2014—2015）[R].上海：上海人民出版社，2015.

[73] 舒运国，非洲人口增民与经济发展研究[M].上海：华东师范大学出版社，1996.

[74] 陆庭恩，彭坤元.非洲通史：现代卷[M].上海：华东师范大学出版社，1995.

[75] 谈世中.反思与发展：非洲经济调整与可持续性[M].北京：社会科学文献出版社，1998.

[76] 张同铸.非洲经济社会发展战略问题研究[M].北京：人民出版社，1992.

[77] 钱纳里，塞尔昆.发展的型式：1950—1970[M].李新华，徐公理，迟建平，译.北京：经济科学出版社，1988.

[78] 仓媛婕.中非商品贸易互补性与贸易潜力研究[D].济南：山东师范大学，2019.

[79] 柴庆春，胡添雨.中国对外直接投资的贸易效应研究：基于对东盟和欧盟投资的差异性的考察[J].世界经济研究，2012（6）：64-69.

[80] 程中海，袁凯彬.能源对外直接投资的进口贸易效应与类型甄别：基于结构式引力模型的系统 GMM 估计[J].世界经济研究，2015（11）：99-108

[81] 黄梅波，任培强.中国对非投资的现状和战略选择[J].国际经济合作，2012（2）：44-49.

[82] 黄荣斌，陈丹敏.全球供应链视角下中国对"一带一路"国家直接投资的贸易效应再探讨[J].商业经济研究，2019（5）：129-132.

[83] 霍忻.新时期下中国对非洲直接投资的贸易效应研究：基于大样本时间序列数据的实证考察[J].兰州财经大学学报，2016（3）：73-80.

[84] 刘爱兰，王智烜，黄梅波.资源掠夺还是多因素驱动？：非正规经济视角下中国对非直接投资的动因研究[J].世界经济研究，2017（1）：70-84.

[85] 刘爱兰，王智烜，黄梅波.文化差异比制度差异更重要吗？：来自中国对非洲出口的经验证据[J].世界经济研究，2018（10）：91-107.

[86] 刘素君，赵文华.中国对外直接投资的进口贸易效应：基于投资动机调节效应的实证研究[J].经济论坛，2017（12）：74-79.

[87] 聂爱云，何小钢，朱国悦，等.制度距离与中国对外直接投资的出口贸易效应：对"制度接近性"假说的再检验[J].云南财经大学学报，2020，36（10）：20-31.

[88] 田泽，董海燕.我国对非洲直接投资的贸易效应及实证研究[J].开发研究，2015（3）：117-121.

[89] 王会艳，杨俊，陈相颖.中国对"一带一路"沿线国投资的贸易效应研究：东道国风险调节效应 [J].河南社会科学，2021，29（8）：79-92.

[90] 汪文卿，赵忠秀.中非合作对撒哈拉以南非洲国家经济增长的影响：贸易、直接投资与援助作用的实证分析 [J].国际贸易问题，2014（12）：68-79.

[91] 谢增.中国对非洲直接投资模式及贸易效应分析 [D].长春：吉林大学，2019.

[92] 杨超，庄芮，常远.基于异质性投资动因的中国 OFDI 母国贸易效应分析：以投资东盟和欧盟为例 [J].国际经济合作，2022（2）：39-49.

[93] 赵丽琴，李琳，王天娇.我国新型城镇化对共同富裕的政策效应研究 [J].经济问题，2023（2）：120-128.

[94] 张春宇，蓝艺华，朱鹤.中国在非洲的直接投资对中非双边贸易的影响 [J].国际经济合作，2018（6）：60-67.

[95] 赵春明，马龙，熊珍琴.中国对非洲国家直接投资的影响效应研究 [J].亚太经济，2021（2）：81-91.

[96] 郑燕霞，朱丹丹，黄梅波.中国对外直接投资对非洲资源依赖国制造业发展的影响研究 [J].经济经纬，2019，36（6）：55-61.

[97] ANDERSON J E，Van Wincoop E. Trade Costs [J]. Journal of Economic Literature，2004，42（3）：691-751.

[98] CAVES R. Multinational Enterprises and Economic Analyses[M]. Cambridge University Press，1966：45-89.

[99] ESTRIN S，BAGHDASARYAN D，MEYER K E. The impact of Institutional and Human Resource Distance on International Entry Strategies [J]. Journal of Management Studies，2009，46（7）：2009.

[100] WONG K N，GOH S K.Outward FDI，merchandise and services trade [J]. Journal of Business Economics and Management，2013，14（2）：276–291.

[101] KIYOSHI K.Transfer of Technology to Developing Countries—Japanese Type versus American Type [J]. Hitotsubashi Journal of Economics，1977，17：1-14.

[102] KOJIMA K. A Macroeconomic Approach to Foreign Direct Investment [J]. Hitotsubashi Journal of Economics，1973，14：1-20.

[103] KOJIMA K.International Trade and Foreign Direct Investment：Substitutes or Complements [J]. Hitotsubashi Journal of Economics，1975，16：1-12.

[104] LIU L G，Graham E M.The Relationship Between Trade and Foreign Investment [J]. Institute for International Economics，1998，98（7）.

[105] METULINI R，Riccaboni M，Sgrignoli P，et al.The Indirect Effects of Foreign Direct Investment on Trade：A Network Perspective [J]. World Economy，2017，40（10）.

[106] NAGARAJ P，Chao M. Regulatory institutional distance and the United States multinational corporations research and development investment decisions [J]. Thunderbird International Business Review，2021，63（2）.

[107] MUNDELL R A. International trade and factor mobility，The American Economic Review，1957，47（3）：321-335.

[108] VERNON R. International Investment and International Trade in the Product Cycle [J]. The Quarterly Journal of Economics，1966，80（2）：190–207.

[109] SALOMON R，WU Z. Institutional distance and local isomorphism strategy [J]. Journal of International Business Studies，2012，43（4）.

[110] SCOTT W R. Institutions And Organizations[M]. London：Sage Publications，1995：32-42.

[111] 郑曦 . 非洲投资环境和风险对我国 "一带一路" 倡议的启示：以安哥拉为例 [J]. 上海经济，2017（5）：49-55.

[112] 周丽雯，崔文辉 . 城镇化：内涵与特征：理论综述 [J]. 经济研究导刊，2015（3）：167-168.

[113] 刘强，黄浩 . 中非经贸合作新纽带：吉布提促进港口经济生态圈的繁荣 [J]. 人类居住，2024（2）：38-41.

[114] 文富德 . 中印人口城镇化进展差异及其原因比较 [J]. 南亚研究季刊，2016（2）：48-54，91.

[115] 戚晓旭，杨雅维，杨智尤 . 新型城镇化评价指标体系研究 [J]. 宏观经济管理，2014（2）：51-54.

[116] 方创琳，王德利 . 中国城市化发展质量的综合测度与提升路径 [J]. 地理研究，2011，30（11）：1931-1946.

[117] 王滨 . 中国城镇化质量综合评价 [J]. 城市问题，2019（5）：11-20.

[118] 邢瑞利. 中国在非洲海外利益保护私营化初探 [J]. 国际关系研究, 2019（5）: 19-40, 156.

[119] 李卫波. 德国交通运输促进城市协调发展的经验及启示 [J]. 宏观经济管理, 2023（9）: 86-92.

[120] 王立新. 经济增长、产业结构与城镇化: 基于省级面板数据的实证研究 [J]. 财经论丛, 2014（4）: 3-8.

[121] 李长亮. 中国省域新型城镇化影响因素的空间计量分析 [J]. 经济问题, 2015（5）: 111-116.

[122] 谢冬生. 中非农业合作情况与发展建议 [J]. 世界农业, 2024（6）: 138-141.

[123] 章朕玮, 杨美丽. 中国城镇化发展水平影响因素的实证分析 [J]. 城乡建设与发展, 2019, 30（23）.

[124] 蓝庆新, 田庚. 共筑新时代全天候中非命运共同体 [J]. 前线, 2024（10）: 28-31.

[125] 汪少贤. 人力资本匹配、新型城镇化与经济高质量发展 [J]. 技术经济与管理研究, 2023（2）: 92-97.

[126] 温璐歌, 沈体雁. 省际多维度城镇化的时空分异及耦合协调发展研究 [J]. 统计与决策, 2023（11）: 49-54.

[127] 周君, 周静. 撒哈拉以南非洲的城镇化陷阱、破局之路: 论中国投资对非洲城镇化的影响 [J]. 国际城市规划, 2018（5）: 32-38.

[128] 姜璐, 刘春吾. 新形势下中非数字合作: 重要意义、重点领域与实践路径 [J]. 海外投资与出口信贷, 2024（4）: 3-6.

[129] 智宇探, 非洲城市化 [J]. 中国投资, 2017（10）: 95-97.

[130] 朴英姬. 非洲的可持续城市化挑战与因应之策 [J]. 区域与全球发展, 2018, 2（2）: 1.

[131] 李晶, 车效梅, 贾宏敏. 非洲城市化探析 [J]. 现代城市研究, 2012, 27（2）: 96-104.

[132] ALHADJI C D, 丁金宏, MARIAM C. 当代非洲城市化的动因与困境 [J]. 世界地理研究, 2008（6）: 47-55.

[133] 罗淳, 朱要龙. 中国城镇化进程中人口形态的三重转变及其协同发展 [J]. 人口与经济, 2023（2）: 111-123.

[134] 党营营, 郭杰. 非洲城市化发展现状与前景 [J]. 中国国情国力, 2018（3）: 28-31.

[135] 宋美娜, 等. 非洲城市二元社会空间结构模式 [J]. 热带地理, 2015, 35（6）: 822-832.

[136] 黄正骊.非洲当代城市中的贫民窟与非正规社区：以内罗毕为例 [J]. 国际城市规划，2018，33（5）.

[137] 宋微，尹浩然.中国促贸援助助推非洲发展：成效、挑战与合作路径分析 [J]. 全球化，2024（1）：57-62.

[138] 刘悦，等.与非洲城镇化一路同行：论中非城镇化合作 [J]. 城市发展研究，2014（11）：24-28.

[139] 朴英姬.深化中国对非投资合作的新动力与新思路 [J]. 西亚非洲，2019（5）：139-160.

[140] 赵桂芝，张哲.独立以来非洲工业化的发展历程：基于影响因素及路径演变的分析 [J].非洲研究，2016，8（1）：122-138.

[141] 席广亮，甄峰.人口集聚方向：城市走廊 [J]. 中国投资，2019（4）：28-31.

[142] 陈玉来.赞比亚、南非部分中资企业经营状况调查：中国社会科学院西亚非洲研究所赴非洲考察调研报告节录 [J]. 西亚非洲，2008（9）：59-62.

[143] 侯洁如，王晓波.非洲城市化：挑战与机遇：专访联合国人居署非洲区域办事处主任 Naison Mutizwa-Mangiza [J]. 中国投资，2019（4）：9-12.

[144] 昌萍.农业现代化与城镇化协调发展的国外经验及启示 [J]. 边疆经济与文化，2018（5）：27-30.

[145] 杨光，李新烽，陈沫，等.中资企业对非技术转移的现状与前瞻 [J]. 西亚非洲，2015（1）：129-142.

[146] 任培强.南非：投资撒哈拉以南非洲的门户：对中国投资南非企业的实地调查 [J]. 国际经济合作，2013（4）：68-72.

[147] 张莉，徐秀丽，李小云.走出去的中国资本：文化遭遇与融合：针对一家中资企业在坦桑尼亚的田野观察 [J]. 中国农业大学学报（社会科学版），2012，29（4）：83-92.

[148] 朱文杰.城镇化水平测度：以世界 9 个发展中人口大国为例 [J]. 世界农业，2017（2）：93-99.

[149] 叶超.空间正义与新型城镇化研究的方法论 [J]. 地理研究，2019，38（1）：146-154.

[150] 李静宇，林立波.欧洲乡村旅游对中国乡村旅游发展的启示 [J]. 北方园艺，2020（4）：147-152.

[151] 于海影.非洲城镇化发展的空间差异及影响因素研究 [D]. 金华：浙江师范大学，2019.

[152] 马婧.要素流动视角下的非洲城镇化研究 [D] 太原：山西财经大学，2016.

[153] BRUCE FRAYNE et al. Urbanization，nutrition and development in southern African cities，Food security，2014.

[154] 孟雷，李小云，齐顾波.中资企业在非洲：文化的经验建构与"经验陷阱"[J]. 广西民族大学学报（哲学社会科学版），2018，40（3）：2-9.

[155] 李涛，邬志辉.中国城镇化与教育发展 [J]. 教育发展研究，2019，39（21）：1-10.

[156] NJOH A J.Urbanization and development in sub-Saharan Africa [J]. Cities，2003，3（20）.

[157] MBERU B. Trends in Causes of Adult Deaths among the Urban Poor：Evidence from Nairobi Urban Health and Demographic Surveillance System，2003—2012 [J]. Journal of Urban Health，2015（3）.

[158] COLENUTT B，SCHAEBITZ S C，WARD S V. New towns heritage research network [J]. Planning Perspectives，2017，32（2）：281-283.

[159] POTTS D.Slowing of sub-Saharan Africa's urbanization：evidence and implications urban livelihoods [J]. Environment & Urbanization，2009，21（1）.

[160] 李智彪.海外中非经贸关系舆情热点解析 [J]. 西亚非洲，2015（6）：87-107.

[161] BRUCKNER M.Economic growth，size of the agricultural sector，and urbanization in Africa [J]. Journal of Urban Economics，2012（71）.

[162] TIFFEN M.Transition in sub-Saharan Africa：agriculture，urbanization and income growth [J]. World Development，2003（8）.

[163] CHEN H，WUQ Y，CHENG J Q, et al. Scaling-up strategy as an appropriate approach for sustainable new town development? Lessons from Wujin，Changzhou，China [J]. Sustainability，2015，7（5）：5682-5704.

[164] SHEN J，WU F. The suburb as a space of capital accumulation：The development of new towns in Shanghai，China [J]. Antipode，2017，49（3）：761-780.

[165] FU Y，ZHANG X. Planning for sustainable cities? A comparative content analysis of the master plans of eco，low-carbon and conventional new towns in China [J]. Habitat International，2017，63：55-66.

[166] YE C，CHEN M，DUAN J, et al. Uneven development，urbanization and production of space in the middle-scale region based on the case of Jiangsu province，China [J]. Habitat International，2017，66：106-116.

[167] 国家统计局 . 中华人民共和国 2018 年国民经济和社会发展统计公报 [EB/OL].（2019-02-28）[2023-02-28]. https://www.stats.gov.cn/sj/zxfb/202302/t20230203_1900241.html.

[168] 国家统计局 . 中国统计年鉴 2018 [M]. 北京：中国统计出版社，2018：40-50.

[169] 郑大川，等 . 中国城镇化水平的新分类及其实操 [J]. 城市问题，2016（9）：27-34.

[170] 唐晓阳，熊星翰 . 中国海外投资与投资监管：以中国对非投资为例 [J]. 外交评论（外交学院学报），2015，32（3）：26-45.

[171] 熊鹰，何超 . 高房价阻碍了中国城镇化进程吗？：基于户籍制度和土地供给的视角 [J]. 江汉论坛，2019（8）：38-45.

[172] 姚玉祥，吴普云 . 中国城镇化的收入分配效应：理论与经验证据 [J]. 经济学家，2019（9）：5-14.

[173] 庄良，叶超，马卫，等 . 中国城镇化进程中新区的空间生产及其演化逻辑 [J]. 地理学报，2019，74（8）：1548-1562.

[174] 李晓威，李长江 . 非洲中资企业跨文化和谐劳动关系管理研究：以坦桑尼亚为例 [J]. 中国劳动关系学院学报，2016，30（6）：15-19.

[175] 王志锋，张维凡，朱中华 . 中国城镇化 70 年：基于地方政府治理视角的回顾和展望 [J]. 经济问题，2019（7）：1-8.

[176] 严海蓉，沙伯力，赵玉中 . 非洲中资企业的劳工和种族化叙述 [J]. 开放时代，2016（4）：44-66，5.

[177] 沈东 . 再论当代中国逆城镇化研究 [J]. 兰州学刊，2019（2）：96-105.

[178] 方亮，中国城镇化概念与水平测度研究综述 [J]. 北华大学学报（社会科学版），2013（6）：47.

[179] 许亮 . 非洲经济发展的成功案例 [J]. 世界知识，2023（1），19-21.

[180] 黄梅波，王婕佳 .WTO 框架下促贸援助及其效应评估：来自 53 个非洲国家数据的分析 [J]. 东南学术，2023（5）：77-87.

[181] 陆伟芳 . 英国城镇化与郊区化发展的路径与特征 [J]. 历史教学，2023（3）：3-8.

[182] 蔡静盈 . 英国乡村保护政策对中国的启示：以英国乡村保护协会为例 [J]. 建设科技，2023（16）：46-49.

[183] 周其仁，城乡中国 [M]. 北京：中信出版集团 . 2017.

[184] 周厚熹，李卓倍，聂凤英 . 农村公共服务供给的国际经验及启示：基于可持续生计视

角 [J]. 世界农业，2023（6）：16-24.

[185] 刘健，周宜笑，谭纵波 . 巴黎都市区轨道交通与城市空间协调发展的历程与启示 [J]. 都市快轨交通，2022（4）：12-19.

[186] 赵军洁，荣西武 . 农村土地退出和利用：法国经验与启示 [J]. 中国经贸导刊，2022（12）：63-65.

[187] 申文，辜勇 . 美国小城镇高质量发展模式与最佳实践经验研究 [J]. 现代城市研究，2023（8）：59-66.

[188] 陈晟顿，王剑，马文萱，等 . 美国止赎危机的产生、主要影响、政策应对及其对我国住房政策的启示 [J]. 城乡规划，2023（2）：88-98.

[189] 徐宁 . 日本城镇化对城乡收入差距影响的实证研究以及对中国的启示 [D]. 兰州：兰州财经大学，2022.

[190] 栾志理，康建军 . 日本收缩型中小城市的规划应对与空间优化研究 [J]. 上海城市规划，2023（4）：78-84.

[191] 李海龙，德国城镇化发展有哪些典型特点 [J]. 理论导报，2022（2）：62-63.

[192] 陶焘 . 城镇化、低碳技术创新与碳排放效率 [J]. 技术经济与管理研究，2023（1）：38-44.

[193] 乔艺波 . 改革开放以来中国城镇化的演进历程、特征与方向：基于人口、经济与制度视角 [J]. 城市规划，2020（1）：44-51

[194] 高顺成，城镇化质量评价指标体系分析 [J]. 地域研究与开发，2016，35（3）：33-39.

[195] 王吉恒，张钊 . 新型城镇化测度及其耦合协调性对比研究：以中国三大城市群为例 [J]. 江苏农业科学，2019（14）：334.

[196] 廖耀华 . 近十年来中国城镇化发展的研究述评 [J]. 经济研究导刊，2016（11）：3-4.

[197] 金丹 . "一带一路"倡议在越南的进展、成果和前景 [J]. 学术探索，2018（1）：26.

[198] 杨莉 . "一带一路"视角下我国境外园区建设的发展分析 [J]. 海外投资与出口信贷，2018（4）：16-19.

[199] MINAMI R，MA X X.The Turning Point of Chinese Economy：Compared with Japanese Experience [C].Conference paper，ADBI，Tokyo，2009.

[200] 孟健军 . 城镇化过程中的环境政策实践：日本的经验教训 [M]. 北京：商务印书馆，2014.

[201] 苏红键，魏后凯 . 中国城镇化进程中资源错配问题研究 [J]. 社会科学战线，2019（10）：79-87.

[202] 王思语，孟庆强.中国对非洲直接投资的影响因素研究：基于计数模型的实证检验 [J].金融理论与实践，2016（5）：57-64.

[203] 冯奎.中国新城新区发展报告 [M].北京：中国发展出版社，2016.

[204] 孙长青，田园.经济学视角下新型城镇化评价指标体系的构建 [J].河南社会科学，2013，21（11）：56-58.

[205] 张建业.非洲城镇化研究 [D].上海：上海师范大学，2008.

[206] 李刚，陆贝贝.中国城镇化质量测度与提升路径 [J].财贸研究，2015（4）：29-37.

[207] 郭斌，李伟.日本和印度的城镇化发展模式探析 [J].首都经济贸易大学学报，2011（5）：23-27.

[208] ZHUANG L，YE C. Disorder or reorder? The spatial production of state-level new areas in China [J]. Sustainability，2018，10（10）：3628-3642.

[209] 杨超.多元视角下的城镇化测度及其协调发展研究：以 G20 成员为例 [J].世界农业，2017（7）：193-200.

[210] 肖振宇，宁哲，张杰.新型城镇化新型度评价研究 [J].经济问题，2017（7）：92 -98.

[211] 徐晓军，张楠楠.从"单线推进"到"空间协同"：改革开放以来中国城镇化的实践历程与发展进路 [J].河南社会科学，2019，27（12）：108-114.

[212] 谢立中.未来中国城镇化的理想水平与乡村治理的中国方案 [J].武汉大学学报（哲学社会科学版），2020，73（3）：159-168.

[213] 邓文钱.哲学视域中的中国新型城镇化道路 [D].北京：中共中央党校，2014.

[214] 穆随心.南非中资企业劳动法律风险防范与化解：以南非集体劳动关系的法律规制为中心 [J].陕西师范大学学报（哲学社会科学版），2019，48（5）：17-27.

[215] 张锐.中国对非电力投资："一带一路"倡议下的机遇与挑战 [J].国际经济合作，2019（2）：91-100.

[216] 朱伟东.中非产能合作需注意哪些法律问题 [J].人民论坛，2018（15）：81-83.

[217] 孟雷，孔德继，齐顾波.从文化偏见到认知多元：对中国在非洲发展实践研究的文献回顾与批判 [J].经济社会体制比较，2020（3）：182-191.

[218] 马俊乐，徐秀丽，齐顾波.嵌入历史：中国资本在非洲的运作逻辑：以坦桑尼亚某中资企业为例 [J].西南民族大学学报（人文社科版），2017，38（11）：9-14.